## 梦 山 书 系

"梦山"位于福州城西,与西湖书院、林则徐读书处"桂斋"连襟相依,梦山沉稳、西湖灵动、桂斋儒雅。梦山集山水之气韵,得人文之雅操。福建教育出版社正坐落于西湖之畔、梦山之下,集五十余年梓行之内蕴,以"立足教育、服务社会、开智启蒙、惠泽生命"为宗旨,将教育类读物出版作为肩上重任之一,教育类读物自具一格,理论读物品韵秀出,教师专业成长读物春风化雨。

"梦"是理想、是希望,所谓"梦想成真";"山"是丰碑,是名山事业。"积土成山,风雨兴焉",我们希望通过点点滴滴的辛勤积累,能矗起教育的高山;希望有志于教育的专家、学者能鼓荡起教育改革的风雨。

"梦山书系"力图集教育研究之菁华,成就教育的名山事业之梦。

梦山书系

新理念教学丛书

# 体验教学的策略与方法

刘海涛 王林发 / 主编　　豆海湛 王林发 / 编著

海峡出版发行集团 | 福建教育出版社

图书在版编目（CIP）数据

体验教学的策略与方法/豆海湛，王林发编著．—福州：福建教育出版社，2017.1
（新理念教学丛书/刘海涛，王林发主编）
ISBN 978-7-5334-7432-4

Ⅰ.①体⋯ Ⅱ.①豆⋯ ②王⋯ Ⅲ.①中小学－教学研究 Ⅳ.①G632.0

中国版本图书馆 CIP 数据核字（2016）第 194652 号

新理念教学丛书
刘海涛　王林发　主编
Tiyan Jiaoxue de Celue yu Fangfa
**体验教学的策略与方法**
豆海湛　王林发　编著

| | |
|---|---|
| 出版发行 | 海峡出版发行集团<br>福建教育出版社<br>（福州市梦山路 27 号　邮编：350025　网址：www.fep.com.cn）<br>编辑部电话：0591-83726908<br>发行部电话：0591-83721876　87115073　010-62027445 |
| 出 版 人 | 江金辉 |
| 印　　刷 | 福建壹度印刷有限公司<br>（福州市晋安区健康村赤桥路 228 号　邮编：350012） |
| 开　　本 | 720 毫米×1000 毫米　1/16 |
| 印　　张 | 16 |
| 字　　数 | 220 千字 |
| 插　　页 | 1 |
| 版　　次 | 2017 年 1 月第 1 版　2017 年 1 月第 1 次印刷 |
| 书　　号 | ISBN 978-7-5334-7432-4 |
| 定　　价 | 35.00 元 |

如发现本书印装质量问题，请向本社出版科（电话：0591-83726019）调换。

## "新理念教学丛书"编委会

主　任　罗海鸥
副主任　刘海涛
委　员（以姓氏笔画为序）
王林发　刘天平　刘海涛　关敏华　豆海湛　宋佳敏　范兆雄
范雪贞　罗海鸥　郭雪莹　符蕉枫　程可拉　蔡美静

- 广东省普通高校人文社科重点研究基地"粤西教师教育研究中心"资助项目
- 广东省协同创新平台"粤台教师教育协同创新发展中心"资助项目
- 教育部地方高校第一批本科专业综合改革试点"小学教育"资助项目
- 广东省创新强校工程"地方高师院校教、研、创'三力型'小学卓越教师培养模式的探索与实践"资助项目

# 目 录

**导论 彰显个性：体验教学概述** …………………………………… 1
第一节 体验教学的内涵与演进 ………………………………………… 2
第二节 体验教学的特点与原则 ………………………………………… 6
第三节 体验教学的价值与意义 ………………………………………… 14

**第一章 新奇之旅：体验教学的内容揭秘** …………………………… 17
第一节 认知深化的体验 ………………………………………………… 18
第二节 能力培养的体验 ………………………………………………… 22
第三节 情感触动的体验 ………………………………………………… 27
第四节 生命存在的体验 ………………………………………………… 32

**第二章 寓教于乐：情境模拟式体验教学** …………………………… 39
第一节 情境模拟式体验教学的实施策略 ……………………………… 40
第二节 情境模拟式体验教学的运用方法 ……………………………… 48
第三节 情境模拟式体验教学的经典课例 ……………………………… 56
第四节 情境模拟式体验教学的总结反思 ……………………………… 62

**第三章 激趣引智：活动实践式体验教学** …………………………… 65
第一节 活动实践式体验教学的实施策略 ……………………………… 66

第二节　活动实践式体验教学的运用方法 …………………………… 76
第三节　活动实践式体验教学的经典课例 …………………………… 84
第四节　活动实践式体验教学的总结反思 …………………………… 90

## 第四章　开启思维：探究求知式体验教学 …………………………… 94
第一节　探究求知式体验教学的实施策略 …………………………… 95
第二节　探究求知式体验教学的运用方法 …………………………… 104
第三节　探究求知式体验教学的经典课例 …………………………… 110
第四节　探究求知式体验教学的总结反思 …………………………… 114

## 第五章　发掘潜能：自我提升式体验教学 …………………………… 118
第一节　自我提升式体验教学的实施策略 …………………………… 119
第二节　自我提升式体验教学的运用方法 …………………………… 127
第三节　自我提升式体验教学的经典课例 …………………………… 134
第四节　自我提升式体验教学的总结反思 …………………………… 140

## 第六章　升华感悟：情感交流式体验教学 …………………………… 144
第一节　情感交流式体验教学的实施策略 …………………………… 145
第二节　情感交流式体验教学的运用方法 …………………………… 153
第三节　情感交流式体验教学的经典课例 …………………………… 159
第四节　情感交流式体验教学的总结反思 …………………………… 163

## 第七章　丰富心灵：想象拓展式体验教学 …………………………… 167
第一节　想象拓展式体验教学的实施策略 …………………………… 168
第二节　想象拓展式体验教学的运用方法 …………………………… 175
第三节　想象拓展式体验教学的经典课例 …………………………… 182

第四节　想象拓展式体验教学的总结反思 ·················· 187

**第八章　陶冶情操：审美追求式体验教学** ·················· 191
第一节　审美追求式体验教学的实施策略 ·················· 192
第二节　审美追求式体验教学的运用方法 ·················· 198
第三节　审美追求式体验教学的经典课例 ·················· 206
第四节　审美追求式体验教学的总结反思 ·················· 211

**第九章　张扬活力：体验教学的恰当定位** ·················· 215
第一节　理念：教育就是生活体验 ·················· 216
第二节　目标：发展就是身心成长 ·················· 222
第三节　角色：学生就是学习主人 ·················· 228

**参考文献** ·················· 235
**后记　让课堂演绎精彩** ·················· 245

# 导论
## 彰显个性：体验教学概述

在传统的教学模式中，教师常常以自我为中心，采用灌输的方式进行教学。这种教学方式过于注重知识的传授和技能的训练，过于强调学生接受学习、死记硬背，忽视学生的自我体验，直接将教师的体验传授给学生。新课程指出，学生是学习和发展的主体，要尊重学生在学习过程中的独特感受、体验和理解。的确，学生既不是待灌的花瓶，也不是一个冷冰冰的机械人，而是有血有肉的生命个体，有自己的想法，有自己的体验。灌输式教学显然已不能满足学生的要求，已跟不上时代发展的步伐。因此，探讨新的教育理念、新的教育方式已经迫在眉睫。体验教学就是教育者探讨新的教育方式的结果。在体验教学中，教师要创设与学生生活环境、知识背景密切相关，同时又是学生感兴趣的学习环境，让学生在观察、操作、猜测、交流、反思等活动中逐步体会知识的产生、形成与发展的过程，获得积极的身心体验，并彰显自己的个性。

## 第一节 体验教学的内涵与演进

### 一、体验教学的内涵

体验,也叫体会。与经验不同,它不仅仅重视主体的心理结构,而且在经验的基础上更注重主客体合一的动态建构。也就是说,体验是主体通过亲身经历,通过实践来认识周围的事物,并由此产生丰富的联想和深刻的感悟。体验也是一种被激活了的经验,是主体心灵与外部世界沟通的一种知识场。在体验中,主体主要通过想象、移情、神思、感悟等多种心理活动的交融、撞击,激活已有的经验,并产生新的经验。最后,又使经验内化为自我的感悟,使感悟到的东西成为个性化的知识经验。在体验的过程中,主体往往融"我"入境,物我两忘,达到主客观的沟通与默契,进而使认识得到升华,产生超越。[①]

对于体验的界定,不同的学科具有不同的看法。在哲学认识论中,体验是指一种与认知相对而言的认识方式,是主体通过自身直接的活动认识和把握客体,并把对客体的认识纳入主体的身心之中,通过主体的内心体察而内化为主体体认、把握自身存在和外部世界的一种认识方式。在心理学视野中,体验是指人的一种特殊的心理活动。在体验中,主体以自己的全部"自我"(已有的经历和心理结构)去感受、理解事物,因发现事物与自我的关联而生成情感反应,并由此产生丰富的联想和深刻的领悟。在美学领域中,体验往往被视为与生命和艺术的本质密切相关的东西加以探究。从教育学的角度看,体验是在对事物的真切感受和深刻理解的基础上对事物产生情感并生成意义的活动。各学科尽管对"体验"有着各自的理解和看法,但都共同指向一点,

---

① 贺义廉. 论语文体验教学的建构 [J]. 教育与教学研究, 2009, (23): 113—116.

即个人的"内在感受",是与个体的认识、情意、经历、感受等相关并指向内心世界且关涉精神生活的复杂的、多维的心理活动。它旨在主客观世界的交流与融合,是认识活动与生命活动、理性与非理性活动的协调与整合,是"意义的建构"。"体验"既是活动的过程又是活动的结果,既是活动的方式手段又是活动的目标追求。

那么,何谓体验教学?体验教学是指教师在教学过程中根据学生的认知特点和规律,通过创设教学情境和机会,还原或再现教学内容,使学生能够在亲身经历中理解并建构知识、发展能力、产生情感、生成意义的教学活动。体验教学是基于生命的教学,是以人的生命发展为依归的教学,是在自由、开放的教学情景和关系中,师生以全部身心投入其中,在交往、互动的过程中达成主体生命的知识与意义的建构。[①] 体验教学还是一种理解和丰富生命意义、满足生命成长需要的活动,其所关心的不仅是学生可以经由教学而获得多少知识、认识多少事物,更在于学生的生命意义可以经由教学而获得彰显和扩展。

体验教学注重让学生亲自参与,获取直接经验。众所周知,学生获得知识的途径主要有两条:直接经验和间接经验。其中,直接经验是通过学生亲身探索、体验等形式认识已有的知识经验;间接经验指学生通过听课、读书等方式,直接从教师、从书本中得到的知识经验。间接经验和直接经验都是学生获取知识不可缺少的途径和手段。传统的教学模式在很大程度上是一种灌输式教学模式,始终比较注重间接经验,而忽视直接经验。这在教学中容易出现两种情况:一是强调学生掌握知识的结果,而忽视了学生掌握知识的过程。很多教师这样认为,教学就是为了让学生掌握人类千百年积累下来的精神文化成果,这就是人类认识的精华。教师往往对学生进行灌输式教学,要求学生死记硬背。二是强调训练,忽视学生的体验。尤其是引入新的概念

---

① 李宪勇,徐学福. 体验教学及其实施中需要注意的问题 [J]. 中国民族教育,2009,(6):33—35.

时，很多教师都通过养成学生新的习惯和思考方式去适应新概念，以便更好地掌握它，训练过多会限制学生的主动精神，妨碍学生的创造能力。[①] 相比于灌输式教学，体验教学显示出明显的优势。它强调在教学过程中提供平台让学生去亲历体验、切身感受，重视教学中学生的感悟和反思。感悟是人的精神生命拓展的工作间，人形成思想，要通过感悟，它是主体对外部知识、信息的深层次的内化。这意味着教学不再是一个师生仅仅围绕教科书灌输知识的过程，不再是制造背书机器的过程；而是引导学生主动联系自己的生活经验，对事物重新选择、整理和构建的创新的过程。在具体实践中，体验教学往往要求教师从学生角度出发，以学生为主体，积极创设适当的教学情境，激发学生的学习兴趣，激发他们的求知欲。同时，应该创造更多的成功机会，使每一位学生都体验到成功的滋味，由此获得满满的自信心与继续前进的动力。

总而言之，体验教学的核心就是教师作为主导，研究如何正确引导学生自主学习，而学生作为主体，在教师的教学中进行体验。

## 二、 体验教学的演进

体验教学的初始模式源于西方。二战以后，在英国出现了一种管理培训新方式，这种训练利用户外活动的形式，模拟真实管理情境，对管理者和企业家进行心理和管理两方面的培训。由于这种户外体验式培训的形式新颖和效果良好，很快就风靡了整个欧洲教育培训领域，并且在接下来的半个世纪发展到全世界，培训对象由海员扩大到军人、学生、教师、工商业人员等群体，训练目标也从单纯体能、生存训练扩展到心理训练、人格训练、管理训练等。体验式培训适应了时代完善人格、提高素质和回归自然的需要，使成千上万的人趋之若鹜，成为素质教育的新时尚。20 世纪 60 年代，在美国，户

---

① 李宪勇，徐学福. 体验教学及其实施中需要注意的问题 [J]. 中国民族教育，2009，(6)：33—35.

外训练引发了教育界对于采用新教学方法进行教学的兴趣。美国联邦政府教育部还迅速将户外训练的过程融入学校的教育中。[1]

体验教学进入学校学科领域可追溯到20世纪初。20世纪二三十年代的美国,不少教育心理学家就提出了"经验学习"的课题。当时的美国教育正像今天的中国一样,出现了"反传统教育"的热潮——反对由教师在课堂上向学生传授课本知识的单一教育方式。美国著名教育家杜威提出"生活即教育""在做中学"的教育思想就是典型代表之一。杜威认为,知识就是经验,而经验就是人与自己所创造的环境的"交涉"。所以,儿童要学习知识,要获得"经验",就必须与社会、自然有所接触,也就是要去行动——活动。行动是获取真知的唯一途径,只有当儿童主动从事活动,积极地去"做",才能注意周围世界,探索世间万物之间的联系,才能去思考。杜威放弃实验室的研究方法,把真实的学校生活作为研究对象。他反对传统教学以教师、课堂、教材为中心,而主张教学应以学生为中心、以活动为中心、以经验为中心。他创造性地提出儿童的生长就是积极地学习社会、适应社会的观点,坚持学生在现实社会生活中发展的思想,从而为教学研究与实验的整体主义模式奠定了教育学基础。[2]

1989年,美国促进科学协会发表了《面向全体美国人的科学——2061计划》,强调亲身体验的学习原则和因材施教。1996年7月,日本教育审议会发表的第一次咨询报告,从培养"生存能力"的高度提出了体验教育的重要性。2000年6月,法国教育部颁布了"有指导的学生个人实践活动"TPE实施方案和《2000年初中改革行动》,在实践中全面推进课程和教学改革。可见,各国教育改革都很重视体验的教育理念。[3]

体验教学思想在我国亦有深厚的历史渊源。早在春秋战国时代,一些教

---

[1] 马波,邹婉玲.论体验式学习的教学策略[J].教育与职业,2007,(17):144-145.
[2] 全德.论二战前的国外教学研究[J].湛江师范学院学报,2004,(4):60.
[3] 肖微.体验式教学在初中体育与健康课的应用研究[D].长春:东北师范大学,2006:1.

育家、思想家就以自己的远见卓识提出了"寓教于乐""不愤不启，不悱不发"等蕴涵体验式教学思想的教学观。20世纪90年代中期，不少学者展开了对体验教学理念的梳理和介绍。体验教学在教学领域的应用研究较少，主要应用于体育教学、外语口语的模拟情境教学、语文学科的作文和阅读教学中。[①] 1999年，我国正式启动了基础教育课程改革，其宗旨就是要实现教师教学方式和学生学习方式的变革，改变以接受式学习为中心的单一的教学模式。2001年，我国颁布了义务教育各学科国家课程标准。各学科在课程目标上按结果性目标和体验性目标进行描述。结果性目标主要用于对"知识与技能"目标领域的刻画，而体验性目标则主要用于反映"过程与方法""情感态度与价值观"等目标领域的要求，分为经历（感受）、反映（认同）、领悟（内化），强调"操作""实践""考察""调查"等活动。同时，各学科课程标准结合本学科的特点，都强调过程性、体验性目标，要求引导学生主动参与、亲身实践、独立思考、合作探究，发展学生搜集和处理信息的能力，获取新知识的能力，分析和解决问题的能力，以及交流合作的能力。

## 第二节 体验教学的特点与原则

### 一、体验教学的特点

（一）亲历性

亲历性是体验教学的本质特征。体验教学需要学生亲身参与、经历和体验，需要他们在自己的行动中概括总结，在情中看、在景中悟、在境中体验，因而具有亲历性。然而，亲历又不同于亲身经历，它主要包括两方面：一是

---

[①] 乐晓蓉. 高校体验式生涯规划教学设计研究 [D]. 上海：华东师范大学硕士学位论文，2008：25.

实践层面的亲历，即主体通过实际行动亲身经历某件事，如学生在教学活动中行为的参与，包括主体扮演和扮演客体的角色两种情况；二是心理层面的亲历，即主体在心理上虚拟地"亲身经历"某件事，包括两种情况：对别人的移情性理解、对自身的回顾反思。体验式教学主张在教学活动中，让学生从行为和情感上直接参与到教学活动中，通过自身的体验和亲历来建构知识。[①] 体验教学顾名思义，是在体验中学习知识，因此实践是体验教学的基础，让学生参与到教学实践中，通过现实和心理的经历变化，形成自己内在的知识。

例如，为了让学生掌握"角"的基本特征，某教师组织学生进行了"摸角——画角——说角"的活动。先让学生拿出三角板，任意摸一个角，想一想有什么感受；接着把这个角描下来；最后和同桌互相说一说角的边和顶点在哪儿。学生通过摸一摸、描一描、说一说的活动，真切体会到"角有一个尖尖的点，有两条直直的线"。至此，学生对角就有了清晰的认识。紧接着，教师先用多媒体演示画角程序，再引导学生一起用手在空中画角，同时强调画角有个三步骤：先画什么，再画什么，还要画什么。最后，让学生按照画角的步骤动手每人画一个角。为了帮助学生运用所学的知识解决数学问题，在亲身实践、独立思考的氛围中，由倾听、质疑，直至豁然开朗，教师依次画了三个有代表性的错误的角：两条边没有相交；顶点处是一个圆弧；有一条边是弯的。看到三个错误的角，学生们激动地纠错。在他们的判断和指导下，教师最终画出了一个个准确的角。这样的安排，通过给学生创设一个有利于探究的氛围，启发学生的思维，让学生对所学的知识有了更深的理解。[②]

体验教学更多的是强调学生的亲身经历。学生应该通过实践去认识周围事物，用亲身经历去理解、感悟、验证教学内容。结论来自亲身的实践，能力正是在实践的过程中形成的。教师在教学中应尽可能创造机会，让学生有

---

① 郝利红. 体验教学的探索与研究 [J]. 才智，2008，(6)：240.
② 黄雁鸿. 让学生体验并感悟数学知识的形成过程 [J]. 宁夏教育，2014 (2)：47.

动手、动脑、动口等实践的机会，使学生在实践中通过反复观察、尝试，最终构建新知识。

## （二）主体性

学生是教育的主体，更是发展的主体、体验的主体。但是，传统教学只注重传授知识的重要性，而忽略了对主体性的关注。在传统教学思想中，教师是课堂的中心，学生只是被动的接受者。为了秉承传统的思想，学生必须以教师说的话为权威，教师说的就是对的。随着新课改的深入开展，教师的主体位置已逐渐下降，学生成为了课堂的主体。体验教学尊重学生的主体地位，尊重学生独特的感受和独特的见解。因此，体验教学以学生为中心，关注学生自己的感受、价值取向和学习方式，让学生自己学会感受、观察、反思和总结，学会在不同情境中思考、解决问题。在体验教学中，每个个体都是不同的，教师要在尊重和接受学生不同感受的同时，关注每个学生在学习活动中的个性表现，让每个学生都有属于自己的成功体验，发挥学生的主体性，真正地成为学习的主人。

师：冰花像柔嫩的小草，像宽大的树叶，像丰满的牡丹。你能想象出它们的样子吗？

（课件演示冰花的形态）

师：那么，你能用彩喷喷出冰花的样子吗？

（学生发挥想象自由喷制）

……

生：冰花像柔软的水草。

生：冰花像盛开的菊花。

生：冰花像摇摆的小树。

生：冰花像地图。①

教师将冰花形态的教学过程变成了学生对学习语文的体验过程。在兴趣盎然的体验活动中，学生构建了冰花形态随意多变的概念。在这个过程中，学生始终扮演着主体的角色，自由想象冰花的样子，发挥出了体验主体性的作用。

### （三）生命性

体验教学是一种以人的生命发展为依归的教学，它尊重生命、关怀生命、扩展生命、提升生命，蕴含着高度的生命价值与意义。它所关心的不仅是人可以经由教学而获得多少知识、认识多少事物，更在于人的生命意义可以经由教学而获得彰显和扩展。在以往的教学论中，教学过程被理解为特殊的认知过程，教学的中心任务是传授间接知识，只是关注学生尽可能多地掌握知识和技能，而忽视了学生主体的生命存在与价值。学生在掌握知识时，如果没有理解意义，那么知识被淡忘后，它就很难留下什么；如果人们在学习知识时理解它对生命的意义，即使知识被遗忘，这种意义也可以永远融合在生命之中。② 教学应该是基于学生的发展性而教，体验教学正是通过引导学生亲身经历，让其在实践中理解知识的本质，在动手的过程中领悟知识。由于学生在这个过程中自己亲手接触到熟悉的事物，从而留下深刻的印象，在以后的生活中就会受到潜移默化的影响。

例如，教学"为了友谊，我们共同努力"一课，课前教师让学生收集具有鲜明时代特征和丰富友情内涵的名言、照片、图片、小故事、旧玩具等材料，让学生从中初步感受友谊的珍贵。课上通过开展"友谊门诊室""友谊成果展示台""留下我们的回忆"等活动，引导学生对同学相处中存在的问题进行反思。在处理"友谊门诊室"时，不是停留在书中的"朱立文的症状"上，

---

① 屈海英. 语文教学中要重视体验教学［J］. 文学教育, 2007, (3): 149.
② 朱小蔓. 教育的问题与挑战［M］. 南京：南京师范大学出版社, 2000: 179.

而是重点讨论班级里发生过的让人不愉快的事以及和同学相处时遇到的难题，让学生自己进行诊断，并开出处方，同时根据他人的处方反思自己的不足，及时改进处方。[1]

在体验教学中，教师要注重培养学生的自主反思意识，构建学生生命矛盾场，让学生经受道德的考验和洗礼，让学生在思辨中成长，从而让生命的乐章在活动中回旋。

(四) 情感性

情感是体验的核心。体验的出发点是情感，主体总是从自己的命运与遭遇、从内心的全部情感积累和现在感受出发去体验和揭示生命的意蕴，而体验的最后归结点也是情感。体验的结果常常是一种新的更深刻的把握了生命活动的情感的生成。正是由于体验的情感性，主体在积极的体验中才会形成对事物积极的态度，全身心地投入。心理学研究表明，教学过程"不只是行为主义理解下行为的改变过程，不只是信息论理念下知识的积累和加工过程，教学过程是一个心理全面演进的过程"[2]。学生如果丧失了学习兴趣，单纯地记忆那些符号、概念、公式，学习也就变得枯燥无味，学生的生命情感和生活体验也被排斥在教学之外，教育就会异化，学生就不能成为具有个性的人。因此，体验教学需要教师在培养学生知识与技能的同时，注意激发和培养学生的情感，提升学生的生命品质。

例如，在学习"唐氏综合征（21-三体综合征）"时，教师补充了两张照片，一张是在残奥会上，一位唐氏综合征短跑运动员正向终点冲刺，另一张是一位唐氏综合征患者正和两位正常同学在观察天文。教师讲到：唐氏综合征患者虽然具有独特的外貌特征，在身体和智能上有些缺陷，但是许多患者仍有积极向上的人生态度，生活得很积极。学生受到了强烈的精神感染，不

---

[1] 辛继湘. 试论体验性教学模式的建构 [J]. 高等教育研究，2005，(3)：64—68.
[2] 王荐. 生物学教学中的情感性教学策略 [J]. 中学生物学，2008，(11)：36—38.

知不觉在科学探索中学会了人文关怀，形成了对残疾人尊重和关怀的美好情感。①

在体验教学中，或许有些教学内容本身不含情感因素，但教师可以创造性地赋予其一定的情感色彩，使学生获得情感体验，得到真善美的熏陶，使智慧与人文交相辉映，从而培养学生正确的情感态度与价值观。

（五）生活性

体验教学关注学生的生活世界，关注学生的日常生活经验。因为生活世界是与学生有着直接联系的，它是个体的、日常的、伸手可及的。体验教学所注重的体验是和自己的生活经历联系在一起的，是对自己生活的一种感悟。体验教学不但要学生学习课本知识，还要去发现和感受语言、符号，把知识所涉及的内容与实际生活相联系，或者由教师通过一定的情境使之具体化，便于学生身临其境通过亲身尝试、体验，生动地感知、了解和掌握知识。体验教学要从过去的理想化、模式化的框架中走向生活化，让学生在生活中深刻认识社会和自我，从切身的体验中学会识别美与丑、善与恶、真与假，并在生活交往中学会做人。体验教学使学生不只是局限于教学内容中显现的、在场的东西，不受权威解释、标准答案的束缚，不去专注于死记硬背和亦步亦趋地复现原意，而是在不断理解教学内容的过程中理解自己、理解人生、理解社会，并不断投入自己独特的渗透着情感的人生体验。②

例如，教学"归一问题"的应用题时，教师组织学生进行调查，有的深入到工厂，了解一周内全车间工人生产的产品数量；有的深入到商店，了解商品的价格等。当课堂上出示学生自己用收集的素材编成的题目时，学生觉得十分亲切。并且，学生在掌握归一应用题的解题方法之后，还能根据自己调查来的数据与事例编成归一应用题。这样就促使学生进一步发现数学就在

---

① 辛继湘. 试论体验性教学模式的建构 [J]. 高等教育研究，2005，(3)：64—68.
② 刘秋生. 小学数学实践活动教学初探 [J]. 湖南教育，2004，(6)：33.

身边，从而提高学生应用数学的观点看待实际问题的能力。[①]

生活中存在着大量有价值的教学资源。只要我们善于观察、收集和利用，提炼出适合学生探究的问题，让学生把学到的知识应用于现实生活、服务于现实生活，就能使学生认识到学习的价值，激发学生的学习兴趣，提高学生灵活运用知识的意识和能力。

## 二、体验教学的原则

### （一）自主认识，自我建构

体验总是与个体的自我意识紧紧相连。体验教学是学习主体在学习过程中对教学内容内化后形成内心反应或内在感受的过程。在这个过程中，学生以个人需要、价值取向、认知结构、情感结构、已有经历等完整的自我去理解、去感受、去建构，从而生成自己对知识的独特感悟。教师不应越俎代庖，剥夺学生的感知过程而直接传授知识，而应想方设法根据学生的认知特点激发其求知欲，让他们尽情地体验学习的过程，并最终自觉地掌握学习的方法和具体知识。体验教学如果不是建立在自主认识的基础上，就只能是一种知识教育或技能教育，也就不会使学生生成自我的认识和相应的态度与价值观。只有当学生能动地、自主地去体察知识经验、认识事物并获得自己的感悟，激发起自己的情感，并以自我的面目参与的时候，才真正获得了主体的体验，并能在此基础上进行自我建构。

### （二）师生和谐，享受愉悦

良好的师生关系是体验教学的基本保证。师生之间只有和谐相处、相互信任、相互尊重，才能有效地实施体验教学，并发挥出体验教学应有的作用

---

[①] 刘秋生. 小学数学实践活动教学初探 [J]. 湖南教育，2004，(6)：33.

和价值。教学本是一种特定情境中的人际交往，体验教学更强调这一点。教师要从以往课堂上的"主宰者""权威者"变为"组织者""引导者"，与学生处于平等的位置。在这种"共生"的课堂中，教师可以纠正学生的错误，学生可以质疑教师，并从中感受到教师并不是高高在上的，更多的是可以与自己成为朋友。体验教学要求教师在轻松愉快的情境或氛围中，引导学生产生各种问题意识，展开自己的思维和想象，寻求答案，分辨正误。在这样的教学中，思维的"过程"同"结果"一样重要，目的在于使学生把思考和发现体验为一种快乐，充分地享受学习带来的愉悦，而不是一种强迫或负担。

### （三）开放兼容，综合多元

学习的过程是主客体交融的过程，即学习者对知识融汇整合的过程。开展体验教学，教师的作用就是要将固定的、静止的教材内容激活起来。这就需要教师根据学生的实际情况，引入体验教学的机制，整合各种教学资源，使教学成为开放的、生动有趣的、充满活力的各种学习活动。体验教学的开放兼容还体现在，教师要承认学习者在体验过程中的自我特性，尊重每个学生在任何问题面前的真实心态。另外，体验教学的目标并不总是情感性的，还有学生对学习的过程、学习的效果、学习的价值、学习的方法、学习中的人际交往等的体验，乃至社会、人生，都是学生体验的内容与对象。体验教学目标的综合多元决定了体验教学内容和方式的丰富多样。体验教学由此彰显出独特的魅力。

### （四）注重实践，提倡探究

体验教学以学习者参与实践活动为基础，十分注重在实践中进行学习体验。在体验教学中，教师应该给予学生更多的时间参加实践。与其滔滔不绝地进行理论教学，还不如让学生亲自动手学习。活动是体验的载体，不同的活动主题、内容和方式，会带给学生不同的心理体验。教师需要根据不同的学习主题，优化学习活动的客体因素，建构有利于全体学生主动参与的课堂教学情境。学生在活动过程中所体验的成功或失败，与人合作的经历，以及对于问题的解决本身，有更具实质性意义的学习效果。需要指出的是，引导学生探究是实践体验理论的有效形式，体验教学强调学生的探究活动，提倡探究性学习。在体验教学中，教师通过探究活动，可以激活学生的记忆，开启学生心智的窗户，调动学生学习的热情，挖掘学生学习的潜能。在这个彰显个性的过程中，学生内在的知识、能力、经验、智慧等都能得到锻炼，并充分体验到探究性学习的成功乐趣。

## 第三节　体验教学的价值与意义

### 一、有利于确保学生在课堂中的主体地位

在传统教学中，教师是知识的权威和拥有者，其主要作用是讲授和传递书本知识，而学生则是被动接受知识的承担者，主要任务就是接收教师传过来的知识。在这个过程中，学生就像一个装水的容器，不用思考，就负责把东西全部装到这个容器里就可以了。学生没有自己的主见。"教"是施加，"学"是听从。书本外的一切鲜活东西仿佛都与教学绝缘。相反，在体验教学中，教师会让每个学生根据自己的需要，按照自己的方式、适应自己的特点去体察感悟，获得与他人不同的感受和见解。体验教学的核心就是主体独立地完成内在的自我体验，体验教学强化了学生对教学的主动参与和对学习内容的积极把握，保证了活动中的主体地位。

### 二、有利于学生加速知识与经验之间的转换

体验教学是为了让学生更好地获得认知，并在认知的基础上实现知识的内化，使知识变成一种经验。书本上的知识如果没有在我们的脑海中，成为

活的知识，使我们随时可以调动出来灵活运用，那么，可以说这些知识对我们的作用就不是那么明显，只不过是用冰冷的文字拼凑成的符号而已。"纸上得来终觉浅，绝知此事要躬行"，这就是体验教学所要强调的。体验为主体与客体之间搭建起了一座桥梁，使得学生在解决问题时能综合运用已有的知识和经验，从而获得新的感受和领悟。比如，学生坐在教室里听教师讲解"1千米有多长、1牛顿有多重"，是间接学习；而让学生走出课堂去看一看、估一估、称一称、算一算，在生活实际中理解上述问题，便是体验学习。这比简单的说教更容易让学生理解，而学生自然会更快地把知识内化为经验，取得良好的学习效果。

## 三、有利于学生创新能力和实践能力的培养

新课程改革强调，以创新精神和实践能力的培养为重点，建立新的教学方式。体验是创新精神和实践能力得以产生的中介。在积极的体验中，个体可以充分摆脱外界的束缚，不断产生新的联想和想象。也就是说，在体验教学中，学生想象的空间变得更大了，可以在头脑中产生各种奇特的想法，或者进行一场"头脑风暴"，学生的思维可以自由地发挥。在体验的过程中，学生或许会遇到不懂的难题，这时教师只需在旁提示即可，学生自己想办法解决，才能培养学生的创新能力，充分发掘学生的潜能。没有体验，学生的思维就只会接受教师给予的想法，容易失去自我，就不会有创造的发生。没有体验，学生在实践中不能学会反思，实践能力自然得不到发展。

## 四、有利于学生素质提升和情感生成

学生在教学活动中获得感性的或理性的知识，获得关于自然或社会以及对自我的认识等，都是通过自身心理结构内化为素质。在这个转化过程中，体验起着至关重要的作用。教学内容所包含的各种知识，只有通过自身的体验，才能真正地走进个体内在的精神世界而生成素质。体验教学关注学生生

命的完整性，关注学生在掌握知识与技能的同时融入情感态度与价值观的体验，使知识影响渗入心灵深处而成为素质。体验过程中最重要的一点是情感生成，情感的生成取决于人生经历的丰富积累。因此，如果没有自己的亲身体验，也就不会有任何情感产生并保存在记忆中。情感教育的过程从某种意义上来说，就是丰富人的感知觉，使人生活在自然的而不是概念的世界中。教师要通过体验教学，让学生接受到更直接的感受、刺激，促进其情感的生成。

# 第一章　新奇之旅：体验教学的内容揭秘

　　《基础教育课程改革纲要（试行）》在"课程目标"的具体表述里提出六个"改变"，第一个"改变"就是"改变课程过于注重知识传授的倾向，强调形成积极主动的学习态度，使获得基础知识与基本技能的过程同时成为学会学习和形成正确价值观的过程"。从"知识与技能""过程与方法""情感态度与价值观"三方面提出了目标要求，构成新课程的"三维目标"。学习方式（教学方式）的转变是本次课程改革的显著特征。体验教学是落实"三维目标"的理想选择。这是因为体验教学是在一定的情境中，让学生进行充分的体验，使学生得到全面发展的教学方式。在体验教学中，充分体验是关键，全面发展是目的，只有通过学生的充分体验，才能使学生得到全面的发展，这种全面发展包括知识与技能的发展，过程与方法的发展，情感、态度与价值观的发展。基于体验教学在达成"三维目标"上的理想选择，教师对体验教学的内容应有一个恰当的定位，能够适应新课改的趋势，以开启具有自我特色的新课改成功之门。

## 第一节 认知深化的体验

学习是一个主动建构的过程，知识是学习者经过同化、顺应机制而建构起来的经验体系。这要求教师树立新的知识观、学习观。体验教学反对传统教学过分强调对知识的死记硬背、机械模仿，提倡在体验中学习。在体验教学中，学生的认知不应囿于机械式的知识记忆与理解，而应获得具有创造性的升华，使学生能够在掌握知识的基础上懂得运用知识。因此，认知深化的体验，让知识的学习更有意义，更有趣味。

### 一、亲历知识的生成

建构主义学习理论强调知识的建构性，认为应给学生提供活动的时空，让学生主动建构自己的认知结构，培养学生的创造力。在教师指导下，以学生为中心的体验教学方式，强调学生是信息加工的主体，知识意义的主动建构者；教师是建构活动的设计者、组织者和促进者。在体验教学的过程中，教师通过创设良好的学习情境，建立知识与生活的联系，充分发挥学生的主观能动性和创造性，引导学生在已有认知的基础上观察、发现、体验、分析身边的现象，用已经掌握的知识解释现象，并在现象分析中总结知识的规律，从而达到对所学知识意义构建的目的，同时获得认知水平的新提升。

体验教学强调内在体验，是一种内在的、注重个体身心投入的具体的教学过程。这种教学方式，要求教师要善于创设教学情境，引导学生在实践中感知认识周围事物，充分利用那些可视、可听、可感的教学材料开展教学。在教学过程中，让学生"可视""可听""可感"知识，从而使新知识在兴趣的驱使下、在亲身经历中，主动而自然地进入学生原有的知识结构中，成为学生知识经验的储备。从实质上讲，体验教学就是让学生在亲历知识的生成过程中，完成对新知识的主动对接与建构。

## 在亲历中认识"圆周率"[①]

在"圆周率"的教学中,有位教师引导学生这样去体验:首先,温习圆的相关概念。其次,探讨圆的周长与直径的关系,认识圆周率。教师用线(或纸条)绕圆一周,量一块直径为××厘米的圆形木板(或硬纸板)周长进行示范。再让学生拿出几个大小不等的圆形,按照示范的方法分别量出它们的直径和周长,并算出 $C/d$ 的值,填在书上的表中。然后学生观察、比较实验的结果,自我总结、发现两者的关系,得出圆周率。再次,推导圆的周长计算公式,并学会初步运用。这样,学生在主动、乐意的学习过程中,经历着科学发现的完整过程,体验着知识的形成,教师则完成着"有责任使学生信服数学是有趣的"(波利亚语)光荣职责。

在体验教学中,学生能从学习中感受到知识生成的过程,切身体会到获取新知的乐趣。实质上,任何一个概念都经历着感性到理性的抽象过程,任何一个规律都经历着由特殊到一般的归纳过程。学生的学习经历着复杂的认知过程,它是一个有指导的再创造过程。学生的创造应该是一种相对于他们的已知世界和旧有知识体系的自主地建构、拓展和开掘的过程,应该尽量由学生相对独立地去完成。这样,学生才能更有效地理解与掌握新知识。

## 二、实现经验的升华

学生的已有经验是指学生以往的生活与学习经历,以及他们在此过程中形成的体验、认识和观点。它们是学生后续学习的"前认识",对学生学习新知的影响深刻。在课堂教学中,很多教师会有意识地引导学生基于他们的已有经验自主探索新知,既遵循了学生的认知规律,又激发了学生的自主意识。[②] 在体验教学中,学生的体验式学习以经验为基础,是对经验的一种积累

---

[①] 黄泽忠. 认识体验性数学学习 [J]. 湖南教育,2006,(33):18.
[②] 陈炳飞,鲍文艳. 地理教学中运用学生经验的误区与改进 [J]. 地理教学,2011,(1):14—16.

与创造。教师充分挖掘和发挥经验的教学价值,将学生的已有经验与新知发生联系,经过再加工,再创造,从而实现经验的升华,使学生形成新的体验。

实际上,教学应该回归的并不是学生原始的经验世界,因为这样的生活世界具有个体性、差异性和随意性等特征,存在着很多非教育因素。教学素材与生活联系并不等于将生活经验原封不动地作为素材,而应该是以原始的直接生活经验为基础,经加工后形成合宜的教学材料,以这样的间接经验主导教学。如果仅重视生活经验的再现与利用,而忽略了把生活经验提升为新的认知,那么,学生尽管表面上学得热闹,但实际上少了深刻的思考,思维仍然徘徊不前。因此,教师应引导学生通过体验,把现实的、具体的生活经验提升为理性的、抽象的认知,从而在思考活动中建构知识。

**发挥经验的价值**[①]

在教学《工业的区位选择》时,有位教师将昆山笔记本电脑生产状况扩展为情景完整的案例,引导学生通过探究,既了解电脑组装产业属于劳动力导向型工业,又理解该产业总体上属于技术导向型工业;并能根据该产业在昆山正逐步从组装走向研发,以及部分组装产业从昆山转出的事实,领会"工业区位因素和区位条件的发展变化"的地理原理,进而淋漓尽致地发挥学生经验的教学价值,并使学生的综合思维能力得到有效提升,而不是刚触及皮毛又另起炉灶,造成优质教学资源的浪费和学生认知的偏差。

教学内容不应限于书本,它来自课本,更来自学生生活;教材不是学生的全部世界,世界才是学生的全部教材。学生有着很丰富的生活经验,生活经验是学生学习的重要资源,教师应关注学生生活经验,找到其与知识联系的桥梁与纽带,通过对教材进行创造性的加工、设计,使教学内容变得丰富、生动,真正让学生经历将生活问题抽象成知识要点并进行解释与应用的过程,获得真切的体验,使课堂教学成为一个鲜活、主动而富有创造意义的过程,

---

① 陈炳飞,鲍文艳. 地理教学中运用学生经验的误区与改进[J]. 地理教学,2011,(1): 14—16.

实现经验的创造，提升学生的素质。

## 三、促进认知的发展

认知是指人认识外界事物的过程，或者说是对作用于人的感觉器官的外界事物进行信息加工的过程。它包括感觉、知觉、记忆、表象、思维、言语和想象等心理现象。苏联心理学家维果斯基强调教学对认知发展的促进作用。他认为，一方面，教学必须符合儿童的年龄特征，必须以儿童一定的成熟为基础；另一方面，"教学应当走在发展前面"，要创造最近发展区。体验教学与学生的认知发展存在着密切联系。体验教学能够有效地促进学生认知的发展。反过来，学生认知的发展也有利于体验教学的开展。体验从感知开始，体验教学离不开感知。学生感知了知识，体验了知识，才能产生新的认识，学生的认知能力才能得到一定的提升。

以往，教学大纲对知识的要求是"了解，理解，应用"；如今，课程标准同时强调学生"经历了什么""体会了什么""感受了什么"，有了过程性目标和体验性目标。确立体验性目标，是课程标准与教学大纲的显著不同。体验性目标分为经历（感受）、反映（认同）、领悟（内化）。在教学过程中，处于认知活动主体地位的学生，其身心体验的强弱，投入程度的大小，直接影响到认知的数量与质量。为此，教师唯有让学生动起来，积极投入情境和活动中，通过口、手、脑、眼等多方面的感知、接触，才能达到促进学生认知能力发展的教学效果。

**声音的来源**[①]

在讲授《声音是什么》一节内容时，如果教师还是按传统教学模式为学生做演示实验：先敲击音叉，使其发声，再将音叉放入水中，激起水花，从而让学生判断声音是由振动产生的，这样的教学效果并不是很突出。原因是

---

[①] 王井泉. 浅议"体验式教学"对学生能力的培养 [J]. 中学物理，2013，(10)：75.

教师演示实验时，坐在后面几排的许多学生既听不见音叉发出的声音，又看不到音叉振动激起的水花，学生不能充分体验，因此教学效果不明显。如果教师在此采用体验式教学，效果将很不一般。教师可以在演示实验的基础上，引导学生利用身边的物体做这样的小实验：有的学生敲桌子使其发声，有的学生撕纸使其发声，有的学生弹拨圆珠笔使其发声，有的学生拍巴掌发声等等。学生有了体验，然后教师再引导其分析这些声音是如何产生的，这样就能激发学生探究的好奇心，逐步发现发声的物体都在振动，从而加深声音是由振动产生这一声学原理的认知和理解。

认知发展的过程是一个内在结构连续不断地组织和再组织的过程，在新水平上整合新、旧信息以形成新结构。只有当所教的知识能够引起学生积极探究和进行再创造的愿望和行动时，才会有效地被学生所同化。与传统教学相比，体验教学更能促进学生认知的发展，全面提升学生的知识素养。在教学过程中，教师要时刻关注学生的学习情况，捕捉学生的眼神、表情、动作等，把学生在课堂上探索到什么、体验到什么等作为课堂评价的重点，让学生通过自主学习，去发现、感受、体会。

## 第二节 能力培养的体验

体验教学为学生能力的培养提供了广阔的时空。体验教学丰富多彩的活动内容，为学生提供了鲜活的生活情境，增加了学生感知知识的途径；学生通过直接观察、操作、感悟，激发了自主探究的动机；充分的交流与合作促进了学生身心、情感的发展。对事物的观察、探索、研究、发现及问题解决的过程，促进了学生各种能力的发展。

### 一、实践能力的培养

体验教学模式有别于传统的教学模式。传统的教学模式，是以教师向学生讲授基础知识、基本理论和基本技能为主的一种教学法。体验教学模式，则要求教师在讲清一定的理论知识的基础上，有目的地创设教学情境，激发学生的学习热情和学习主动性，并对学生加以引导，让学生独立地动手、动脑，亲自去感知、领悟、体会知识，并在教学实践中得到证实的一种行之有效的教学法。[1] 美国著名教育家杜威提出"教育即生活，学校即社会，从做中学"等观点，开创了体验教学的先河。我国著名教育家陶行知亦主张"生活即教育，社会即学校，教学做合一"。这里的"生活"和"做"，就是体验教学。从中可见，体验教学提倡学生在"做中学"，在"学中做"，在实践中引导学生体验。

体验教学需要教师有意识地在教学过程中结合教学内容，让学生主动地进行观察、猜测、验证、推理和交流等实践活动，深化学生的切身体验，培养学生的实践能力。生理学的研究表明，人脑分为结构上几乎相同的左右两个半球，它们在功能上有分工，各自处理不同的信息，但在完成心理活动时又是协同作用的。教师要加强实践活动，利用学具的直观性、形象性和空间特征，让学生善于使用学具进行动手操作，使大脑两半球都得到激活。这样，一方面可减缓大脑的疲劳，另一方面学生的感知建立在操作活动基础上，手脑并用，多种分析器共同参加学习活动，可使大脑左右两半球的功能都得到较为理想的发挥。

**实践出真知**[2]

在《祖国在我心中》研究性学习活动中，教师指导学生通过多种方式了解祖国的历史、文化，并且将学生分成小组完成手抄报、绘画摄影作品册、去社区调查访问等活动，让学生亲身去实践、调查、探究，然后教师对学生的作品进行客观的评价，给予鼓励和指导，最后根据评鉴结果，颁发"优秀

---

[1] 博迪. 基于学生实践能力培养的体验式教学模式的应用与研究 [J]. 内蒙古农业大学学报（社会科学版），2012，(4)：127—128.

[2] 李海林. 小学语文体验式教学方法探析 [J]. 快乐阅读，2013，(6). 本文有改动.

组织奖""积极参与奖""最佳效果奖"以及"最大进步奖"等。通过这种展示与评价，不仅让学生在实践中增长了对祖国的认识，加深了对祖国文化的了解，更培养了学生自主学习、合作学习的良好兴趣与习惯，培养了学生的实践能力和创造能力。只有经过自己努力得来的东西，才会懂得珍惜，每个人都是这样的。我们一般认为语文课堂是枯燥无味的，可是如果在课堂中加入实践环节，让学生自己动手、动脑去探索知识，不仅可以激发学生对语文的兴趣，让语文课堂"活"起来，还可以让学生加深对知识的印象。

"眼见百遍，不如手做一遍"。在教学过程中，教师应该加强对学生的实践操作训练，让学生在实践中感知，充分发挥潜力，通过自己的努力解决问题获取知识，教师再引导学生到实际中验证，到生活中运用。教师应注重知识与实践活动相联系，充分利用学具、多媒体进行直观教学，为学生创设宽松的学习氛围，激发学生的学习兴趣，使学生在学习中始终保持兴奋愉悦、渴求思索的心理状态。如此，学生对所学的知识就会理解得更深刻，掌握得更牢固，同时发展了思维，培养了动手操作能力。

## 二、探究能力的培养

著名教育家苏霍姆林斯基说："在人的心灵深处，都有一种根深蒂固的需要，这就是希望自己是一个发现者、研究者、探索者，而在青少年的精神世界中，这种需要特别强烈。"体验教学是一种让学生主动探究学习的教学，能够满足学生的这种需要。引导学生探究是实践体验理论的有效形式。体验教学强调学生的探究活动，提倡探究性学习，让学生在课程领域或现实生活的情景中，通过教师引导、小组合作、个人研究等组织形式，培养学生发现和提出问题的能力，搜集和处理信息的能力，分析和解决问题的能力，交流与合作的能力，使学生在获得内心体验的过程中，逐步提高认识能力、参与能力、适应能力等，从而提高探究能力。

教师作为教学内容的加工者，应站在发展学生思维的高度，相信学生的认知潜能,对于难度不大的问题,大胆舍弃过多、过细的铺垫,尽量对学生少一些暗示、干预,要让学生像科学家一样去研究、发现,在自主探究中体验,在体验中主动建构知识,培养探究能力。教师要尊重学生解决问题的自主权,使学生成为学习的主人和自我发展的主人。教师要创设培养学生主动探究能力的课堂,形成以主动探究为中心的学习局面,使学生乐于探究,愉快学习。教师还要重视学生的质疑,呵护学生的探究意识,努力创设探究的条件,使学生敢于探究。学生质疑后,如果得到教师的肯定与表扬,将会倍受鼓舞,更加热爱学习、勤于探究。

**探究之趣**[①]

在教学《圆锥的体积》时,教师创设了这样的探究情境:首先将学生分成10组,每组发给实验材料圆柱、圆锥和沙子。"把圆锥装满沙子往圆柱里装,直到装满为止,你们发现了什么?"学生边操作、边思考、边讨论,兴趣甚浓,马上得出结论:用圆锥装满沙子往圆柱里倒,三次正好倒满,说明圆锥体的体积是圆柱体积的$\frac{1}{3}$。这时教师又出示一组圆柱、圆锥,请学生看教师操作,可结果是:用圆锥装满沙子往圆柱里倒,四次才能倒满。这时,学生都瞪大了眼睛,有的说:"老师,你肯定装得不标准。"于是,教师请一学生再次演示,结果还是这样。针对这一"矛盾",学生进行了热烈而又深入的再探究,最后发现:圆锥体的体积是与它等底等高的圆柱体积的$\frac{1}{3}$。教师顺利地完成了教学任务,达到了在体验教学中培养学生探究能力的目的。

体验教学贯彻落实新课程理念,是一种倡导学生自主、合作、探究的教学,它不再以传授知识为唯一目标,而是致力于智力发展在内的学生整个个性、整体素质发展的教学。这就需要教师在教学中真正落实学生的主体地位,真正发挥学生的主体作用,大胆放手,相信学生能通过动脑、动眼、动手、

---

① 付裕昌,李玉娇. 创设有效情境,生成情感体验[J]. 吉林教育,2008,(6):27.

动口主动地获取知识，并通过多种教学形式与手段引导学生自主探究、合作交流，改变传统的学习方式，使学生有效地参与教学活动，在探究未知转化为已知的过程中，获得知识，发展能力。

## 三、创新能力的培养

传统教学总是习惯性地把教师的个人知识摆在高高在上的位置，而学生的个人知识，只属于他们的独特文化世界，不被关注，"异想天开"的想法更是被毫不留情地隔离在教科书和分数高高的围墙外。久而久之，学生的个性、批判精神和创新意识就被驱赶得无影无踪。教育界似乎已经认识到这种畸形教学方式的弊端，因此提倡调换师生的位置，把学生摆在首位进行教学。体验教学作为一种新理念教学，强调教师在教学过程中尽可能多地联系生活实际，重视学生的内心体验，不再给学生呈现过多的"是什么"，而是"应该是什么"，还他们自由思考的权利，促进个性发展，培养批判精神和创新能力。

陶行知先生说："创造力最能发挥的条件是民主。"的确，民主、和谐的课堂氛围是促进学生进行创新的先决条件。当学生在课堂获得了充分的心理安全和心理自由，他们才敢"异想天开"。所以，在教学过程中，教师要注重营造民主、和谐的课堂氛围，为学生创设轻松愉悦的心理环境，树立学生创新的自信心，激发他们迎接挑战、探索求知的欲望。教师应热爱、尊重和信任每位学生，鼓励学生各抒己见，大胆提出创造性的想法。当学生的想法明显不对或不够完善时，教师则应首先肯定他们的创新意识再给予纠正，使学生产生积极的情绪体验，维持创新的热情。

**创新性的歌唱**[①]

在学会《小雨沙沙》这首歌曲后，教师让学生发表如何能把这首歌唱好的意见。有的说小雨声很轻，"沙沙沙"应该轻唱；有的说种子说话，我们听

---

[①] 张远. 浅谈如何在音乐教育中培养学生的创新能力[J]. 音乐天地，2008，(7)：9—10. 本文略有改动.

不见，也应该轻唱，各有各的见解。于是，教师让学生按照自己的理解来演唱自己"二度创造"出来的作品。这样创新性的歌唱，不仅使学生进一步理解歌曲、唱好歌曲，并且使学生深深地体验到了创新的乐趣，培养了创新能力。可见，教师不能只是把"会唱歌就行"这单一的项目当作课堂重点，还要积极地让学生进行创新性的歌唱。

体验教学主张学生以积极的心态参与到教学过程中，去提问、去发现、去探究，在自己发现和探究的过程中获得知识，获得创造性的体验。在体验教学中，学生是自己学习的主人翁，不需要依赖教科书上的标准答案，没有所谓的对错，产生越多越深刻的体验越好。这就打破了以往教学的僵硬模式，学生的创造性也在自己发现问题和分析解决问题过程中得以真正产生，创新能力也就得到了有效培养。

## 第三节　情感触动的体验

情感触动的体验是教师根据特定的教育内容和学生实际，恰当地创设情境，借助情感的直观性、形象性，对学生的感官进行强烈的刺激，使之进入所创设的特定氛围中，激起相应的情感体验，让学生在不知不觉中触动自己的情感之弦，实现共鸣与发展。教师要抓住教学中的每一个契机，通过各种渠道挖掘情感资源，以情感为媒介、为动力，运用多种教学手段强化学生的情感体验，从而实现学生智力因素和非智力因素的相互交融，达到真正培养学生的目的。

### 一、满足学生的成功需要

教育心理学指出，人都有获得成就的内驱力。一个人在社会生活中都有对成功完成某件事情的渴望和需求。它反映在人们头脑中，便体现为成功需要。这里所说的成功需要，包括两层涵义：一是希望获得成功机会；二是希望胜过周围人，即希望在胜过周围人的过程中获得成功。满足成功的需要，不仅会产生快乐情绪，而且会增强自信心和胜任感，促进个体朝着成功的方向继续努力。因为每一次成功需要的满足，其实都是对其成功行为的正强化。学生到底愿不愿意投入学习活动，有没有信心去学习，这些都取决于教师能否充分满足学生的成功需要。

美国心理学家马斯洛认为，人的尊重需要、自我实现需要是人的较高层次需要。成功的情感体验满足了学生这方面的需要，便刺激和强化了学生的学习兴趣，形成了"成功——兴趣——成功"的良性循环。相反，如果学生经常得不到成功的情感体验，便会失去兴趣，形成"失败——没兴趣——失败"的恶性循环。再进一步说，如果学生对某一学科彻底丧失信心，那么，肯定会毫无兴趣、放弃努力了。教师要尊重学生的差异性，呵护学生的自尊心，应有目的、有意识地给每个学生创造机会，让他们参与活动，表现自己，体验成功。教师要用自己的真诚赢得学生的信任，用激励性的评价鼓舞学生，使学生在体验成功的积极情感中增强自信，更加主动地学习。

消灭错别字的"秘密武器"①

在语文教学中，不少教师在帮助学生消灭错别字时往往是采用惩罚手段，错一个字就让学生重抄十遍甚至数十遍、上百遍，因而学生是在担惊受怕、枯燥乏味的情绪体验中接受基本功训练的，其收效也往往是事倍功半。有些优秀教师一反传统教学方法，把这项训练与创设成功机会相联系，他们有的在班内设立"错别字医院"专栏，把错别字用不同颜色的粉笔写在专栏内，作为"病人"，然后让学生自愿报名当"大夫"，给错别字"治病"，并要求找出"病因"。对于困难的错别字，教师还鼓励"大夫"进行"会诊"。这样，"治愈"一个"病人"，便消灭了一个错别字，学生也就获得一次成功需要的满足，得到一次快乐的情绪体验。有的教师动员学生到周围生活中去找错别

---

① 由恒光. 语文教学经验谈片［J］. 文学教育（下），2009，(7)：149.

字,回来分析写错的原因和可能引起的误会,然后写成作文,交流心得。学生在改正错别字、纯洁祖国语言文字的活动中获得一次又一次成功体验。以往担惊受怕、枯燥乏味而低效的文字训练也就变成了充满欢乐的高效的学习活动。

教学中学生对学习活动的成功体验所产生的快乐情绪,有助于增强其学习的热情和动力。苏霍姆林斯基曾这样告诫教师:"请记住:成功的欢乐是一种巨大的情绪力量,它可以促进儿童时时学习的愿望。请你注意无论如何不要使这种内在力量消失。缺少这种力量,教育上的任何巧妙措施都是无济于事的。"教师应为学生创造条件,使不同层次的学生都有获得成功的机会,以满足他们尊重和自我实现的情感需要,激发和培养学生对学习的兴趣。

## 二、 激发学生的乐学情绪

孔子强调"知之者不如好之者,好之者不如乐之者",由此开创了"弟子三千之众,贤人七十二比肩"的古代教育史的空前盛况。孔子的弟子颜渊在《子罕》篇里深情地表白:"夫子循循然诱人,博我以文,约我以礼,欲罢不能。"可以说,孔子早已为我们提供了情感体验教学的优秀典范。在这里,孔子把"乐学"视为治学的最高境界。乐学是一种学习方式,通过创造愉快的学习环境,使师生在心境愉快、情感融洽的氛围下教与学。情感体验教学的实施,能让学生更轻松地进入乐学的状态,能取得更满意的学习效果。

情感是人的需要是否得到满足时产生的内心体验,学生的学习行为在很大程度上是由其情感所支配的。如果学生把学习看成是一件愉快的事情,那么,学生在学习中就会表现出强烈的学习欲望、敏锐的感知能力、活跃的思维能力。如果学生对学习感到焦虑和痛苦,就会害怕学习、逃避学习。乐学情感是激发和维持学生积极学习的原动力。学生只有对学习有快乐的情感驱动,才能保持学习的动力。消极的情感不仅会影响学习的效果,而且会影响学生的长远发展。教师理应在教学中不断通过积极的情感熏陶,激发并强化学生的学习兴趣，形成持久的学习动力，使他们把学习当作一种乐事。

**欣赏形象　体验真情**[①]

在欣赏《项链》的主人公玛蒂尔德这个形象时，李天阳老师让学生分成两组评价讨论玛蒂尔德，一组找她的缺点，一组找她的优点。五分钟后，学生相继发言，李老师一边引导发言一边板书，把人物的优缺点展现在黑板上。接着引导学生客观地评价主人公。很显然，学生否定了主人公的缺点，肯定了她的优点。之后李老师再作小结，这样学生在欣赏小说人物玛蒂尔德的过程中，忽然发现她在丢失了项链后却处处表现出优点：积极面对自己犯下的错误，勇于承担责任，诚实守信，吃苦耐劳，勤俭持家，踏实生活，最后与朋友见面坦然相告事情的真相等种种表现，不正是我们做人的高尚品质吗？这样，在李老师的指点下，学生知道了如何客观地评价他人，同时也学会反省自己。这样欣赏小说人物形象，把学生引入课堂，充分调动了学生参与讨论的积极性，让学生体验到了真切的情感，还培养了学生的审美评价能力。

在教学中，教师的情感对学生的认识过程具有组织、协调、节制的功能，能够直接调节学生的思维活动，进而调节着学生对教学的积极态度。师生情感水乳交融，教学气氛轻松和谐。教师的情感投入能激活学生的情感，并使他们将此情感迁移、扩散、泛化到有关学习对象上去，从而形成更深更广的学习兴趣。"亲其师则信其道"，就是情感迁移功能的结果。因此，教师要从学生情感入手，充分发挥情感因素的积极作用，有意识地以积极的情感去感染、激励学生，让学生在兴趣盎然中积极主动地学习。

## 三、促进学生的人格完善

体验教学所持的理念是：人是作为一个完整的人格而成长的，不是单纯地着眼于认知活动与智力发展的，有效的学习不仅需要认知与思考，还需要

---

[①] 李天阳. 情感体验教学的探讨与实践 [J]. 教育教学论坛, 2014, (3)：180.

赋予情感。众所周知，教学过程既是一种知识教授的过程，也是一种情感体验的过程。认知与情感是同等重要的，缺乏其中任何一个方面，教学都是不完整的。体验教学不只是让学生对知识进行认知、积累和加工，而是通过体验与反省使知识进入个人的内心世界，与学生的生活境遇和人生经验融化在一起。单纯地认识知识并不能理解知识的意蕴，体验教学是让学生的认知、情感、意志、态度等都参与到学习中来，使学生在认识知识的同时感受和理解知识的内在意义，获得精神的丰富和人格的完善。

情感体验教学努力倡导积极的情感体验积淀，注重体验的加工和积累，不断扩大情感的累积效应，促使学生能够根据自身特长，将优秀的个性心理倾向融入他们的认知结构中，在他们以后认识相类似的事物时可以自然地产生情感迁移，自觉地总结一套适合自己发展需要的情感体验的方法。积极的情感体验可以促进学生的内部心理和谐发展，使学生能够正确处理人际关系、发展友谊，把自己的智慧和能力有效运用到能获得成功的学习上来，形成健全的人格。

### 体会父母的爱[①]

在教学七年级思想品德《爱在屋檐下》一课前，教师安排了"护蛋一星期——体会父母心"的体验活动，让每位学生自备一枚生鸡蛋，然后在一星期内像妈妈照顾自己一样照顾这枚"蛋宝宝"，除了在校上体育课和在家洗澡外，必须全天随身携带，不能让它有半点损伤。学生的保护措施五花八门，但尽管如此，"蛋宝宝"还是有遇到危险的时候。经过一个星期护蛋的体验，学生从中体会到父母养育自己的辛劳，理解了生命的珍贵，更体会了父母对自己的爱，学会了感恩，他们发生的变化也让家长们感到欣慰。

情感体验教学注重培养学生的社会情感品质，发展他们的自我情感调控能力，促使他们对学习、生活和周围一切产生积极的情感体验，形成独立健

---

① 贺冬松. 思想品德课如何抓好情感体验[J]. 青年与社会（中外教育研究），2008，(12)：110—111.

全的个性与人格特征，真正成为品德、智力、美感及劳动态度和习惯都得到全面发展的有社会主义觉悟、有文化的劳动者。这样的人能够保持愉快、开朗、乐观的情绪，有旺盛的求知欲和强烈的好奇心；这样的人热爱自然，热爱生活，对一切美好的东西都非常向往；这样的人是最受社会欢迎的人才。所以，教师在教学过程中应情、知并重，把每一位学生都当作生动活泼的人、发展中的人、有尊严的人进行教育，关注每一位学生的态度、情绪、情感和信念，努力促进每一位学生人格的完善。

## 第四节 生命存在的体验

教育的真正价值在于促进人的健康成长，而健康的价值在于提升人的生命意义与境界。体验教学以人的生命发展为依归，尊重生命、关怀生命、拓展生命、提升生命，蕴含着高度的生命意义与价值。它所关心的不仅是人可以经由教学而获得多少知识、认识多少事物，还在于人的生命意义可以经由教学而获得彰显和扩展。

### 一、实现生命的存在意义

生命意义是生命的价值性存在。学生作为一个生命个体，在体验教学中是一个意义性的存在物。从生命意义的角度来看，"体验是主体带有强烈感情色彩的活生生的、对于生命之价值与意义的感性把握"。每个学生都是具有完整生命意义的人，面对生活世界，他们的生命表现既有认知、情感，也有意志、行为。在现实生活中这种种因素总是在交互作用中同时发生，同时作用于生活。割裂他们的联系或单独强调某一方面都不会实现完整生命的表现，学生的心理结构很难得以完善，学生的学习过程也仅仅是知识接受、技能训练的过程，丧失了生命的意义，从而给学习造成缺憾。可见，只有实现情感、态度、行为习惯和知识技能培养的内在统一，才能真正赋予学习以生命的意义和价值。

体验教学必须实现学生的生命意义。首先，必须在活动中关注学生的生命、尊重学生的生命、理解学生的生命、珍爱学生的生命，并呵护学生的生命尊严，提升学生的生命品质，启迪学生的生命智慧，实现学生的生命价值，从而使学生拥有并享受美好的人生。其次，使学生在活动实践中通过由"物性"到"人性"、由"物化"到"人化"的转向，实现学生由"工具性"的人转变为真正的"自主性"的人。再次，使学生在体验中彰显自己的生命本性，从而实现学生由"本我"走向"自我"，再由"自我"走向"超我"。

### 感悟生命[①]

在教学《生命的历程》一课时，蔡红建老师基本上采用了重视体验，让学生寻找自己的生命轨迹的方法。在通过多媒体向学生形象地说明了人的生、老、病、死之后，蔡老师给学生布置了一道思考题，让学生寻找自己生命中十个最闪亮的记忆。学生开始思考，哪一年上的大班，哪一年上的小学，哪一年有重大的事情发生。在课堂交流之后，蔡老师问道："你所经历的事情，有没有记录呢（声音、录像、照片等)？"很多同学说："有。"蔡老师说："好！那我们就做一本纪念册吧，题目是《＿＿＿＿年闪光的历程》，你可以选取照片，也可以把录像里最具代表性的画面打印，当作每一个历程的插图。还可以自己画图，配以你对自己人生各个阶段的解说与评论，做成一本书。当然，如果有条件，也可以录制自己的成长资料，做成一张 VCD，我们将来在班上交流。学生的兴趣很高，都高兴地回去准备了。

第二天，有的学生就抱来一大堆照片，让老师帮他挑选一下；还有的学生找到蔡老师说："老师，太小的时候发生的事情我不知道该怎么办？"蔡老师笑了，说："去采访你的爸爸妈妈呀，你是他们一生中最伟大的成就，从怀孕到把你抚养长大，那个苦辣辛酸他们终身难忘。你要是去采访他们，一定

---

[①] 蔡红建. 浅论体验式教学之于生命教育［J］. 中国校外教育，2011，(7)：21.

会听到很多有趣的故事。"学生们兴高采烈地走了。后来，蔡老师真的从学生的纪念册里看到了令人感动的故事。

这种有针对性的体验式教学比起课本里按照七年一个时期的分段来，不知要生动多少。学生有了从小至今的生命体验，知道了一个生命从小到大的不容易，领会到了父母的辛苦。这种活动经过感知、同化之后是会产生巨大的良性反应的。

体验教学正是组织和引导学生在亲身的实践中，把做人、做事的基本道理内化为美好的情感，从而转化为良好的行为习惯。教师作为学生生命成长的见证者、引导者，要懂得保护生命本体、实现生命意义。当学生的体验显露肤浅时，教师要引导学生的思维走向纵深，突破学生幼稚的思维局限，感悟生命的价值。课堂上教师要依据教材内容，创设情境，激活学生的生命体验，奏响生命的序曲。

## 二、 激活生命的自主意识

每个学生都具有生命的自主意识。在体验教学中，教师不仅要去关注、去爱惜，而且要去激活学生的生命自主意识。当生命的自主意识被充分激活，学生就会真正体验到学习的乐趣，把学习当作一种享受。如果教师漠视学生的自主意识，不重视学生的求知欲和创造欲，把外部世界的知识一味地灌输给学生，那么学生就会觉得学习是一件疲于应付的苦差事，进而丧失对学习的兴趣。教学的本质就是自主性。很多知识与技能必须靠学生自己去吸收、去学习，教师只不过是充当一个指导者的角色，指导学生进行自主学习，但是代替不了学生本身，学生才是学习的主人。

人有自我形成的本质，即在环境中主动地、积极地自己形成自己。人在成为自己的过程中表现出自主性。"体验总是体验者自己的事，是体验者以自己的需要、价值取向、认知结构、情感结构、已有的经历等完整的自我，去理解、去感受、去建构，从而生成自己对知识的独特的情感感受、感悟和意义。"[1] 体验教学不仅是理解知识的需要，更是激发学生生命活力，促进学生成长的需要。如果教学埋没人的自我认识的本性，不去发展学生自我认识、自我教育的能力，那么，教学是缺乏活力的，是难以持久的。

<h3 style="text-align:center">不一样的体验[2]</h3>

师：咱们在这篇文章的情感中走一趟，看我们能否在文章中发现自己、检查自己、提升自己。请同学们读读这篇文章，看哪些地方最能打动你。

（生阅读汇报交流）

师：三个同学读的三句话都带有"但"字，确实这三句话打动了我们大家。一起看这三句话。第一句，谁来读？

生1："但，茫茫人海就有一个人不怕死，而且真的愿意替别人坐牢，他就是皮斯阿司的朋友——达蒙。"

生2："但，茫茫人海——"

师：再细读这句话，结合上下文，谈谈你的感受。

生3：我想皮斯阿司的朋友可能很多，但没有人像达蒙这样愿意为皮斯阿司坐牢，是他的真朋友。其实他完全可以不这样，生命诚可贵，但他为了朋友的这种信仰才为皮斯阿司坐牢。

师："生命诚可贵"这句话用得好！听了你的叙述，我们体会出你此时此刻的心情。请你带着你的感受再读这句话。

生3："但，茫茫人海——"

师：你为什么这样读？

生3：这句与前一句形成一个反差。前一句描写情况危急，用一个"但"字，转折非常大。这两个句子结合起来："有谁肯冒着被杀头的危险替别人坐

---

[1] 陈佑清. 体验及其生成 [J]. 教育研究与实验，2002，(2)：11—16.
[2] 程海霞. 个性朗读，体验情感——阅读教学片断赏析 [J]. 新课程研究·教师教育，2007年第2期.

牢，这岂不是自寻死路吗？"一方面体现当时情况危急，另一方面突出达蒙高尚的品质，为朋友两肋插刀，冒着生命危险为朋友坐牢。读的时候这个反问句要强调出来。最后一句用了一个破折号，语气停顿，深沉一些，强调了这个朋友就是达蒙。

师：刚才几位同学读的语气，有的强调"真的"，有的强调"愿意"，有的强调"但"，情感体验不同，非常好！

在教学中，教师要注重培养学生的自主意识，营建学生生命矛盾场，使学生经受实践的考验和洗礼，让学生在自我认识、自我追求中成长，让生命的乐章在活动中回旋。为此，新课程提出了体验性目标，强调"观察""实验""探究""调查""实践""模拟制作"及"设计"等活动，而且强调学生的直接经验，鼓励学生对教科书的自我解读、自我理解，尊重学生的个人感受和独特见解。[①] 不重视生活实践，学生被过多限制在课堂上，学生的个性发展受到限制时，人们就会呼吁让学生更多地走出课堂，体验生活，体验社会，以达到完善人格的目的。

## 三、尊重生命的独特生成

体验教学是一种有着鲜活而长久的生命力的教学模式，因为它在理解生命的独特性与生成性的过程中获得了自身的意义。尊重生命的独特生成，就是尊重生命的独特性和生成性。教师应设身处地地为学生着想，不能强行用自己的思想去代替学生的思想，用自己的行为去代替学生的行为。教师应理解学生幼稚的言行，珍惜学生突发的奇思妙想，宽容学生在学习中出现的失误，耐心对待学生一次次的发问，细心呵护学生的每一点进步。教师应根据教学的变化与学生的需要而相应地调整教学内容和教学策略，关注学生的生成体验。这样的教学才符合体验教学的特性，才能让学生释放出积极向上的

---

① 赖学显. 体验教学与新课程改革研究［J］. 当代教育论坛，2005，(4)：82—84.

活力。

正如兰德曼所说："人的非特定化是一种不完善，可以说，自然把尚未完成的人放到世界之中，它没有对人作最后的限定，在一定程度上给他留下了未确定性。"人总是处于未完成之中，人的"非特定化"意味着人的发展具有无限的可能性，人的生命总在不断生成新的生命，生命本身不是一个结果，而是一个历程。体验教学明确了生命的未完成性、未确定性以及由此而具有的独特性与生成性。教师要理解学生的变化发展，明白学生在不同的时间、不同的阶段会有不同的发展延伸。教师要尊重生命的独特生成，遵循生命的发展规律，合理地安排教学。

**独特的历史体验**[①]

在进行《法国大革命和拿破仑帝国》的教学中，教师创设情境——用模拟法庭来辨析和审判拿破仑。课前先将全班分为四组：第一组为"国际法庭"的法官、书记员、庭警等；第二组为原告，代表被拿破仑征服国家的人民；第三组为被告，代表拿破仑及将领；第四组陪审团。让四个小组分别搜集资料，按照各自支持的观点进行整理。上课时教室内按法庭的样子布置模拟法庭。模拟法庭开庭：首先，由第一组"法官"主持审判；接着，第二组原告代表状告拿破仑及其军队对欧洲各国的侵略、掠夺和给各国人民带来的灾难；第三组代表从战争是输出、传播资产阶级革命，对欧洲封建势力扫荡的角度出发予以辩解；然后，第二、三组双方辩护律师进行辩论。在双方总结陈词后，由第四组陪审团进行审议，写出宣判词由法官宣判；最后，教师对学生参加辩论的表现进行评点，指出应如何客观公正地评价历史人物。从课后作业的反馈中，教师深化了三点认识：一是学生不再被教师牵着鼻子走，有了自己的发言权，发表了自己对历史问题的理解和看法；二是教师与学生共同交流自己对材料、史实的体验，学生在对话中走向共识与理解，主动地完成

---

① 曾鹭婷. 中学历史教学中生命化课堂的构建 [J]. 教育界，2012，(23)：2.

知识的构建；三是通过历史情境的创设，使师生在历史情境中感受历史、体验历史，促进了学生历史意识的生成、价值观取向的建立。在这样的课堂上，师生不仅仅是在教和学，更为重要的是生命向着无限的可能性拓展。

每个人的生命都有自己不同的"样子"。每个少年儿童的生命都与成人不同，他们有自己独立的人格和精神世界，他们的生活阶段并非仅是成人期的一种预备，他们有着与成人相异的价值观念和行为方式。在体验教学中，教师要尊重每个学生生命的独特生成，要懂得每个人都是独特的自我，不要用同一标准衡量所有学生。教师应了解每个学生的长处与不足，知道每个学生学习方式的不同。教师应善待处于弱势的学生，让每个学生都有均等的机会在教学中获得成功，体验到生命成长的快乐。[1]

新课程改革特别关注学生的亲身经历，为体验而教；激发学生的内部动力，为体验而学。体验教学的新理念和新模式，适应了新课程改革的要求。相比于传统教学，体验教学的目标与内容发生了根本性的变革，不只是局限于知识的简单传授方面，还注重对学生的能力、情感、生命品质等诸方面的培养，使学生在感同身受中不断提升自我、完善自我。体验教学旨在促进学生从"被动听从"向"主体体验"转型，帮助学生实现公共知识向个体知识内化，个体知识再向个人能力转化，知识能力共同向个性品质升华，激发学生生命的活力，促进学生精神的成长。体验教学的实施，引发的不仅是教师教学方式和学生学习方式的积极转变，而且是课程内容由陈旧、单调、死板变得新颖、丰富、鲜活，使学生想学、乐学、会学。

---

[1] 辛继湘. 论注重生命体验的教学 [J]. 教育评论，2002，(5)：66—68.

# 第二章　寓教于乐：情境模拟式体验教学

何谓"情境"？情境就是"情"与"境"的交融，它包括情感与环境两方面的内容。情境模拟是在相似原理的基础上产生的，教师根据教学的实际需要，抓住事物的主要特征，运用一定的手段进行复现，达到形象反映事物的特点即可。因为是模拟，就与实体相似。学生进入情境可以通过眼前形象和实际感受，联系已积累的经验，展开联想与想象，使情境丰富而逼真。情境模拟式体验教学是在教学中为了达成教学目标，教师从教学实际出发，创设与教学内容相适应的场景或气氛，帮助学生对教学内容产生深刻的体验。情境模拟式体验教学使教学不只是传授或接纳已有的东西，更是从人生命深处唤起个体深刻的自我意识，将人的创造力、生命感、价值感唤醒，使学生在唤醒中获得的不仅是对世界的认识，还有精神的全面开启，生命的总体升华。在这样的教学中，没有太多赤裸裸的教导，有的是蕴藏在情境交融中的体验；没有太多生硬的强迫和灌输，有的是情感的相通和意义的自然生成。在课堂教学中，教师若能利用各种策略为学生创设精彩生动的情境，便能有效吸引学生的注意力，唤起学生丰富的想象和愉悦的情感，达到寓教于乐的教学效果。

## 第一节 情境模拟式体验教学的实施策略

教学情境是多维度、全方位的，包括心智、情意、氛围、交往、问题背景、学习条件等多个方面。实际上，教师每节课总有一定的教学任务，需要达成一定的教学目标，而情境模拟是教师将教学目标外化为学生容易接受的情境的过程，针对学生思维特点和认知规律，以"形"为手段，以"趣"为突破口，以"情"为纽带，以"智"为核心，让学生在学习过程中获得求知、认知的乐趣，从而使教学真正成为生动活泼和自我需求的活动。教师应根据教学内容的需要和学生的实际情况，灵活采用多种策略，创设让学生主动体验、发现、思考、质疑、交流、感悟、批判、创造的情境，在有效的情境中为新知探究铺垫，引出课题或新知，并真正激发学生求知欲，点燃思维火花，把教师的教学要求转化为学生的自觉学习要求，让学生在热烈投入中去自悟自省，体验自我成长的激动与兴奋。

### 策略一 借助图画，再现情境

借助图画，再现情境，是指教师借助课文插图或特意绘制的挂图、剪贴画、简笔画，将教学内容具体化、形象化，再现情境的教学策略。苏霍姆林斯基认为，"儿童是用形象、色彩、声音来思维的"。图画具有形象性、直观性和趣味性的特点，是展现形象的主要手段。教师借助图画，再现情境，可以使教学内容变得形象直观、丰富有趣，收到"一图穷千言"的效果。在图画面前，学生看得清楚，感受得真切，不仅能从画的颜色、线条中迅速感知、理解教学内容，同时能体会到作者把图画变成语言文字的高明以及依文绘图的创造性。从教育心理学的角度看，构建图文并茂的画面，无论是对营造良好的教学氛围，激发学生的学习兴趣，还是对提高课堂教学的效率，都比平面的文字、单调的讲解要有效得多。

## 以图入文[1]

在执教《分数的初步认识》一课时，张齐华老师出示了自己1周岁时直立的照片，他让学生猜照片上的孩子是谁。一位学生激动地说："我觉得是张老师。"

张老师点头称赞："真有眼力！这是1周岁时的我。仔细观察。"（动画演示：身高约是头高的4倍）紧接着说道："发现了吗，1周岁婴儿，头的长度约是身高的几分之一？"

"1/4。"学生争相竞答。

"长大后，情况又会怎样呢？"张老师出示现在自己的直立照片，并动画演示：头高约是身高的1/7。接着提问："现在，头的长度约是身高的几分之一？"

"1/7。"学生再次齐答。

张老师再次引导："其实，不同的年龄阶段，相应的分数也不一样。同学们今年10岁左右，那么，一个10岁左右的儿童，他的头高又约是身高的几分之一呢？想知道吗？"

学生激动地说："想！"

教师随即邀请一个学生上台，请其他同学一起现场估计。

学生有猜头的长度约是身高的1/5，有的认为是1/6，有的说比较接近1/7。张老师告诉大家："估计时出现误差很正常。至于10岁左右儿童头的长度究竟大约是身高的几分之一，课后同学们不妨去查一查资料。"那位学生回到了座位上，其余孩子仍兴趣盎然，面露喜色。

张齐华老师利用多媒体出示自己1周岁时直立的照片和现在自己的直立照片，再现了情境，激发了学生对"头的长度约是身高的几分之一"这一问题的探究热情，从而引导学生快乐地进入教学内容《分数的初步认识》的学

---

[1] 张齐华. 用情境营造情趣盎然的教学磁场 [N]. 中国教育报，2007，7（6）：6. 本文有改动.

习状态。

## 一、借助教材插图再现情境

翻开课本,我们随处可见一幅幅五颜六色、生动有趣的插图。插图内容丰富,含义深刻,凝结了编者对教育的认识和编写的意图。它是根据课程标准绘制的,反映了课程内容,是重要的教学资源之一。因此,教师深入研究教材插图,切实把握插图的含义是利用好插图的前提。教师只有在理解图意的基础上,才能创设生动的主题情境,组织有效的主题活动,提出有针对性的问题。利用教材插图创设情境是一种最方便最经济的手段,特别是在教学条件差的学校,教师应该充分利用插图,把学生带入情境。此外,凡是看图学文的教材,课本中都有很好的插图,教师应尽量发挥插图的作用,把内容丰富、形象鲜明的插图放大展示出来,为学生创设良好的情境,促进学生感知、理解教学内容,更好地调动学生的学习热情。

## 二、借助教材挂图再现情境

挂图,是教学的重要"道具"之一。它在教学上的主要用途,是直观地印证、解读教材的某些内容。教师利用挂图再现教学内容,是培养学生的观察能力、分析能力、思维创新能力和语言文字表达能力的有效手段。如果用黑板画、剪贴画等都不足以表现饱满的形象和深远的意境,就要考虑到利用教材挂图。教材挂图表现的内容比较丰富、形象比较鲜明、意境比较广远、幅度比较大气,给学生产生一种身临其境之感,会促使学生高度集中注意力,提高学习的积极性和主动性,而教师的讲解也就显得轻松而有效。

## 三、借助剪贴画再现情境

剪贴画是一种特殊的画,和真正的绘画不一样。剪贴画不用笔和颜色,而是用各种材料剪贴而成的。剪贴画通过独特的制作技艺,巧妙地利用材料和性能，充分展示了材料的美感，使整个画面具有浓浓的装饰风味。剪贴画以图形表现形体轮廓，不像放大图那样要求逼真，只要大体相似即可，即使有些变形也无妨。由于剪贴画是由若干零件组合而成的，因而为画面提供了活动的条件，可以贴上拆下，灵活运用，使画面易于呈现动态，更富有生气。凡是无需细致描绘的画面，只需显示形体轮廓就能再现情境的，便用剪贴画再现。运用剪贴画，可以创设一组连续的情境，情境一个连着一个，角色随着情境一个接一个出现，从不同角度，反映不同的情境。可以说，这是一种简明、生动、有效的情境展现。

### 四、借助简笔画再现情境

简笔画，是以粉笔简单勾勒形体的线条再现情境的绘画。利用简笔画创设情境，既简单又高效。在黑板上，教师寥寥几笔就可以勾勒一幅能表达明确概念的画，形象直观，极富生动性和趣味性，学生看到栩栩如生的画面一瞬间出现在黑板上时，往往会发出一片惊叹之声。这时学生的各种感官处于最佳状态之中，其教学效果不言而喻。由于简笔画是边讲边画，画面是从无到有，逐步形成，画面处于变化之中，这就必然吸引学生的无意注意，因而用简笔画很容易把学生带入情境。有些课文所说的现象比较抽象，但又不需要对表明某一现象的画面作细致的描绘，这时运用简笔画说明问题，帮助学生理解事物与本质之间的关系就会一目了然。根据教学内容，用简笔画勾勒一组生动形象的情境，虽然简易，但是仍可以有效地吸引学生的注意力，激发学生的学习热情。

### 策略二　音乐渲染，进入情境

音乐是一种给人听觉的愉悦并能启迪人去联想和想象的艺术形式。音乐以特有的旋律、节奏和塑造出的艺术形象作用于人们的感官，将人们带入特定的情境。音乐具有启发性、暗示性和审美性等特点，可以诱发学生内在的感情，使学生产生强烈的情感共鸣。音乐是用音符来表现内容的，通过它的艺术魅力使学生陶醉在它展现的意境中。因此，在教学中，教师可根据教学内容的需要，选择相应的音乐来渲染"未成曲调先有情"的氛围，把学生带进动人的情境中，给学生以强烈的感染，陶冶学生的审美情操，促进学生想象力和创造力的发展。

### 音乐艺术的魅力[①]

小学语文第八册《小珊迪》是一篇阅读课文。课文通过对资本主义社会的黑暗以及劳动人民的悲惨生活的描写，教育学生要做一个诚实守信的孩子。为了教好这篇课文，达到教学目的，充分调动学生的学习积极性，教师采用了音乐渲染来调动学生的情感。

教师在上课伊始，播放了一段音乐《我们多么幸福》。音乐响起，看着学生们新奇的眼神，教师问道："同学们，你们听到的歌曲唱的是什么内容呀？"学生纷纷回答："我们的生活非常幸福。""我们的学习非常快乐。"听完学生的回答，教师又继续问："那你们知道老师为什么要让你们听这首歌吗？"同学们你瞧瞧我，我看看你，谁也答不上来。此时，教师又放了第二段音乐《小白菜》，顿时，悲怆、哀伤的曲调充斥了整个教室，学生的神情也从原先的新奇、兴奋转入了低沉。这里，教师利用两段反映不同生活的音乐，在课堂中起到了一个前后明显对比的作用，把学生的情感都调动了起来，创设了一个良好的教学氛围。

接着教师直入主题："同学们，在社会主义大家庭里，我们过着多么幸福的生活！可是，在另一个社会、另一个世界的劳动人民又过着怎样的生活呢？是否也和'小白菜'一样苦呢？今天我们一起来学习课文《小珊迪》。"随着课题的出示，学生的情绪受到强烈的感染，学习积极性被充分调动了起来。

在教学中，教师就是借助音乐以"情"出发，通过鲜明、强烈的对比，

---

① 申轶娟. 音乐艺术，渲染情景 [J]. 新课程学习，2010，11（28）：186.

创设情境，渲染气氛，引领着学生进入教学情境，调动了学生的情感，为加深他们的内心感受和体验作了准备。教学中巧用音乐渲染情境，能收到事半功倍的教学效果。

## 一、播放音乐，带进情境

当音乐以音响的艺术形式作用于人的听觉，产生感性上的直接体验时，必然会唤起听者心理上的类似反应，以及情感上的共鸣。因此，通过播放音乐更容易把学生带进特定的情境之中。教师可在课前、课中和课末播放音乐。在课前的导入环节播放音乐，不仅能渲染与教学内容相应的气氛，并且直接作用于学生的心理，使学生进入一种最佳的情绪状态；在课中分析教学内容时引入音乐，渲染情境，较易于使学生激起与教学内容相似的想象和联想；在课末的结束语配上背景音乐，能创设一种感人的教学情境，使学生受到强烈的感染，深化对教学内容的理解和感悟。不过，播放音乐不是仅仅让学生"乐一乐"，而是更好地为教学服务。因此，教师一定要根据教学内容选取音乐，所选取的音乐应与教材语言具有一致性或相似性，尤其在整个基调上、意境上以及情节的发展上和谐、协调，这样才会达到以音乐渲染情境的目的。

## 二、演唱歌曲，强化情境

用音乐渲染情境，并不局限于播放现成的乐曲、歌曲，也可以是演唱歌曲。歌曲是供人歌唱的作品，是诗歌和音乐的结合体。演唱歌曲的目的是让学生循着歌曲的思想内容和艺术形象理解学习内容，接受音乐艺术美的熏陶，分辩真、善、美和假、丑、恶，增长审美情趣。演唱歌曲在情境创设中能起到一个强化作用，它可以让学生进一步深入主题思想，并产生情感的共鸣。情境的引入或创作应有明确的目的性，要突出主题思想，不能喧宾夺主。要以激发学生的道德情感为核心，灵活运用，营造与之有关的教学情境，达到情通理达、情理交融、内化行为的目的。根据教材特点和教学需要，教师自己的弹奏、轻唱以及学生自己的咏叹、哼唱等，都是行之有效的方法，关键是要恰当运用。

### 策略三　角色扮演，融入情境

角色扮演，融入情境，是指在教师的指导下，学生在教师创设的情境中扮演某一角色，通过实践活动、技能训练等方式获取丰富的情感、道理的一种教学策略。它能使学生主动参与教学过程，促进师生之间、生生之间的相互合作与交流。教师要注意引导学生融入情境，感同身受，这样才能使情感体验更加深刻。从教学实践来看，学生的表现欲强，他们喜欢扮演，渴望扮演，把扮演当作一种可以带给自己无穷乐趣的游戏。如果让学生参与角色扮演，将有利于学习积极情感和态度的产生；有利于在思考中理解内容，掌握知识，丰富经验；有利于在扮演中发展语言，促进交流；更有利于在多学科的贯通融合中培养创造性思维、展示精彩的个性。

**感同身受**[①]

《船长》这篇课文的第二部分讲述了哈尔威船长镇定自若地指挥人们乘救生艇脱险的故事。教学中教师抓住船长的四道命令进行分析，让学生感受船长的崇高精神。与此同时，教师让学生进行角色转换，演一演船长，体验站在船长的岗位上指挥大家脱险的感觉。台上一名学生演船长，台下学生演乘客和船员，人人是演员，个个都参与。表演一开始，"船长"的形象就活灵活现地再现在大家面前，大家一下子进入了课文所描述的情境之中。只见"哈尔威"巍然屹立在他的船长岗位上，沉着镇定地指挥着、控制着、领导着……文中所描述的画面在学生形象逼真的表演下变得有声有色。生动活泼的表演不但将学生带入情境，加深了对文本的理解，而且激发了学生的学习兴趣，锻炼了学生的语言表达能力和表演能力。由于自己扮演角色，学生对课

---

① 曹巧娣. 创设情境，有效教学[J]. 小学时代，2012，(2)：46.

文中的角色自然产生亲切感，从而加深了内心体验。

教师采用角色扮演的策略创设了生动的教学情境，让学生感同身受，一改学生被动学习的地位，促使学生多动脑、多动手，主动参与学习，激发了学生的学习兴趣，培养了学生的实践能力。

## 一、充分准备，加强指导

角色扮演课前要有充分的准备工作，无论是扮演形式、扮演道具、扮演情感、扮演心态、扮演分配都应该有一定的提前准备，这样才能保证高质量地完成角色扮演。角色扮演教学的课堂气氛往往活跃，课堂常规可能受到冲击，教师的组织指导则要加强，既要保护学生的热情，又要维持正常的秩序，使课堂"活而不乱，管而不死"。同时，在扮演活动中教师要给予学生必要的点拨，在学习方法上要作适当的指导，在学生的情感态度和价值观上要给予正确引导。倘若放任学生自由发挥，毫无拘束，那么表演就会流于形式，没有教学效益可言。

## 二、入情入境，多元体验

角色扮演的前提是师生要入情入境，要求学生能走进文本，了解文本所表达的意图和情感，并走近人物，领悟人物的思想感情和精神面貌。同时，要求学生根据文本所描述的事件，感受场景以及场景对人物思想、行为等方面的影响。由于学生的心理位置换成了课文中人物的心理位置，这样不仅能将教材内容迅速形成表象，同时能很快地进行理解。文本的"事"好像是自己做的，文本的"话"也就是自己说的，扮演得越真就越感到亲切，就越感到学习的轻松。在扮演中深深地融入课文的情境，学生就能在分析和欣赏中体验到文本的丰富意蕴，在品味和运用中体验到语言的艺术魅力，在换位和模仿中体验到人物的情感变化，在亲历和实践中体验到生活的多姿多彩。通过角色扮演，将促使学生在学习过程中实现多元体验，完成新课程要求的

"三维"教学目标。

## 三、敢于创新，灵活把握

在课堂教学中，教师运用角色表演的方法将学生带入"体验的新境界"，学生从亲近文本到感悟文本再到超越文本，新课程所提出的"知识与技能、方法与过程、情感态度与价值观"三维目标得以实现。教师可根据教学实际情况，敢于创新，灵活把握，使角色表演呈现多样化。学生可以是演员，也可以是编剧、导演和观众；教师可以是导演、评论家，也可以是演员和观众。表演可以是个体表演，或集体表演；可以采用单项表演，或综合表演；可以在上课中或上课前表演，或上课后表演，形式不拘泥，切合教学内容即可。

## 第二节 情境模拟式体验教学的运用方法

众所周知，传统的接受教学与体验教学的最大区别就在于学生是否积极参与其中，是否有自己感悟、自己体验、自己探究知识、自己发现知识。在接受教学中，教师习惯性地将经过仔细整理、精心阐释、条理化、系统化的静态知识体系传授给学生，并进行详细的说明与分析。而学生也早已习惯于接受这些现成的知识，很少自己去感悟、去体验，久而久之，他们不会探究知识，难以发现真理。教师应该创设适当的情境，采用适当的方法，使教学与学生的生活世界、社会世界、科学世界紧密联系。不少教师运用多种情境模拟的方法，让学生积极主动地观察、操作、活动，尽量让学生自己去经历、体会、感悟、思考，从中感受成功与失败的滋味，扩展自己的精神世界。

### 方法一 以生为本，激发兴趣

学生是学习的主人，教学应激发学生的学习兴趣，注重培养学生自主学习的意识和习惯，为学生创设良好的自主学习情境；尊重学生的个性差异，鼓励学生选择适合自己的学习方式。教师应该树立"以生为本"的教学理念，针对学生的个性特点，敢于创新教法，激发学生的学习兴趣。以生为本的教学理念要求教师无论创设怎样的教学情境，无论用什么方式来激发学生的兴趣，其根本都要从学生出发，了解学生的认知水平、思维发展水平、心理特点等。只有根据实际学情进行教学设计，才能有效地激发学生的兴趣，将学生的情感与作者的情感联系起来，从而激起学生、教师与文本的共鸣，使三者成为和谐统一的整体。

兴趣即动力[①]

在英语4B的Unit 3学习表示"职业"的话题时，教师事先收集了一些名人图片，因为现在的小学生很多都是追星族。当上课时拿出陆毅（actor）、周杰伦（singer）、杨丽萍（dancer）、白岩松（reporter）、赵薇（actress）等名人的图片进行游戏时，学生的喜悦之情可想而知。就是这些贴近他们生活的流行因素，把学生的学习兴趣一下子就给激发出来了，使句型"What's his/her job?"和表示"职业"的相关单词得到了充分巩固，再进行书本上单词的学习就是水到渠成了。随后，教师又引出了下一句型"Do you like them（名人）？""What do you want to be?"及其回答"I want to be a..."。"谈谈自己的理想""问问你朋友的理想"，学生对话题非常感兴趣，他们前后左右问得不亦乐乎。整个课堂弥漫着"What do you want to be? I want to be..."的声音。但是，教师听到的回答较多是"policeman, policewoman, doctor, teacher"等，很少听到"farmer, waiter, waitress, worker"等。最后，教师给学生讲了社会的发展，提出了几个问题让学生讨论，适时地进行了德育渗透：职业有好坏、高低贵贱之分吗？如果没有工人、农民、清洁工，这个社会会变成什么样子？选择职业时，是根据金钱，还是根据能否为社会做贡献来做出决定？最后，通过教师的正确引导，学生认可了教师的观点：职业

---

[①] 王兰. 用生活创设情境，用情境再现生活 [J]. 新课程，2011, (6): 9.

没有高低贵贱之分，都是为社会做出自己的一份贡献。

在教学中，教师根据学生的年龄特点、生活习惯、兴趣爱好等情况的不同，联系学生的日常生活实际，通过设置一些贴近日常生活的真实情境，给学生以真实、有趣的语言环境，极大地调动了学生学习英语的兴趣。学生进而通过探究性学习，掌握了英语知识，并树立了正确的人生观和价值观。

## 一、 明确主体， 激发潜能

学生是发展的、独特的、活生生的人，而不是学习的奴隶，也不是知识的容器。新学生观凸显了"以人为本"的观念，应该把学生看成具有巨大的发展潜能的发展中人。在教学中，教师必须明确学生的主体地位和自己的指导地位。任何教学行为都应围绕学生进行，只有确定了学生的主体地位，才能有效地创设与学生联系密切的教学情境，激发学生的学习兴趣，促进学生从熟悉的情境中寻找与自己认知结构中吻合的部分，提高教学效率。因此，教师在创设教学情境时，应更多地考虑是否发挥了学生的主体作用，能否激发学生学习的潜能，以让学生在构建知识的同时体验到成功的喜悦。

## 二、 尊重个性， 促进发展

教师应尊重学生的个性特点，认同学生的个性差异，采用有针对性的教学方法，努力改变学生的学习方式。教师要了解学生的实际情况，针对不同班级的学生、不同的教学内容，创设不同的教学情境。教学情境宜不拘一格，力求创新，这样才能有效地促进学生个性的发展，把学生学习的积极性和主动性调动起来。教师创设的情境要贴近学生的生活，如果偏离太多，学生缺乏实践体验的机会，就难以激发学生学习的欲望。因此，只有了解学生的生活经验和心理特点，站在学生的角度去看问题，搜集一些学生感兴趣的具有开放性、挑战性，且与他们生活经验密切相关的素材，才能创设一个让每位学生都乐意学习的情境，达到事半功倍的教学效果。

## 方法二 紧扣目标，追求实效

新课程强调知识、能力、情感态度与价值观三个维度目标的实现，而其实现与否，将直接决定教学的成败。这就必然要求教师在创设情境时思考三个维度目标是否达到并且优化。因此，情境创设应着眼于它的实际功效，即始终以教学目标和教学内容为依据，切不可华而不实、本末倒置。从教学目标角度看，情境创设要有利于开展教学活动，有利于突出重点，突破难点，有利于学生在自主探究的基础上获得规定的知识，培养相应的能力，形成正确的情感态度和价值观。从教学内容角度看，情境是为了引导学生在分析、探究情境材料的过程中学习、理解相关知识，学生掌握知识的多少与情境本身所蕴含的知识直接相关。因此，情境模拟式体验教学应紧扣教学目标，把握教学内容，尽可能多地涵盖教材的基本概念和基本知识。

### 情境有效才生效[1]

在教学"质数、合数"时，教师先发给学生事先准备好的标有不同数字的卡片，然后让学生分组，在小组内说一说自己卡片上的数字含有几个因数，并比比谁的卡片上的数字的因数多。接着，教师单刀直入，引出质数、合数的概念，然后出示写着"质数""合数"字样的"房子"，让学生为自己手中的卡片找"家"（把自己手中的卡片贴到标有"质数"或"合数"字样的"房子"旁边）。在为自己的卡片找"家"的过程中，教师让学生说一说为什么卡片上的数字是质数或合数，这个数字具有哪些特征。轻松愉快的教学情境不仅调动了学生学习的积极性，还使学生深刻地理解了质数、合数的概念。

教师紧扣"让学生了解质数、合数的概念"这一教学目标，创设轻松愉快的情境，使教学取得良好的效果。创设教学情境的目的是为了有效地开展教学活动，因此，创设的教学情境应有助于教学目标的实现，应突出教学的

---

[1] 王克娟. 繁花落尽见真淳 情境有效才生效 [J]. 甘肃教育，2010，(14)：34.

重点、难点，应激发学生的求知欲望。

## 一、深究教材，胸有成竹

创设教学情境是为一定的教学目标服务的，就相关内容的教学而言，特定情境的创设应不仅仅是"敲门砖""调味剂"，不仅仅是为了调动学生的学习积极性，还应对后继的教学发挥导向作用。教师应对为什么要创设情境，创设情境后应该达到什么教学目标胸有成竹。因此，在备课过程中，教师必须深究教材，做好准备。教师如果不熟悉教材，那么所创设的教学情境往往本末倒置，变得形式化。在创设情境之前，教师要注重挖掘教材的内涵和特点，要有敏锐的教学眼光，能够及时发现和捕捉有利于学生发展的闪光点，并以灵敏的教学思维能力快速有效地整合有教学价值的内容，把零散的教育之光凝聚成强大的教育力量。

## 二、突破关键，实现精讲

传统的教学往往在突破教学重点、难点的关键问题上花费大量的时间和精力。即便如此，学生仍然感触不深，容易产生疲劳甚至厌烦情绪。如果从创设情境加以突破，就会事半功倍。由于情境可以变抽象为具体，调动学生各种感官的积极参与，解决教师难以讲清、学生难以听懂的内容，从而有效地实现精讲，取得传统教学方法难以比拟的教学效果。因此，在教学过程中，教师应在恰当的时间里，选取恰当的内容，创设合理的教学情境，帮助学生掌握重点、突破难点，培养学生的想象能力、认知能力和综合能力，为学生的发展提供良好的学习环境和时空条件，更好地完成教学任务。

### 方法三 披情入境，唤醒动机

德国教育家第斯多惠认为，"教育的艺术不在于传播的本领，而在于激励、唤醒和鼓舞"。情境模拟式体验教学艺术正是激励、唤醒和鼓舞学生的一种教学艺术。好的情境能为学生提供充分展开学习活动的资源，能为学生搭建展示其才华与智慧的舞台，能最大限度地培养学生的创新能力。不过，情境模拟是否"合理、恰当"，一个重要的标准就是学生是否"动情"。心灵之花要靠情感之水浇灌，方能结出智慧之果。在情境教学中，教师要重视情感因素的渗入，有意识地培养学生的情感，最终达到全面提高教学质量的目的。这是情境模拟式体验教学的魅力所在。也就是说，教师所创设的情境要调动学生的热情，刺激学生的多种感官，形成多个兴奋点，让学生在情境与学习内容的结合中产生联想和情感共鸣，唤醒学生"我来学习，我要学习"的学习动机。

## 情境相生[1]

师：想不想看看过去的乡戏？

生：想！

（播放过去的乡戏录像）

师：喜欢吗？

生：喜欢。

师：我现在是中央电视台的记者，我对现场观众做个采访。请问这位大爷，您老喜欢这乡戏吗？（众笑）

生：喜欢！太喜欢啦！

师：您老平时爱唱戏吗？

生：有时间爱唱几句。

师：那我们掌声有请这位大爷给我们唱上几句好不好？

生：好！大路不走走小路，噢……（众笑）

师：《天仙配》中的董永来了！

师：您好！大妈，今天是一个人来看戏吗？

---

[1] 陈建先.《乡戏》课堂实录 [A]. 陈建先经典课堂与创新设计 [M]. 山西：山西教育出版社，2005.

生：不！我们全家都来了呢。这不，这是我孙子狗蛋！（众笑）

师：狗蛋，哎！Sorry，小朋友，你叫什么名字？

生：我叫狗蛋。（众笑）

师：干脆狗蛋就狗蛋吧，这样更亲切。我说狗蛋，听说电视台正在播放动画片《哪吒传奇》，你怎么也来看戏了呢？

生：乡戏好看！俺喜欢！还有呢，看乡戏不用买票。（众笑）

师：噢，还挺有经济头脑的呢。好了！亲爱的观众，采访到此结束。祝现场的观众朋友们拥有一个美好的夜晚，也祝电视机前的广大朋友们拥有一个快乐的心情。

师：好！我们再回到课文。

生："等到锣鼓一敲……台下的戏迷们便眉飞色舞起来，"从这里看出大家对乡戏很入迷，台上的人物刚一出场，还没有正式开始演唱，台下的戏迷就迫不及待，就眉飞色舞、手舞足蹈起来了。

师：嗯，这一方面说明演员的水平高，一方面说明戏迷真是热情。什么叫"眉飞色舞"？

生：就是眉毛乱动，像跳舞似的。

生：不是跳舞，这是形容人特别高兴，连眉毛都有了神采，都活灵活现的，整个人都是喜笑颜开的！

师：好个活灵活现！好个喜笑颜开！说得多好啊，来点掌声！谁能眉飞色舞地读一读这句话？

（生上台绘声绘色地读）

师：同学们，这就是乡戏！这就是虽然简单却让人不能不看的乡戏！这就是难得清闲，却又不能不唱的乡戏！来，一起打开书，我们一起再次走进这个人山人海的现场。唱戏的大多是农民——读！

（生齐读"唱戏的大多是……很远很远。"）

"情生于境，境能移情"，陈建先老师给学生播放了一段乡戏的录像，然后自己扮演"记者",学生扮演"观众",创设一个新颖有趣的情境,触动了学生内心的情感之弦,激发了学生的学习动机,让学生走进文本,让文本进入学生心里。可见,教学中教师披情入境,便能获得情境模拟式体验教学的良好效果。

## 一、调动情感,引起共鸣

人类情感的交流主要是通过语言,有了语言的沟通交流才能促进情感的共鸣。教师应以自己的情感去拨动学生情感的琴弦,使之产生共鸣,才能使学生真切地融入教师所创设的情境当中。情动于文,教师的情感必然倾注于文本所营造的情境中,而动人的情感本身就是一种非同寻常的魅力,它不仅可以直接影响学生的学习心理,而且可以使学生更乐于接受知识,激发学生学习的兴趣。教学一旦触及学生的情绪和意志的领域,触及学生的精神需要,就能产生意想不到的效果。由此可见,教学中教师要让学生排除外界干扰,更快地进入最佳学习状态,更好地理解内容,就要善于调动学生的情感,让学生入情入境,走进文本,领悟知识。

## 二、真切体验,诱发求知

新课程强调引导学生在学习中"感悟"和"体验"。其实,"感悟""体验"都是学习主体置身于自己喜爱的、能充分满足自身心理需求的情境活动中而激起的心理感受,是内心产生的,发自肺腑的。教学中教师通过情境模拟,能让学生从学习本身享受到乐趣,而且能有效地诱发学生的求知欲,开发学生的潜能,促进学生富有创造性地学习,获得深入的体验和感悟。但是,要使情境模拟式体验教学达到这样的教学效果,教师还需要对学生的体验和感悟进行巧妙的点拨和引导,使其始终保持着浓厚的学习兴趣,处于"愤""悱"状态,让他们的体验提升至一个新的境界。

## 第三节　情境模拟式体验教学的经典课例

　　情境模拟式体验教学方法主要是通过对事件或事物发展与发展环境、过程的模拟或虚拟再现，让受教育者身临其境，理解教学内容。这种能力培训方法，有助于学生激发自身潜能，树立正确的自我观念，增强有效的时间管理能力，增进人际沟通能力，从而培养学生的综合素质。

### 一、经典课例

#### 自然流淌成童诗[①]

　　星期二的中午，在灿烂的阳光下，调皮的"小眼镜"按捺不住自己的好奇，一个人趴在花坛里，在掀翻十几盆刚刚盛开的蝴蝶花之后，他终于找到了一只小蜗牛。看吧，他正得意地把那只小蜗牛捧在手心里，逢人便炫耀一番。不久，东窗事发，"小眼镜"遭到道义的谴责，小眼睛红红的，不过，他同时也接受了一项秘密使命，全力研究蜗牛的身体结构、生活习性等。还好，"小达尔文"幸免于难。几天后，"小眼镜"成了"小动物学家"。再几天后，他闪亮登场，侃侃而谈。我静立旁听，心中别有一番滋味。是啊，春暖花开，万物复苏，鱼虫鸟兽都神气起来，有多少精彩的故事正在上演。能不能创设一点情境，来训练、提高孩子们的口才呢？

　　于是，今天一大早，一大缸小蝌蚪出现在教室里的养殖角。几根水草飘飘悠悠，十几只"黑脑袋"正快活地摆着小尾巴。一声欢呼之后，一大群孩子便团团围住了小蝌蚪们。一双双乌黑的眸子开始散发出亮光，一张张小嘴里流淌出诗一般的话语……时机已经成熟，大戏自然开场了。

　　师：这可是咱们的新朋友，知道他们的名称吗？

---

　　① 刘晓军. 小学低年级口语交际训练实录 [A]. 李晓红，任庆世. 小学语文课堂教学的55个经典案例 [M]. 成都：四川教育出版社，2006：1.

生：小蝌蚪！

师：跟小朋友们一样，小蝌蚪非常聪明，也非常热情，不管你有什么问题，小蝌蚪都会有问必答哟！仔细看一看，用心想一想，自己最想知道什么呢？

生：小蝌蚪，我问你，这么多人围着你，你生不生气？

师：（微笑地摇摇手）高兴都来不及，怎么会生气呢！

生：小蝌蚪，我想知道，你们的妈妈在哪里？

师：（皱眉沉思）是啊，一定有人知道，谁愿意帮助小蝌蚪回答一下呢？

生：我的妈妈是青蛙。我的妈妈住在池塘里。我的妈妈有时也住在稻田里。

师：（激动地）真是一群聪明的小蝌蚪！（转身对另外几位小同学）看着蝌蚪们的大脑袋，你们有什么问题要问的吗？

生：小蝌蚪，我问你，在你的大脑袋里，有没有伤心事？

生：小蝌蚪，我问你，在你的黑脑袋里，有小故事吗？

生：小蝌蚪，我想知道，你们最喜欢吃什么东西？

师：大家说得真不错，我想到了这样一句话："小蝌蚪，我问你，在你乌黑的大脑袋里，都藏着什么小秘密？"这句话怎么样？

生：挺好听的！有点儿像诗！

师：（非常兴奋）这就是诗！小朋友们会写诗了，真厉害！请大家注意小蝌蚪们的尾巴，你还想知道些什么呢？

生：（皱眉凝神约20秒后）小蝌蚪啊小蝌蚪，请你告诉我，你的小尾巴有啥用？

生：蝌蚪的尾巴这么细，会不会弄断呢？

生：这么细的尾巴，能不能顶住风和雨？

师：嘿，这句不错，请你用"小蝌蚪，我问你……"来说一句！

生：小蝌蚪，我问你，你的尾巴这么细，能不能顶住暴风雨？

师：把"顶住"改成"战胜"就更好了，再说一遍！

生：小蝌蚪，我问你，你的尾巴这么细，能不能战胜暴风雨？

师：（面向全体学生）能战胜暴风雨吗？

生：（异口同声）能！

师：（把右手食指竖在嘴唇边）嘘——，别把小蝌蚪给吓坏了！

（学生微微地笑着，每一张笑脸都泛出红光……）

师：小朋友会游泳吗？小蝌蚪们可是游泳健将哦！你有什么问题要问吗？

生：小蝌蚪，你们为什么不怕水呛着呢？

生：小蝌蚪，我问你，呆在水里，你闷不闷？

生：小蝌蚪，我问你，你是不是穿着一件隐身衣？

师：不，是潜水衣！

紧接着，教师简单介绍小蝌蚪的成长史，学生们纷纷质疑："小蝌蚪，我问你，长出后腿和前腿后，你开不开心？""青蛙是你的孩子，还是你的弟弟？"

……

"小不点"们诗兴大发，兴致勃勃，全部忽略了那十几只可怜的小生灵。突然，"小眼镜"非常严肃地说出了一句："小蝌蚪，我问你，长成青蛙之后，为什么有人要吃你？"全班学生顿时愕然。

师："小眼镜"，你为什么会想到这个问题呢？

生：在菜市场上，我看到有人卖青蛙，小青蛙被剥去了皮，扭断了双腿……（许多学生纷纷控诉起来）

师：卖青蛙的人做得对吗？

生：（悲愤地）不对！

师：咱们该做些什么呢？

生：（"小眼镜"再次挺身而出，声音有些颤抖）我们应该帮助小青蛙！因为青蛙是庄稼的好朋友。

可怎么帮呢？我忍不住往下想。口语训练课变成了"维护正义，保护弱小"的声援大会。我感动于孩子们的热情与真诚，提笔在黑板上写下我与孩子们共同完成的第一首真正意义上的儿童诗……

刘晓军老师从生活中找到了触发点，精心地设计了本课。他通过观察学生的日常生活，在深入了解学生的基础上，创设了合适的情境，让学生在课堂上、在教室里、在真实的生物面前发出一连串的思考、讨论。这时，学生设身处地地感受着教师创设的情境，并把内心情感融入其中。这样，不仅使学生切实学习和内化知识，教师也成功地完成了教学任务。

## 二、实施策略

### （一）学习兴趣和学习目标统一

由于情境创设能为学生提供图文音像并茂、丰富多彩的教学情境，能为学生提供符合人类联想思维与联想记忆特点的想象空间，因而较易激发学生的学习兴趣，并为学生实现探究式、发现式学习创造有利条件，从而有可能真正达到让学生主动积极地学习、实现自己获取知识甚至创造新知识的理想目标，达到较好的教学效果。情境模拟式体验教学强调创设情境，营造轻松、自然、和谐的课堂氛围，激发学生的学习兴趣，使学生积极踊跃参与课堂活动，主动探究问题，愉悦获取知识。在这种充满生机和活力的教学中，教师的教与学生的学都进入了理想的境界。

### （二）教学情境和教学内容统一

知识本身具有丰富生动的实际内容，而表征它的语言文字则是抽象和简约的，学生所学的正是语言文字所汇集成的书本知识即教材。这就要求学生不论学习什么知识，都要透过语言文字、符号图表把它们所代表的实际事物想清楚，以至想"活"起来，从而真正把两者统一起来。教学情境就是以直观方式再现书本知识所表征的实际事物或者实际事物的相关背景,是学生认识过程中的形象与抽象、实际与理论、感性与理性以及旧知与新知的关系和矛盾。情境模拟式体验教学正体现了直观性,它正是充分利用学生的多种感官和已有经验,通过各种形式的感知,丰富学生的直接经验和感性认识,帮助感性知识的形成,抽象知识的具体化,让学生在特定的情境中感知、理解、运用所学知识,从形象的感知达到抽象的理性的顿悟,缩短认识的时间,提高学习的效率。

(三)智力因素与非智力因素统一

从心理学的角度来看,学生参与教学活动的心理因素分为两类:一类是认知因素即智力因素,比如感知、理解、想象、思维、记忆等,即认识能力的总和;另一类是情感因素即非智力因素,是指智力因素以外的一切心理因素,它对人的认识过程起直接制约的作用,比如动机、态度、兴趣、情感、意志等。非智力因素是引导和促进个体学习、成长的一种内驱力,它对学生智力与能力的发展起着动力和定向的作用。情境模拟式体验教学正是把这两类因素统一起来,充分体现了在教学过程中的认知因素与情感因素的和谐统一。

## 三、 实施方法

(一)情境模拟要考虑生活性

新课程指出,教学要紧密联系学生的生活实际,从学生的经验和已有的知识出发,创设与学生生活环境、知识背景密切相关的,又是学生感兴趣的学习情境,让学生在观察、操作、猜测、交流、反思等活动中逐步体会知识的产生、形成和发展的过程。联系生活,创设情境,丰富学生认知的源泉,是情境激趣的重要方法。生活是学生获得认知的丰富源泉,教学应与学生的实际生活相联系，让学生通过"体验"来获取知识。心理学研究表明，学生学习的内容与熟悉的生活背景越贴近，自觉接纳知识的程度就越高。为了使学生更好地接受知识，激起学生的求知欲望，教师创设的情境要贴近学生的生活。大凡名师都善于观察和把握学生在生活环境中的一些细节，善于把学科知识与生活素材有效地结合起来，创设与教材相关的生活情境，消除学生畏难而退的学习情绪，激发学生的学习兴趣。

（二）情境模拟要讲究趣味性

美国心理学家布鲁纳认为，"学习最好的刺激乃是对所学知识的兴趣"。兴趣是学习最重要的动力，学生参与学习活动的欲望来自学生对知识的兴趣。教学实践表明，在生动有趣的教学情境中，学生的学习兴趣是最高涨的，其求知欲也是最强烈的。因此，教师在创设教学情境时要特别讲究趣味性。在教学中，教师要最大限度地利用学生好奇、好动、好问等心理特点，并紧密结合本学科的教学内容，创设使学生感到真实、新奇、有趣的教学情境，促使学生的认知情感由潜伏状态转为显现状态，由自发的好奇心变为强烈的求知欲，产生跃跃欲试的主体探究意识，积极参与学习活动，以收到事半功倍的教学效果。当然，教师不能为了追求趣味性而忽略了知识性，而应把知识性与趣味性有机地结合起来，使创设的情境为学生探究问题服务，让学生处于最佳的学习状态。

（三）情境模拟要保证有效性

有效的情境可以在很大程度上增强学生的学习体验，激发学生的创新思维，让学生不再局限于书本知识，而是成为有思想的个体。目前我们的教学活动大都固定在教室中，难以获得真实的情境体验。创设有效的教学情境，在于把"培养驮着书本的蠢材"的教学方式转化为"培养思维活跃的人"。要保证情境模拟的有效性，一般要求情境要生动、形象和丰富，能够还原知识产生的背景，能够将书本内容和生活世界打通，能够引发学生强烈的求知欲和情绪体验。因此，教师应根据不同的教学内容和学生的实际创设有效的教学情境，进而达到教与学的最佳效果。

## 第四节　情境模拟式体验教学的总结反思

现在，情境教学已成为教学中一道亮丽的风景线，课堂一改以往的枯燥、乏味、沉闷，变得精彩、漂亮、活跃起来。因此，一些教师认为没有生动、具体的教学情境的课就不是一节好课，从而把大量的时间和精力放在教学情境的创设上，以致忽视了学生的真切体验，表面热闹，实则牵强附会，呈现形式化，缺少价值。这样的情境教学，着实令人忧虑，值得深刻反思。

### 一、情境模拟式体验教学不可忽视学生的真切体验

皮亚杰建构主义学习理论认为，学生的知识是在一定的情境下，借助他人，通过必要的学习资料，通过意义建构的方式而获得，是学习者主动建构的过程。体验总是在特定的情境中发生，体验教学离不开情境的创设，情境构建是体验教学的一个重要特点，通过模拟的情境构建，让学生投入进去，真切地体验到学习的快乐。这种情境的构建，如果是教师为他们想象好，告诉他们是怎么样的情境，就是接受学习的教学方式，最后的效果将会大打折扣，因为这种方式得到的体验终究是别人的。"一千个读者就会有一千个哈姆雷特"。人类最伟大的地方就是会思考，拥有思想，所以，在情境模拟式体验教学中，教师不可忽视学生的真切体验，应该相信学生，放手让学生去自我感受、自我体验。

体验的产生，首先缘于体验者对体验对象有切身的感受。因此，亲身经历和直接经验对于体验的形成具有特殊的意义。在情境教学中，教师只有让学生"以身体之，以心验之"，身临其境地去体验，学生才能有切身的感受。

有了体验与感受，高深知识的获得就不再是毫无生命意义的死记硬背的过程，而是个体经验与人类知识相融合的过程。在此过程中，学生获得的不仅是人类认识的精华，更是情感的升华与人格的发展，学生个人的成长将更富有生命意义。

## 二、情境模拟式体验教学切忌舍本逐末

创设情境是教学的一种手段，其目的是给学生创设一种"认知冲突"，让学生处于"愤悱"的探究状态，激发学生学习"新知"的欲望，从而有效地实现教学目标。近些年来，在新课程改革中，创设情境教学频繁运用于课堂教学；但是，有不少教师过分追求课堂的"热闹气氛""学科渗透"，唱歌、画图、录像等，偏离了教学目标和重点，导致情境教学的价值流失。有的教师安排学生角色表演，小组合作探究，但缺少方法的指导，花了很多时间，教学效果并不佳。这种为创设情境而创设情境的现象，使情境教学表面化、形式化。其实，如果教师对情境本身作过多的具体描述和渲染，拘泥于过多的非教学信息，非但不能起到引导学生积极思维的作用，反而可能喧宾夺主，成为分散学生思维的干扰因素，使学生的探究思维淹没在美丽的形式中。

情境创设不能作为教学的"摆设"，否则就是舍本逐末。在吸引学生的注意力、提高学习兴趣的同时，更重要的是在情境模拟中让学生有独特的体验，更好地达成教学目标。教师在创设情境时要多一些理性，仔细推敲，做到"慎之又慎"，切忌为追求时髦、花哨的"情境教学"而盲目地创设情境。

## 三、情境模拟式体验教学应避免"泛化"和"神化"

在情境中，通过体验来学习，的确具有传统学习方式所没有的优点。然而，并非所有的学习内容都需要在情境中体验一番。如果学生整体认知水平较高，或者学习内容较简单，过多的情境创设只会带来时间和精力的消耗，给学生和教师带来困扰，不仅不利于学生对知识的掌握，而且分散学生的注

意力，甚至抑制学生的思维，使情境模拟式体验教学失去价值。有时，情境若能从生活原型引入，就无须进行复杂的情境创设。简洁明了的情境，也能使学生产生认知的"不平衡"，引起他们的思维冲突，唤起学生的已有经验。这样真正能开启学生思维的情境，才是我们教学的所需。因此，在教学中，教师应注意情境模拟的简约性，避免"泛化"和"神化"。

在教学中，教师要把关注的焦点落在情境是否有效促进学生"快乐、有效"地学习，而不是这个情境本身是什么。创设情境要做到朴素、实用，要从教学条件水平、学生生活实际、简单好操作等方面去考虑。每个情境要有助于学生学习，要让每个学生都能参与到教学情境中来。

概而述之，在情境模拟式体验教学的过程中，教师依据教育学和心理学的基本原理，根据学生年龄和认知特点的不同，通过建立师生间认知客体与认知主体的情感氛围，创设适宜的学习环境，使教学在积极的情感和优化的环境中开展，让学生的情感活动参与认知活动，以期激活学生的情境思维，从而在情境思维中获得知识、培养能力、发展智力。在新课程背景下，情境模拟式体验教学强调以人为本、回归生活、关注体验、重视发展，大大丰富了情境教学的内涵，使课堂融趣味性和实效性于一体，显得异彩纷呈，魅力无穷。因此，教师要熟练掌握情境模拟式体验教学的实施策略与运用方法，精心学习情境模拟式体验教学的经典课例，并认真进行反思总结，努力把自己的教学推向一个新的高度。

# 第三章　激趣引智：活动实践式体验教学

　　活动实践式体验教学是一种强调通过增加学生自主参与的各种外显活动，来充分发挥学生的主体性、能动性、创造性，培养学生自主探究精神，全面提高学生素质的教学。是教师根据教学要求和学生获取知识的过程，为学生创设适当的教学情境，根据学生身心发展的程度和特点设置，让学生凭自己的能力参与阅读、讨论、游戏、学具操作等去学习知识的课堂教学方法或过程。活动实践式体验教学可以分为三个层次：浅层的，即所有表象性的与学生学习、教师教学有关的活动；中层的，即教学活动化、活动化教学，主要指师生在课堂上通过开展活动或学生在课外通过教师指导下的活动来学习；深层的，即学生思维的活动，融汇于学生课内外的学习，其终极目标是学生通过活动活跃思维，培养实践能力和创新思维。活动实践式体验教学不仅要求教师善于挖掘利用课内教学资源中的活动因素，还应同社会实践紧密结合，创设出适宜的活动目标、活动内容、活动条件和活动策略，通过"活动场"的培育，着力于"效应场"的生成，实现活动教学化，丰富学生的体验。

## 第一节　活动实践式体验教学的实施策略

活动实践式体验教学的任务是让学生自己活动和思索去获得知识。学生在活动中充分调动多种器官参加学习，兴趣浓厚，情绪激昂，思维积极，感知丰富，乐学易懂。学生对教学材料产生了兴趣和热情，能把注意、思维、记忆、想象等心理因素都调动起来，使之积极化。活动实践式体验教学的实施最重要的是具体活动方式的落实，即通过什么样的"活动"来改变传统学科教学的课堂结构和教学模式。传统学科教学以学生静听为主，活动实践式体验教学旨在通过让学生做一做、看一看、画一画、走一走、写一写、演一演、玩一玩、唱一唱、跳一跳、编一编、比一比、仿一仿、动一动等方式来活跃课堂、改变学生学习方式，以求学生主动发展和全面素质的提高，从而实现教育的理想——培养"完整的人"。[①] 活动教学主要从设计游戏、组织竞赛和动手操作三个策略来进行教学，突破传统教学瓶颈，以达到有效优化课堂教学的目的。

### 策略一：设计游戏，激趣乐学

教育家卡罗琳说："孩子们的工作就是游戏，在游戏中激发他们的思维是他们最愿意接受的。"的确，教育不应该是严肃的说教，它应该让孩子们在掌握知识的同时收获快乐，体验学习的乐趣。游戏是孩子非常喜欢的一种趣味性活动。不管是处在什么教育阶段的学生，游戏对他们而言都是一种新鲜的体验。它生动有趣，可以给人在紧张的学习之余带来轻松愉悦之感。因此，在体验教学中，游戏深受学生的欢迎，是一种活跃课堂气氛、提高学生注意力和学习兴趣的有效策略。但是，作为体验教学手段的游戏不是纯粹的娱乐

---

① 彭小明. 活动教学法初探 [J]. 当代教育论坛，2006，(7)：51—54.

活动，它要根据学生的年龄阶段和学习需要，以学生的全面发展为出发点，坚持以人为本的教学理念，通过精心设计，让学生在学习过程中促进认知、情感和技能的发展，从而达到在游戏中快乐，在快乐中体验，在体验中成长的教学效果。

**有趣的两副纸牌**[①]

师：今天老师带来了两副纸牌（教师出示纸牌），一副是红牌（10、8、5），另一幅是黑牌（9、6、3）。怎么玩呢？比大小，三局两胜就赢。谁想和我比，请到前面来。（学生争相举手，教师指坐最后一桌的同学）最后那桌的女同学，尽管你的座位离得最远，但我们的心贴得很近。红牌黑牌任你选，你选哪副牌？

生：我选黑牌。

师：能告诉大家你为什么选黑牌吗？

生：我喜欢黑色。

师：除了喜欢黑色还有别的原因吗？

生：没有。

（评：学生是在无意识的状态下选牌的，看来刚开始玩时，他们并没有考虑牌的大小和比赛胜负的关系。）

师：现在你持黑牌，我持红牌。你先出。

生：我出6。

师：我出8，比你大。

生：我出9。

师：那我出10。还是比你大，看你还出什么？

生：（摸摸脑袋）我，我输了。（更多的学生举手）

师：还有愿意到前面来比的吗？

---

① 曹永鸣. 构建生态课堂，实现生命对话——三教《田忌赛马》的启示 [J]. 人民教育，2003，(21) 26.

师：（又一生上前持红牌）你为什么选红牌？

生：红牌大，能赢。

师：想赢，正常心理。请到前面来。

生：我先出5。

师：我出6。

生：我出10。

师：我出3，让你赢一回。

生：我出8。

师：我出9，赢了你。

师：（面对跃跃欲试的同学）不服气？比两次了，都是你们输。同学们，你们有没有办法赢我？（一个学生举手）你有办法？

生：我持黑牌，可是我有一个要求。

师：什么要求？

生：你先出。

师：为什么让我先出？

生：因为红牌每一张都比黑牌大，黑牌想要赢，就得让你先出。

师：这回让我先出，主动权不在我这儿了。那，我先出个5吧。

生：我出6。

师：你赢了。我再出8。

生：我出9。

师：我只剩下10了。

生：我出3。

师：2比1，这回我输了。同学们，通过刚才的游戏，你们发现了什么？

生：看来输赢和牌大牌小没有什么关系。（学生点头）

《田忌赛马》一课教学，语文特级教师曹永鸣采用游戏的方式，让学生亲历了或输或赢的比赛过程，初步感悟到牌的大小和比赛结果的关系，以及比

68　体验教学的策略与方法

赛结果不确定的原因。与学生玩纸牌的游戏，使学生在愉悦的状态下进入了教师体验教学的活动设计中，激起强烈的学习兴趣。教师将游戏活动引入课堂，可以增添教学的情趣，调动学生学习的积极性，增强学生"学习等于愉快"的情感体验，培养学生团队合作的精神。

## 一、根据教学目标设计游戏

现代教学理论认为，任何教学活动的设计都是围绕教学目标进行、为教学目标服务的。教学游戏活动旨在促进学生在"玩"中有效地完成教学任务，提高教学效率。因此，游戏的设计要有目的性，必须为教学内容服务，应该是所学新知的趣味操练和巩固练习，更应该是"为用而学，在用中学，学了就用"的真正体现。教师在设计游戏时要注意根据教学目标和教学内容，充分考虑教学的重点难点和其他教学要求，选择适当的时机进行合理的游戏。如果片面追求形式"为游戏而游戏"，偏离了教学目标，那么，再好的游戏活动也不能达到预设的教学效果。在教学中，游戏体现了"在玩中学"的理念，教师在让学生做游戏时，除了让学生"玩好"之外，还要把所学的知识联系起来，使学生玩有所获。

## 二、根据学生情况选择游戏形式

由于学生在认知水平、生活经验、思维方式、知识背景等方面存在不同的情况，因而，教师在设计选择游戏形式时要悉心考虑，充分准备，灵活应对。在教学过程中，教师要注意游戏形式的多样化，体现游戏的生动性、趣味性和启发性。"把戏不可久玩"。再好的游戏，玩过几次之后，学生就没有兴趣了。这便需要教师不断地创新游戏的方式，不断地设计新颖的游戏，不断地翻新游戏的做法，以满足学生强烈的好奇心和新鲜感。不过，教师不管设计哪一种游戏形式，都要保证游戏的可操作性，使每个学生都有参与游戏并从中获得发展的可能，让课堂成为"大家乐"的舞台。毕竟课堂教学的时间是有限的，如果游戏规则太复杂，不易操作，那么就容易导致教师讲不清，学生不理解，既费时又费力，效果也不理想的情况。此外，一堂课上教师不可频繁使用游戏，让学生产生疲惫感；而同一种游戏形式也不宜过多使用，使游戏环节失去新意。

### 策略二　组织竞赛，调动热情

教学竞赛是教学活动的形式之一。它营造了以人为本、民主开放、多维互动的教学氛围，也是活动实践式体验教学的一种有益探索。教学竞赛还是一种强大的外部压力，当它和学生的自尊心和荣誉感相结合时，可以很快转化为个人的内在动力。教师在教学过程中适当组织形式多样的竞赛活动，可以消除学生的疲劳，提高学生的注意力，挖掘学生的潜能，调动学生学习的热情，使学生切实地巩固所学的知识。教师可采用分组讨论、选代表发言、生与生、师与生、组与组之间竞赛等方式，让学生比速度、比准确、比技巧、比方法，激发学生学习的积极性和主动性。

#### 别具意义的竞赛[①]

学习政治课"竞争不忘合作"时，在教学巩固环节，教师设置了表演比赛，内容为表演童话故事——龟兔赛跑，要求学生自由组合，根据剧情提示齐心协力设计出合理做法，然后挑选几组同学分角色表演。比赛结束后，让全班同学评选"最佳组合奖"和"最佳表演奖"。

剧情提示：骄傲的兔子在败给乌龟后很不甘心，又向老实的乌龟挑战，并请求长颈鹿伯伯做裁判。这次长颈鹿伯伯规定的比赛路程是先走过草地，再趟水过河，最后谁先摘到石榴树上的石榴，谁就是冠军。比赛开始后，兔子见乌龟爬得那么慢，又犯起了老毛病，在一棵大树下睡起了懒觉。当乌龟满头大汗地爬到它身边时，乌龟想：我要不要叫醒它呢？……兔子跑到河边，

---

① 王有鹏. 精心组织课堂竞赛活动［J］. 中学政治教学参考，2008，（9）：23—24.

犯愁了：这怎么过河呢？……乌龟、兔子过了河，来到石榴树下，它们怎么也摘不到树上的石榴，快来想想办法吧。……长颈鹿裁判把金牌给了谁？此时小乌龟和小兔子都陷入了深思……

教师采用表演型竞赛的形式，帮助学生加深理解"竞争不忘合作"的道理，激发了学生的创新思维，启迪了学生的智慧，还培养了学生运用知识解决问题的能力。此外，这样的竞赛活动既体现了同组同学之间的合作，又体现了组与组之间的竞争；也有助于学生理解竞争与合作的关系，正确对待合作与竞争，进而养成团结合作、乐于助人的品质。可见，善于开展教学竞赛活动的教师，能够使教学增添一份情趣和活力，并走向成功。

## 一、合理组织各种类型的竞赛

教学竞赛有多种类型，具体选用哪一种类型，教师需要根据教学目标和教学内容来决定。教学竞赛主要有知识竞赛型、演讲竞赛型、表演竞赛型、辩论竞赛型、设计竞赛型、故事竞赛型等类型。

### （一）知识竞赛型

知识竞赛型是指以知识为内容的竞赛。知识包括某些词语知识、成语知识、法律知识、历史知识、动植物知识、生活知识等。知识竞赛可以激发学生的参与热情，激活学生的思维，促进学生自觉强化、巩固所学知识。

### （二）演讲竞赛型

演讲竞赛型是指以演讲的形式开展的竞赛。这种竞赛能够进一步提高学生对所学知识的认识，引导学生理论联系实际，还能使学生明辨是非，焕发热情，激发斗志，鼓足干劲。

### （三）表演型竞赛

表演型竞赛是指以表演的形式开展的竞赛。这种竞赛既可以调动学生的学习兴趣，又可以加深对教材内容的理解，巩固所学知识，还可以丰富学生的体验和感受。

### （四）辩论竞赛型

辩论竞赛型是指以辩论的形式开展的竞赛。这种竞赛可以锻炼学生运用知识的能力、口头表达能力、辩证思维能力、应变能力、理论联系实际的能力等。

### （五）设计竞赛型

设计竞赛型是指以设计、制作的作品为内容开展的竞赛。这种竞赛意在加深学生的情感体验，培养学生的创新能力和实践操作能力。

### （六）故事竞赛型

故事竞赛型是指以讲故事的形式开展的竞赛。这种竞赛可以使学生进一步理解和体会所学知识，可以锻炼学生的表达能力，提升学生的情感体验，引导学生的行为。

## 二、灵活运用各种竞赛方式

在教学过程中，只要是能激发竞争意识、提高学生学习积极性、提高教学效率的竞赛方式，教师都可以采用，但是要懂得灵活运用。竞赛方式不要千篇一律，要因教材、学生的变化而变化，并且要与其他教学方法相结合，否则容易让学生感觉僵化和单调。教学竞赛的方式很多，这里介绍三种常用的竞赛方式：小组竞赛、一对一竞赛和自我竞赛。

### （一）小组竞赛

教师可根据学生的知识水平、性格爱好、学习态度等方面的差异来划分小组，也可以让学生自由组合，一般每组 6-8 人。每个小组选出一名基础较好且有一定领导能力的学生为组长，其他学生分别担任记录者、发言者、计时者等；但应注意各个职务轮流担任，避免出现总是某人专门负责某项工作的情况。教师在教学过程中开展小组竞赛，不仅可以通过小组合作，激发学生参与课堂活动的积极性，加强学生之间的学习信息交流，而且可以使学生由学习上的竞争对手转变为相互协作的伙伴，培养团队合作精神。

（二）一对一竞赛

教师可以依据学生的知识基础帮助学生选定彼此的竞争对手，结成一对一的竞争对子，当然也可以让学生自由选择自己的竞争对手。但要注意一个原则，就是对手之间的差距不宜过大，否则，容易造成较强一方沾沾自喜、不思进取，而较弱一方气馁的不良后果。一对一竞赛，使学生对所要竞赛的学习内容产生极大的兴趣，也使教学活动变得刺激而精彩。

（三）自我竞赛

在学生和别人竞赛的同时，教师也可以鼓励学生自己和自己进行竞赛，并多让学生纵比，即和自己的过去比，在竞赛过程中争取超越自己过去的成绩。自我的提升更可以增加自信心，获得前进的动力。

## 策略三　动手操作，学以致用

动手操作是学生掌握和运用知识的重要方式，是教师实施活动实践式体验教学的有效策略。在课堂教学中，教师引导学生动手操作，具体实践，能够激发学生对新知识的求知欲，让学生亲身经历知识的形成过程，亲身体验知识的"再创造"，体验学以致用的愉悦感和成就感，有效地培养学生的实践能力。在传统教学中，教师十分注重知识的灌输式教学，而很少关注知识和学生的实际生活有哪些联系。学生掌握了知识，却不会解决与之有关的实际问题，造成了知识学习和知识应用的脱离，感受不到知识的趣味和作用。因此，教师理应重视学生在学习过程中的动手操作活动。在组织操作活动时，教师要注意把握时机，把操作活动与学生的思维活动、语言表达有机地结合起来，注重操作活动的"内化"，重视"动态操作"后的"静态思考"，才能有效地提高学生的学习效率。

**操作让理解更深刻**[①]

在讲授"判定三角形全等的边角边公理"时，教师先让每个学生利用直尺和量角器在白纸上作一个△ABC，使∠B=40°，AB=3cm，BC=5cm，并用剪刀剪下此三角形，然后与其他同学所作三角形进行对照，看看能否重合，这时学生们会发现是能够重合的。接下来让学生改变角度和长度大小再做三角形，剪三角形并对照，这样学生自然会发现每次所作的三角形都能够完全重合，此时教师启发学生总结出：如果两个三角形有两边和夹角对应相等，那么这两个三角形全等，即"边角边"公理。如果教师再让每个学生利用直尺和量角器在白纸上作一个△ABC，使∠B=45°，AB=3cm，AC=2.2cm，进行同样的操作，这时学生们会发现这次所作的三角形不一定重合。通过动手操作，教师不但强调了"边角边"公理中的角是指夹角，使学生易于接受新知识，促进学生认知理解，而且化解了学生在运用边角边公理时误把所谓的"SSA"当作"SAS"来用这个难点。同样通过活动，可以把思维训练和实践活动有机结合起来，使学生的思维得到发展，同时也可以培养他们的合作意识。

动手操作是学生认识活动的基础，对理解知识、发展思维、培养能力、形成积极的学习情感都能起到十分重要的作用。教师应该加强对学生的操作训练，让学生在实践中感知，充分发挥学生的潜力，让学生通过自己的努力解决问题获取知识，教师再引导学生到实践中验证，到生活中运用，以此获

---

[①] 左会林. 数学实践活动在数学教学中的作用[J]. 数学大世界（教师适用），2011，(5)：34.

得操作能力。

## 一、操作要有明确的要求

教学活动是一种系统行为，学生总是在教师的组织与引导下有目的、有计划地进行学习。学生的注意力往往明显地带着无意性和情绪性，操作时常常被他们感兴趣的学具色彩、形状所吸引，由着自己的兴致来摆弄学具。教师应该用清楚的语言向学生提出明确的操作要求，按教学目标精心地组织学生进行操作，使他们的动作思维具有明确的指向性，这是决定操作活动有效性的基本前提。另外，操作问题的设置与操作要求的提出还要难度适宜。为此，组织动手操作活动要在学生原有学习基础的最近发展区内设置问题，提出要求，使新的学习课题与原有知识的固着点之间保持适度的潜在距离，还要根据学生的不同认识水平，因人而异地提出操作问题及其要求。

## 二、操作要有适当的引导

理想的课堂是师生真实自然的互动过程，是动态生成的教学推进，更是一个在教师价值引导下学生自主建构的过程。有效的操作活动更离不开教师的正确引导。教师对学生的操作活动进行调控和原则性指导，能确保操作活动的顺利进行并取得预期效果。在教学中，教师要充分利用学生"好动、好奇"的心理特点，从学生熟悉和感兴趣的事物入手，提供动手操作的机会，引导学生通过动手操作参与体验知识的形成过程，让学生在兴趣盎然的实践中获得形象的认知。不少教师认为，只要将操作任务交给他们就可以了，实际上教师应深入各学习小组，了解操作情况，引导学生掌握正确的操作步骤和方法，让学生知道每一步应该"做什么"和"怎么做"，并对学生在操作过程中所遇到的困难及时点拨引导，从而使学生顺利完成操作任务。

## 三、操作要有内化的效果

操作启发思维，思维服务操作。动手操作活动是手脑配合并用的过程，是促进思维发展的一种有效手段，是学生由具体形象思维向抽象思维过渡的必要条件。在实践活动中，学生动手、动脑、动口相互作用，使操作、思维、表达融为一体，有效地促进活动的内化。在实际教学中，很多教师简单地把动手操作中的"动"理解为动一动、摆一摆、做一做，而忽视了学生操作过程中内在的"思维操作"活动。这种认识是存在误区的，应当矫正。如果我们只是停留在实际操作的层面，而未能引导学生在头脑中建构起相应知识点的心理表征，就不可能发展真正的思维。因此，相对于具体的实物操作活动，我们更应强调"操作活动的内化"，用操作活化、深化学生的思维，真正发挥它内在的价值。

## 第二节 活动实践式体验教学的运用方法

实施活动实践式体验教学，可以克服传统教学模式的弊端，有利于学生在具体的活动实践中真切领悟知识要点，为他们的抽象概括思维能力的形成奠定基础，更有利于动手操作、主动探索和合作精神的培养。在活动实践式体验教学中，教师应注重学科知识与活动实践相联系，充分采用多种方法指导学生开展活动，给学生创设良好的学习氛围，激发学生的学习兴趣，使学生在学习中始终保持兴奋愉悦、渴求思索的体验心态，促进学生各方面素质的提高。这样，活动实践式体验教学的实施才显得富有意义和价值。

### 方法一：精心设计，合理安排

在体验教学中，教师要让活动实践取得实效性，就要对活动进行精心设计，合理安排。活动主题的确立、活动内容的设置、活动素材的搜集以及活动条件的创造，都应是师生双方共同的责任与义务。在活动设计中，教师要尊重学生的意见，并与学生一起共同商讨，设计好活动。活动安排要适度，内容要精、巧、实，形式要根据学生的认知特点、原有基础及教材内容来安排。教师要把学生个体活动和小组活动、班集体活动结合起来，激发活动实践式体验教学的活力。教师的任务就是根据课标的要求研究制定教学的"活动方案"，一课时可以有一个活动，也可以有两个活动，也可以有三个活动。对于每个活动的设计，教师都要考虑学生通过参与这个活动，会有什么收获，能力会在哪些方面得到锻炼和提高。教师要改变那种把教学过程预定为教师课前的设计教案，使学生活动的自主性、能动性和创造精神得到充分发挥。

### 设计精心才生效[1]

为了加强学生环保意识，有位高中地理教师开展了主题为"南阳市环境问题的现状、产生的原因及影响"的调查活动。这次活动的目的一是使学生能正确认识人类面临的环境问题及其严重后果，提高学生对环境问题的危机感、紧迫感和责任感，并努力规范自己的行为，培养正确的环境观及对环境负责的行为习惯；二是通过本课题的研究，培养学生观察问题、发现问题和解决问题的能力，提高他们把理论用于实践的能力。总体方案是把全班学生分成几个小组，从以下方面进行调查研究：①到南阳市环保局了解本地区的主要环境问题，并了解其产生的原因、影响及目前治理状况。②调查白河的污染及治理状况，要详细调查其污染源、污染物及水体污染产生的影响和治理措施等。③到市郊附近的垃圾堆放场，调查垃圾的来源，垃圾的类别，产生的（对大气、水源、土壤等）污染，当地处理垃圾的主要方法。④注意从报刊上收集环保资料，或到环保部门了解南阳大气污染状况，了解大气污染的主要污染源和污染物，当地治理大气污染采取了什么措施。⑤到南阳林业部门、农业部门或环保部门，了解当地生态状况，如物种变化、水土流失、土地沙化等。

有了明确的活动主题和目的，并制订活动方案，设定活动内容，为学生指出了正确的活动方向，使活动的开展能够获得预期的效果。从活动实践中，

---

[1] 刘峰. 高中地理活动教学模式的建构 [J]. 南阳师范学院学报（自然科学版），2004，(12)：122—124.

学生得到真切的体验，提升了对学科知识的理解和应用能力。

## 一、确立活动主题，制定活动方案

　　活动主题是活动的项目、专题、课题、问题、话题、论题。活动主题犹如活动的灵魂、统帅、核心。每次活动都要有活动主题，没有主题的活动是盲目的、无效率的活动。活动主题的确立要根据教学内容的要求和学生的身心发展规律，应紧扣教材、社会和生活三者。在选择主题时，教师还要考虑题目的层次性，便于学生在活动过程中，在教师的指导下由浅入深地分析问题，抓住事物本质，形成思维导向，以利于思维发展的循序渐进，融会贯通，逐步提高综合分析问题的能力。主题确定后，要拟定活动的目标。活动目标的提出，应从活动主题出发，并与学生的年龄阶段相适应。活动的主题和目标确定后，由师生一起研究制订活动方案，由学生自己充分讨论，各抒己见，统一思想后形成。各小组分工协作，并确定小组负责人，每组从活动主题、活动时间、活动目标、活动内容、活动组织方式、活动用具、活动要求、总结评价等方面制订出活动方案，对活动实施过程中可能出现的情况也要提前做好准备。

## 二、联系学生生活，切合实际需要

　　新课程强调，教学要面向丰富多彩的社会生活，开发和利用学生已有的生活经验，选取学生关注的问题，围绕学生在生活实际中存在的问题，帮助学生理解和掌握社会生活的要求和规范，提高社会适应能力。课程的基础是学生的实际生活经验，只有在真实的生活中，学生才能进行有意义的学习。一旦学生的体验与实际生活不符，或者与生活毫无联系，学习就失去了意义。有些教师在进行活动设计时不考虑学生实际，远离学生生活，使学生在进行活动时感到无所适从，只能凭空想象。这样的教学很难使学生进行深入思考，学生内心也难以产生共鸣。在活动设计和安排时，教师要注意内容能反映学生的生活需要和所关心的社会问题，能激发学生参与的积极性。教师应鼓励学生突破书本的束缚，走进生活，通过感受生活、体悟生活而获得丰富的实践经验。

### 方法二：善于主导，有效调控

在活动实践式体验教学中，教师要充分发挥主导作用，重视和加强对活动的组织、调控，使活动得以有效开展。教师的主导作用，主要体现在学习情境创设、指明活动方向、过程监督、问题解答、学习结果评估等方面。有时，教师的活动方案虽然设计得很好，但是在开展的过程中还是会出现一些活动组织调控方面的问题。比如，在模拟体验活动中，有的学生嘻嘻哈哈，不按照教师的要求进行活动，自顾自"玩耍"起来。这轻则影响活动效果，重则导致活动失败。此时，教师要适时引导，以免活动出现偏离学习主题的现象。教师对活动的过程要进行监督，及时纠正错误，使活动沿着设计好的路线进行下去，这样才不至于使教师的活动设计和预期目标流于"破产"。[1]

#### 模仿购物[2]

活动目的：让学生学会购物时询问商品的价格、颜色和式样，并在购物过程中学会使用一些礼貌用语。

活动准备：准备一些各式各样的服装、鞋帽、食品等生活用品并分别标上价格。在班上布置一个大摊位，摆上事先准备好的"商品"。

活动作用：通过活动，让学生学会用英语购物，同时懂得如何合理消费，培养他们的生活自理能力和英语交际能力。

使用课型：七年级上册 Unit 7 的巩固复习课、课外活动课。

活动过程：

---

[1] 梁吉伟. 论思想品德活动教学的优化策略［J］. 中学政治教学参考，2011，(11)：19—21.

[2] 姜爱平. 初中英语活动教学法初探［J］. 中学英语之友（初三版），2009，(8)：19.

1. 教师先把班上的同学分成两大组，分别为售货组和购物组，让学生做好准备。

2. 售货小组的同学再分成三个小组，分别摆出服装摊、学习用品摊、食品摊。

3. 学生以小组为单位，模仿在商场里购物。

4. 每小组成员选一名代表向全班汇报所买的东西，并一一进行展示。

5. 让两名学生在黑板上列出同学汇报的物品和价格。

6. 活动结束后，让学生写一段在刚才购物活动中的对话。

在教学过程中，教师要达到让学生在活动体验中获取知识、锻炼能力的教学目的，就要善于发挥主导作用，有效组织调控整个活动的过程，同时注重学生的主体性，鼓励学生主动参与活动，通过小组合作的形式提升活动体验教学的实效性。

## 一、激发学生参与，促进小组合作

新课标强调学生是学习的主体，提倡主动参与、乐于探究、合作交流的学习方式。在活动实践式体验教学中，教师的主导和调控作用要体现在激发学生主动参与、促进学生合作交流的层面。参与的最基本要求就是让学生"动"起来，这里的"动"不是简单地看看书、讨论讨论等肢体和感官的"动"，而是学生在教师的组织下有计划、有方案、有过程、有方法、有结果、有评价的学习活动。把学习变成"活动"，在"活动"中生成，让学生不知不觉地接受教育。在活动中，教师还要善于采用小组合作的组织形式，把活动任务直接布置给小组，明确小组的责任意识，充分调动学生学习的积极性，让学生觉得学习是自己的事。教师通过促进小组合作，还能够充分发挥学生的互助互学、互相监督的作用，构建学习场、思维场、教育场，营造浓厚的学习氛围；同时便于教师激励和评价，培养学生的竞争意识，增强学生的团队精神。

## 二、 做到收放自如，加强组织调控

在实际教学中，有些教师对活动的开展不能做到收放自如，没有明确的目的，缺乏有效可行的操作方法，放任学生，这容易造成学生盲目活动，只停留于玩，而非从玩中学、从学中玩。中小学生处于心理品质还不成熟的阶段，"玩"是他们的天性，对他们来说，享受活动中的乐趣是第一位的，他们的身心容易完全沉浸在活动中，可能会导致教学秩序混乱的情况，难以达到活动体验教学的预期效果。造成这一状况的主要原因，是教师对活动过程考虑得不完善，教师的组织调控力度不够，也就是教学的掌控能力欠缺。因此，教师尊重学生的主体地位，并不是完全放手让学生"无理取闹"，当学生出现偏离活动主题和方案的情况时，理应及时调控，让学生回到活动的正常轨道。如果遇到活动中出现突发事件，教师还要机智应变，使活动不因突发事件的干扰而失败。

### 方法三：评价反馈，总结升华

评价反馈，总结升华，是活动体验教学的最后一环，也是保证活动体验教学取得良好成效的重要方法。活动结束后，教师应引导学生客观、公正、全面地评价活动过程和结果，总结活动经验，肯定取得的成绩，分享活动成果，享受成功的喜悦，增强自信心；同时吸取失败教训，积累宝贵的经验。活动教学评价和总结应着眼于学生的发展，关注学生的个体差异，注重学生的体验。教师要着重考查学生的参与程度，评价学生在活动学习中能否主动运用知识描述并反映生活中的实际问题，进而让学生明确活动的任务和要求，使活动具有目的性。教师还要提供反馈信息，帮助学生认识自己解决问题的方法、思维和习惯，发现自己在发展中的长处和不足，正确认识自己，并增强学习的积极性和针对性。从活动评价和总结中，教师可以发现学生在学习中存在的困难，及时调整和改善教学过程，促进学生在知识与技能、过程与方法、情感态度与价值观方面的发展。

**生动的成果展示**[①]

在七年级历史上册第12课《了解身边的"历史"》一课中，课本提示可以调查当地服装、食物、生产工具、信息传递方式、交通运输工具等演变的历史。我通过与部分学生的谈话及上网查询的结果，确定以"交通运输工具的演变"为主题进行，下设三个子课题：陆地交通运输工具的演变、海上交通运输工具的演变、空中交通运输工具的演变。主题的选择既考虑到了学生的兴趣，又结合了学生进行调查时的可操作性，所以学生对选题兴趣很高，全班都热情参与，起到了活动课调动学生学习兴趣、使学生成为主体的作用。

在确立小课题后，教师组织学生进行分组，各小组的组员选出小组长，组员的分工由小组长来安排。然后，各小组围绕主题开展多种形式的调查，如查阅图书资料、上网搜索资料、调查生活中的事例等。在调查结束以后，各小组在小组长的带领下，对收集到的资料进行汇总、分析和筛选，形成完整的成果展示，由熟练计算机的同学制作成课件，再选表达能力强的同学准备展示时讲解。

在各小组都准备好后，教师用一节课的时间让各小组展示活动的成果。活动的主持人由一位学生担任，各小组的课件提前上传到教室的多媒体上。由各小组分别选两位组员组成评审团，教师也当评委，进行总结和评价，最后评选出以下项目的优秀小组：资料最丰富的小组、课件最生动的小组、讲解最形象的小组。在活动课上，学生代表的讲解精彩、生动，课件也各具特色，学生评委的评价也仔细、中肯，学生观众听得认真、入迷，可以说活动课的效果非常好。

反思这节活动课，成功之处在于每个环节学生都认真完成，收到了锻炼能力的效果。在活动课开展的过程中，教师既是引导者，又是参与者，还是

---

[①] 杨春芳. 对一节初中历史活动课的总结[J]. 新课程学习（中），2012，(11)：118.

听众、评审员；学生既是调查员，又是总结者和讲解者，同时又给其他小组当评审员。这些角色的互换，就为学生体验他人工作、尊重他人劳动成果提供机会，有利于培养学生的情商，锻炼他们的交往能力和理解能力。

## 一、建立评价体系，促进学生进步

教师要开展好活动实践式体验教学，就要建立激励学生学习兴趣和自主学习能力发展的评价体系。有了客观科学的评价体系，活动的开展才彰显出应有的价值。从评价的指向来说，要立足于"三维目标"的达成，着眼于学生的发展，关注学生的生命；从评价的内容来说，要对学生参与活动的态度、表现、结果等进行评价；从评价的策略来说，要采取开放性、互动性、广泛性的评价策略；从评价的方式来说，可采取过程性评价、诊断性评价和终结性评价并举的评价方式，加强学生的自评和互评。教师不能仅仅停留在对学生某一阶段学习成绩的评价上，而应综合多方面因素进行评价，兼顾过程和结果，使学生看到自己存在的不足和需要改进的地方，思考和寻求解决的方法，也看到自己的优势和进步，并加强对优势的强化。通过评价，确定活动体验教学是否达到预期的效果，并以评价结果作为活动体验教学中活动设计、活动内容重组、筛选的依据，从而重新调整活动设计。在这样的评价体系中，学生在活动中的体验才具有实质性。

## 二、全面回顾活动，升华活动感悟

在活动结束后，教师要指导学生全面回顾整个活动的开展，让学生分析、讨论、总结活动的过程、成果、不足、感受、体会等，写出活动报告。这样，才能促使学生升华对活动的感悟，获得的体验更加深刻。具体做法主要有这几点：第一，对参与活动的每个学生要求写出活动的总结、收获、体会、感受；第二，让学生针对活动中取得的材料独立地进行对比分析，并注意定量分析与定性分析相结合；第三，让学生充分地讨论，鼓励学生多角度提出问题，敢于大胆质疑，发表自己的观点；第四，教师要充分肯定学生在活动中的良好表现，鼓励学生标新立异，对取得的成果给予积极的肯定；第五，对活动的经验成果结合书本知识进行理性分析，提升到新的层面去认识，内化成自己的观念和能力。在体验教学中，教师要让活动成为体验的有效载体，就必须在活动结束后进行全面回顾、认真反思。

## 第三节 活动实践式体验教学的经典课例

活动实践式体验教学旨在以活动为中介或途径，借活动促发展，使学生切身地体验知识的生成，获得能力的提升。这不仅是一种新模式，而且是一种新理念，需要教师统筹规划，精心设计，使教学的"活"与学生的"动"具有实践性、实效性。随着新课程改革的深入推进，活动实践式体验教学已越来越受到广大教师的青睐，其精彩生动的课例日益增多，给我们带来丰富的收获。

### 一、经典课例

#### 形神兼备的说写训练[①]

于永正老师的说写训练课有一个突出的特点，那就是"以练为主"，强调练，反复练。但小学生的兴趣稍纵即逝，容易产生厌烦心理。因此，于老师不断变换形式，除采用让学生自己练、当众练、模拟演练等形式外，还特意安排让"第三者"登场，多种多样的观察、说话、写话训练，既体现了循序渐进的原则，又使小朋友感到新奇别致，兴趣盎然。

在"轧面条"的说写训练中，于老师利用角色表演的方法，使学生轻松地掌握了写作技巧，顺利地完成习作。

---

① 李捷. 形象直观、具体，形式活泼、多样[J]. 小学教学参考，1996，(3)：15—17.

第二节课开始，于老师就说："上节课大家练得很认真。相信每个同学都能成为一名好老师。等会我去请孙师傅。"不一会儿，一位年近60岁的身穿炊事员工作服的孙师傅来到讲台前，全班同学鼓掌欢迎。孙师傅说："小朋友，我是食堂的炊事员，姓孙，为了改善老师的伙食，前天我在百货大楼买了一部轧面机。可是我小时候家里穷，没上学，不识字，看不懂说明书，我去请教于老师，于老师便请你们来帮我的忙，麻烦同学们了！"于老师接着说："下面我请两位同学到前面当讲师，其余同学都是助教——你们听着，如果两位讲师讲得不合适，或者漏掉了什么，你们随即站起来纠正、补充。总之，现在大家是老师，我呢，临时退居二线当顾问。"

孙师傅的出场，为学生们的演练提供了具体的言语交际的情境。学生走上讲台充当"主角"，同孙师傅面对面地进行言语交际，这有助于培养学生言语交际的能力。

在"转述'通知'及写'留言条'"的说写训练中，于老师还特意安排两次让"第三者"登场。第一次是在于老师交代"转述"要注意的问题时，校长走进教室。于老师与校长有一段对话：

师：赵校长，您有事？

赵：于老师，打扰您了。请问邓老师在这儿听课吗？（邓是这个班的班主任）

师：上课前有个人找她，她出去了，您找她有什么事？

赵：刚才接到中心校打来的电话，通知邓老师明天上午8点，到中心校参加广播操比赛。要求穿红毛衣、白裤子、白球鞋、白袜子，千万别迟到。等会儿邓老师来了，请您转告她。谢谢！

师：好的。（赵走出教室）小朋友，等会儿邓老师来了，谁能把中心校的电话通知转告她？（学生纷纷举手）

在学生反复演练之后，邓老师还没有来，怎么办呢？只好写张留言条了。待学生留言条写好后，于老师一面听读，一面相机评改。刚评改完，邓老师推门而进。这是于老师安排的第二次"第三者"登场。下面请看他们的一段对话：

师：邓老师，您早来一会儿，我们就不必费这么大的事了。

邓：怎么回事？

师：哪位小朋友来告诉邓老师？（学生纷纷举手）

师：现在请杜飞说说看。（杜飞平时不爱发言）

杜：邓老师，赵校长找您，通知您明天上午8点到中心校参加比赛（于老师插话：参加广播操比赛），要穿红毛衣、白裤子、白球鞋、白袜子，千万别迟到。

师：杜飞小朋友说得比较清楚，进步不小。谁再说一遍？（又有一名学生说，略）

师：邓老师，我们怕您上午回不来，所以给您写了个留言条。

邓：那好，请读给我听听吧！（邓老师指了两名学生读留言条）

邓：小朋友写得真好！谢谢你们！明天我一定准时参加比赛，争取拿第一！（笑声、掌声）下课请小朋友把写的留言条都交给我，看看谁写得最好。

师：小朋友，学会说话、写话多有用啊！今后要好好学，争取说得更好，写得更漂亮！

于老师做这样的安排是颇具匠心的。赵校长的出场，不仅为学生的"转述"提供了具体生动的内容，而且使他们感到自己的交际对象是实实在在的。邓老师的出场，让学生与其面对面地言语交际，使他们感到有明确的交际对象和交际目的，从而体会到说写训练的重要意义。于老师精心安排让"第三者"出场，这一情境的创设，可谓巧妙独到，无矫揉造作之感。小朋友们演练起来，也特别专注，特别有兴趣。

从教育学上说，教学行为都是为了促进学生的发展，教师的发展体现在学生的发展之上，教师的精彩呈现于学生的精彩之中。让精彩于学生，才能留精彩于自己。活动是构建自主、合作、探究性新型学习方式的平台。让精彩于学生，教师必须借助活动的平台，融通课情与学情，通过适时、适量、适度、有序、有效的学生主体性活动，优化课堂教学，激发学生的学习兴趣，带动学生的全面发展。

## 二、实施策略

（一）引导学生在实践中领会、发现知识

我们的课堂教学以班级授课为主，有着个别教学和其他集体教学所不可替代的优势。然而，由于我国教育实践长期以来深受"应试教育"的影响，不仅班级教学自身优势得不到应有的发挥，而且其固有局限也被"放大"或"延伸"，存在着重教师的系统讲授、轻学生的探究发现，重间接经验的学习、轻直接经验的获取，重书本知识的学习、轻动手能力的培养等一系列问题。这些问题直接导致了学生学习兴趣下降，探究精神萎缩，师生负担过重，教师厌教、学生厌学等弊端，使课堂教学在很大程度上失去了活力。活动实践式体验教学正是针对这些问题而提出的，能为课堂教学注入活力。教师在课堂教学中引入活动，不再是单纯地靠口头传授、灌输知识，而是引导学生在实践中领会、发现知识。这样不仅使教师的教学变得轻松而有趣，而且使学生对学习充满兴趣和热情，课堂教学因此不再单调、沉闷。

（二）培养学生探索和实践的能力

在课堂上，教师把结论告诉学生，不如让学生自己去探究；把感受告诉学生，不如让学生自己获取体验；将技能要点告诉学生，不如让学生动手实践。杜威说："人们如果发现某种东西，就必须对事物做一点什么事；他们必须改革。这是实验室方法给我们的教训，一切教育都必须学习这个教训。"听和看虽然可以帮助学生获得一定的信息与知识，但远远不如动手操作给人的感受深刻，不如做中学那样牢固，不如活动教学那样能将有关知识转化为实践行为和能力。随着新课程改革的逐步推进，活动实践式体验教学在学校教学中所占据的时空将越来越大。但是，在实践中，活动实践式体验教学又经常被扭曲为教师主导下的"表演"、单一的技能训练竞赛，表面上热热闹闹，而实质上流于形式，甚至扭曲学生的个性。因此，教师在实施活动实践式体验教学时，要明确其意义在于培养学生的探究和实践能力，而不是为了使课堂气氛呈现表面上的热闹。

### (三) 以学生的活动为中心

活动是人发展的动力，其孕育着学生发展的所有倾向。学生的教育总与学生的活动相关联，教育不可避免地在学生的活动中展开，学生的活动经历成了教育的起点，学生的活动经验自然成了教育的背景。这就必然地要求课堂教学以活动为基本形式，教育程序安排和组织实施必须以学生的活动为中心。在活动形式上，活动时间和空间都较以前有所增加，活动内容也更加丰富多彩，但教师不应仅仅理解为形式的改变，或是为活动而活动。活动的实质是要求把活动作为学生学习的基本途径，借助活动来真正确立学生在教学过程中的主体性，使学生享有更充分的思想和行为的自由，以及发展和选择的机会，最大限度地获得身体与心灵的解放。因此，教师在课堂上要以学生的活动为中心，给予学生足够的活动时间和空间，促使学生由消极被动的学习向积极主动的学习转变。

## 三、实施方法

### (一) 合作交流，在合作中增强理解

在教学中，教师要组织学生顺利地开展活动，就必须引导学生进行合作和交流。教师通过引导学生合作和交流，能激发学生的主动性、积极性和创造性，增强学生对知识的理解和掌握，促使学生灵活地运用所学知识；能够

锻炼学生辨别是非能力、语言表达能力，有助于培养学生分析问题、解决问题的能力，增强合作意识和合作学习能力；能够增强学生的情感体验，彰显个性，提升素质。那么，教师如何引导学生在活动中进行合作和交流呢？其一，引导学生明确活动的目标和任务，成立合作学习小组；其二，精选学习内容，使学习内容有针对性，有一定难度，有探究和讨论价值，并有一定的开放性；其三，创设良好的合作环境，包括创设宽松的心理环境、自由的时空环境、热情的帮助环境、真诚的激励环境等；其四，指导合作方法，包括指导学生"听""议""说""做"，使学生听有所获，议有所得，说有新意，做有成效。

（二）情境体验，在情境中深化认知

在教学中，教师所开展的活动有时也是一种情境，学生在活生生的情境中获得深刻的体验，从而深化了自己的理解。教师通过开展活动让学生进行情境体验，能激发学生的学习热情，调动学生参与教学活动的自主性、能动性和创造性，能唤起并丰富学生的情感，完善个性，促进发展。因此，教师要根据活动目标的要求，针对活动内容的特点，开展生动活泼、形式多样的教学活动，创设趣味性、时代性、实效性比较强的体验情境，促使活动实践式体验教学情境化，让学生在活动中认知，在活动中感受，在活动中体验；使学生受到情绪的感染，引起学生的情感共鸣，引领学生积极主动地参与活动教学，以达到知、情、意、行的统一。

（三）实践操作，在实践中提高能力

在教学中，教师开展活动的宗旨还在于引导学生学会实践操作，并提高实践能力。也就是说，教师要让学生在活动中亲自动手去操作，切身体验活动内容，感受活动乐趣，而不是只作为一个旁观者在看热闹。通过实践操作，学生能更直接地接受知识、掌握知识，加深对事物的理解，获得真切、深刻的情感体验，认识具体而丰富的现实世界，体会在实践中学习知识的乐趣，激发求知的欲望，提高理论联系实际的能力，最大限度地拓展学习空间，增进课本知识和实际生活的密切联系。在实践操作中，教师要充分发挥学生的特长，充分挖掘学生的潜能，使每个学生都有参与的机会，并有所收获。

## 第四节　活动实践式体验教学的总结反思

活动实践式体验教学是一种新型的教学理念和教育形式。它的出现，对改革传统教学，克服现行教学中的种种流弊，促进学生全面和谐发展，无疑都将起到推波助澜的作用。然而，对于什么是活动实践式体验教学，怎样开展活动实践式体验教学，还存在理论认识和实践操作的误区。如果不加以澄清和矫正，势必阻碍活动实践式体验教学的健康发展，削弱其应有的作用。

### 一、活动实践式体验教学应基于目标、符合需要

在活动实践式体验教学中，活动的开展应基于教学目标和教学内容的需要。课堂活动本身只是一种教学方式，其本质和结果是要激发学生兴趣，引导学生思考，有效达成预设的教学目标。活动是否成功，主要看是否落实教学目标，是否切合教学内容。然而，在实践中常常出现"为了活动而活动"的现象：有的教师为了活跃课堂气氛，吸引学生参与，粗制滥造地堆砌一些课堂活动；活动形式的选择，活动内容的设计及活动的开展不是为了有效地达成三维教学目标，而是为了追求新奇有趣，制造活跃气氛。活动结束后，学生对活动的目的、意义没有深刻的认识，他们谈论更多的是某某的表演很逼真、某某的表演很滑稽等。这种教学模式的本质与传统教学模式无异，仅仅是将传统的讲授、练习变成了学生表演，学生只是表面上参与了教学。没有明确目标的活动体验教学，只能使学生在活动中走一下过场，或者哈哈一笑了之，这样的活动体验教学是无效的。因此，教师在设计活动时，一定要

明确设计的目的和活动的价值所在。

活动体验不能简单理解为仅仅是为了搞活课堂气氛，它是与文本学习、问题探讨并重的知识建构式的学习方式。课堂活动若脱离了教学需要和目标依据，就会失去方向，就会异化成为教师自编自导的游戏。因此，活动实践应用必须基于一定的教学目标，符合教学内容的需要。在活动体验教学时，教师应全面地分析和梳理教学目标，围绕目标的有效落实，正确设定活动目标，精心设计活动内容和形式，要统筹兼顾开展活动与突出重点、突破难点之间的关联，做到活动形式与教学内容的相互统一、相辅相成，不能一味地强调活动实践而忽视教学目标达成，不能让活动在课堂教学中喧宾夺主、华而不实。[①]

## 二、活动实践式体验教学应调动学生主动参与的热情

目前，活动实践式体验教学存在着学生被动活动的不足，即学生在被告诉、被教导、被演示的情况下被迫参与活动。不少教师没有把内在的观念性活动和外在的物质性活动以及社会实践活动很好地结合起来，只重视学生接受间接经验过程中的内在观念活动，忽视甚至排斥学生以获取直接经验和感性体验为目的的物质操作活动和社会实践活动；或者是过分强调外显活动，而忽视内在的观念活动，使二者未能达成统一。之所以如此，是因为学生缺乏对教学活动的主体参与，教师缺乏对学生主体活动整体性的正确认识。在活动实践中，教师往往比较重视少数优秀学生的表现，把更多的发言权、出场率给了他们，其他学生只是陪衬、围观。对于那些性格内向、学习有困难的学生，教师往往采取听之任之的态度，允许他们沉默。这一现象在如今的课堂比较普遍，可能会导致课程目标无法完全实现，只对少数学生有效，而大多数学生的能力则无法得到提高。学生是教学活动的主体，没有学生的积

---

① 陈海龙．把握活动教学真谛，走出课堂教学误区[J]．思想政治课教学，2013，(8)：30—31．

极主动参与，教学活动就成了死水一潭。因此，在活动实践式体验教学中，教师要根据学生的实际水平，采取他们易于接受的活动方式，精心设计活动内容，激发学生的求知欲和参与热情。①

高效课堂其实就是学生主动参与的课堂。学生居于教与学的中间，是教与学的责任承担者和结果体现者。他们通过自己的主动参与，实现教学活动内化与外化的统一，从而达到发展自己的目的。即参与是达成活动的机制，活动是实现发展的机制。活动是学生参与的目的、对象与内容，离开了活动就谈不上参与。参与是前提，决定着活动的始发；参与是过程，决定着活动的质量；而主动参与是对活动的创造，它决定着活动的方向、性质以及结果，使活动具有较强的建构性，也昭示着学生在活动中的能动性和自为性。因此，教师只有突出强调学生的主动参与，才能使活动成为学生自己的活动，使学生从活动获得直接而真切的体验。

## 三、活动实践式体验教学应恰当定位教师的角色

传统教学模式以教师为中心，教师利用讲解、板书和各种媒体作为教学的手段和方法向学生传授知识，学生则被动地接受教师传授的知识。在这种教学模式中，学生是外界刺激的被动接受者，是知识的灌输对象，教师是主动的施教者，而教师作为"知识传授者"的角色不言而喻。但是，在活动实践式体验教学中，活动主体是学生，而不是教师。因此，教师对自己的角色定位要恰当，要明确活动实践式体验教学过程是学生在教师指导下主动探索和发现知识由来、关系的过程，而不是教师帮助下的掌握知识的过程。教师在课堂中的角色不是一个传递信息的主宰者，而是主客体相互作用的组织者、促进者和参与者。教师要尊重学生的学习愿望，要帮助学生通过他们的自发活动以及组织他们接触各种事物来发现知识。作为学生与材料的相互作用的

---

① 梁吉伟. 论思想品德活动教学的优化策略［J］. 中学政治教学参考，2011，(11)：19—21.

促进者，教师的任务是了解、组织、调整和创造材料，让学生自由操作、摆弄、实验、观察和思考，自己认识事物，发现并解决问题，而不能只是被动地听教师讲演。总之，活动实践式体验教学是一种"导而弗牵""开而弗达"的教学。教师的作用是引导、指导，而不是帮助，乃至代替学生的认知活动。①

活动实践式体验教学的实施对教师的要求也在不断提高，教师要善于营造轻松、和谐的学习氛围，激发学生主体参与的愿望。在活动中，教师要正面引导，热情鼓励，启发学生的思维；要把自己当作活动中的一个角色，真正参与进去，让课堂成为师生共同展现自我风采、体验生命意义的舞台。

新课程改革的核心是改变学习方式，培养学生的创新精神和实践能力。活动实践式体验教学在实现这一目标的道路上迈进了一大步，因为它为学生能力的发展提供了广阔的空间。与传统教学相比，活动实践式体验教学中丰富多彩的活动内容，为学生提供了鲜活的生活情境，增加了学生感知知识的途径；学生通过直接观察、操作、感悟，激发了学习动机；充足的时间为学生自主探究提供了保障；充分的交流与合作促进了学生身心、情感的发展；对事物的观察、探索、研究、发现及问题解决的过程，促进了学生各种能力的发展。活动实践式体验教学要收到实效，需要教师凭借教学智慧及时捕捉有价值的资源，根据教学需要创造形式多样的活动项目，并把自己放在与学生同等的地位上参与活动，进而师生共同体验活动的过程和结果，深化认知，锻炼能力，升华感悟。

---

① 黄金星. 小学语文教学活动的四大误区[J]. 天津师范大学学报（基础教育版），2007，(2)：65－68.

# 第四章　开启思维：探究求知式体验教学

新课程倡导自主、合作、探究的学习方式，强调学生主动参与、乐于探究、勤于动手，培养学生收集处理信息的能力、获取新知识的能力、分析和解决问题的能力以及交流合作的能力。这彰显了现代教育注重培养学生自主探究、合作交流的理念，也是学生实现自主学习的有效举措。探究求知式体验教学正是基于这样的课改理念，并在此基础上突出学生的体验性。在探究求知式体验教学中，学生自觉主动地发现、探索、理解、运用知识，自觉学习，学会学习，变"要我学"为"我要学"，变"跟我学"为"我会学"。他们把学习视为自己的天职，把学习当作成长的乐趣，对正在学习的内容很好奇，积极地参与到学习过程中；在任务完成后自觉反馈，分享成功的机会；对正在学习的知识感到很有乐趣并觉得富有意义，具有良好的学习习惯和能力。陶行知先生说："有的时候，我们为学生做的事越多，越是害学生。因为为人，随便怎样精细周到，总不如人之自为，我们与学生经验不同，环境不同，所以合我们意的，未必合乎学生的意。"可见，教师要以生为本，精心培养学生探究求知的习惯和能力，激发学生的学习兴趣和情感，使学生在轻松愉悦的环境中享受学习。

## 第一节　探究求知式体验教学的实施策略

新课改强调确立学生在学习过程中的主体地位，重视在探究求知中体验乐趣，教师要从过于注重知识传授转向培养学生积极主动的学习态度，教会学生自己学，要学生在学习过程中学会学习、学会生存、学会做人，形成正确的价值观、良好的态度和高尚的道德品质。苏霍姆林斯基说："人的心灵深处总有一种把自己当作发现者、研究者、探索者的固有需要。"学生具备较强的自主性，对这个世界已有一些初步的朴素的认识，有潜在的主动探究的动力。他们渴望发现问题，并通过质疑、思考和探究获取新知识。然而，传统的学习方式以单一的接受、简单的理解为主，显然不利于学生探究学习的开展，也不利于学生创新思维的培养。因此，教师应紧紧抓住课堂教学这个阵地，努力实施探究求知式体验教学。

### 策略一：巧用提问，点燃思维

著名教育家陶行知先生说："发明千千万，起点是一问。禽兽不如人，过在不会问。智者问得巧，愚者问得笨。"课堂提问是一种技巧，更是一种艺术，并且是教学中用得最多而又很难用精、很难用巧的艺术。在课堂教学中，巧妙的课堂提问能诱发学生的求知欲，激起学生思考和探究的兴趣，正如"一石激起千层浪"，能让学生在接受新知的过程中始终体验到"柳暗花明又一村"的成功感，增强他们学习的兴趣。巧用提问还能加快把知识转化为能力培养的进程，是发展学生思维，保证和提高教学质量的有效途径，真正达成教学的有效性。因此，在探究求知式体验教学中，教师必须重视提问的艺术，通过巧设探究性问题唤起学生的好奇心和创造欲望，为学生提供自由表达的时间和空间，让他们充分思考、讨论和探究，体验求知的乐趣。不仅如此，教师还要引导学生以一个探索者、发现者的身份投入到主动探究问题的活动中，不断获取新知识，培养自主探究和创新的能力。

一 "问"激起千层浪[①]

师：绝密情报终于没有暴露，情报站没有遭到破坏，他们一家也得救了。同学们，是谁保住了秘密，保住了情报站，挽救了一家人？

生：（脱口而出）是小女儿杰奎琳。

师：有不同的观点吗？

（学生开始沉思）

生：我认为杰克也有功劳。

生：还有母亲呢。

师：现在出现了两种意见，一种意见认为是杰奎琳，还有一种意见认为杰克、母亲也功不可没。同学们，要说服对方，就必须有充分的根据。想想，根据在哪里？

生：在课文中。

师：还是逐字逐句读吗？（生摇头）学习得讲究方法。请大家快速读相关的部分，寻找到需要的内容后，再仔细琢磨。同学间也可以商量商量。

（学生读书、思考、讨论）

生$_1$：我认为最后的成功应该是全家人的贡献。你想，儿子杰克在当时的情形下，如果不是那样"从容"，不就会引起敌人的怀疑吗？

生$_2$：还有妈妈呢。她也是表现得那样镇定，一开始是"轻轻"把蜡烛吹灭。

生$_3$：还有，一开始妈妈从厨房取出了一盏油灯，这样，后面小女儿杰奎琳才有可能取走蜡烛。

生$_4$：我觉得还有一点不可忽视。课文最后说小女儿正当"踏上最后一级台阶时，蜡烛熄灭了"，多危险呀！那么是谁赢得了这一点时间呢？是妈妈。

---

[①] 周益民. 在巧设问题中引"深"阅读——周益民《半截蜡烛》教学片段赏析[J]. 江西教育，2012，(22)：33—34.

她在一开始就试图用油灯替换蜡烛，轻轻吹熄了蜡烛。

师：大家前后联系起来思考，非常好。我觉得我们还可以想得更远一点。

生：两个孩子都还小，在敌人面前为什么能这样镇静呢？我想，那是在母亲长期的影响下形成的。

生：再说，把情报藏在蜡烛里这个绝妙的主意本来就是母亲想出来的。

师：同学们都说得非常有道理。但是，如果没有最后杰奎琳的灵活应变，后果不还是不堪设想吗？能不能有一个恰当的说法，既提到全家人，又突出杰奎琳。

生：全家人都为保住情报站做出了贡献，小女儿杰奎琳起了关键作用。

生：情报站的保住是全家人齐心协力的结果，小女儿起了至关重要的作用。

特级教师周益民选取学生关注并急切想知道的关键问题"是谁保住了秘密，保住了情报站，挽救了一家人"，激起了学生积极思维的浪花，激发了学生探究学习的兴趣。一堂好课是在教师巧妙而有效的提问引导下开展的。名师教学之所以精彩，是因为他们深谙提问的艺术，善于精心设问，真正问到点子上，问到学生的心里去，开启学生的思维之门，激发学生的探究热情。

## 一、抓住关键，点燃思维

课堂提问的目的是通过设疑、解疑使学生的认识水平和思维能力得到提高。因此，教师必须精心设计课堂提问。教师教学不是要面面俱到，而是需在关键处着力，所提问题要突出教学重点，"牵一发而动全身"，使问题击中要害，点燃学生的思维，调动学生学习的积极性和主动性。这就要求教师课前能真正吃透教材，找到关键问题所在，围绕教学目标，针对重点来精心设计几个关键问题。在当前课堂教学中，教师"一讲到底"的现象不见了，取而代之的是"一问到底"。结果，教师没有抓住关键问题的不断发问，使学生忙于作答，没有思维与想象的空间，没有自我的内化，只是一味地跟着教师被动地往前"跑"。表面上，学生兴致勃发，情绪高昂，课堂气氛热烈；实际上，学生不能真正学有所得，思维也得不到应有的训练。可见，教师的提问不能泛泛而为，缺少关键问题。

## 二、捕捉细节，见微知著

"细节决定成败"。课堂教学也是如此，教师要关注细节提问。何谓细节提问？细节提问就是在教学中注意一些容易被教师忽视的小处的提问。细节提问可以联结教学环节，提高教学效率。它是一朵浪花，有时可以作为教学的目标，也会出现在教学的起点和过程中，甚至有时会作为课堂的精髓。[1] 有效的细节提问，可以促进师生互动交流，调动学生学习的自主性，激发学生探究问题的兴趣，对学生的思维有很大的启发性。名师的教学精彩迭出，其中的关键因素之一在于他们能够善于捕捉教学中的细节问题，然后进行巧妙提问，以此见微知著，激活学生的思维，引发探究高潮。因此，我们要善于发现教学中的细节问题，捕捉其中的亮点，进行恰当的点拨，触发学生知识的生成点。

## 三、设置矛盾，引发探究

钱梦龙认为，"能否利用矛盾，是问题有没有启发性的关键矛盾，是打开学生思维之门的钥匙，有矛盾才能激发学生思考的兴趣"。这种以反问正，以贬问褒的提问方法，钱梦龙称之为"逆问"。问答之间，彼此似乎背道而驰，实则反面入手，吊人胃口，激发思维，以求正面解答。在课堂上，学生并不是一上课就对所学习的知识产生兴趣的，并且也不是整堂课一直保持着兴趣。这就要求教师善于抓住契机，设置问题，吸引学生的注意力，激活学生的思维。教师应深入钻研教材，抓住突破口，有意地给学生设置问题的"障碍"，

---

[1] 朱孟芬. 关注细节提问，打造"三易"语文课堂 [J]. 山西师范大学学报（自然科学版），2010，(51)：117—119.

形成他们心理上的一种"矛盾"。当学生急于解开这些"矛盾"时，也就意味着进行了思维训练，对课文重点、难点的理解自然水到渠成。抓住突破口，巧用富于艺术技巧的提问方式，会让学生学得更主动、积极。需要注意的是：课堂上设置问题的"矛盾"，应结合学生的年龄特征和知识结构等实际情况出发，不能故弄玄虚，把学生弄得"张冠李戴"，看似懂而实非懂，得不偿失。[1]

## 策略二：鼓励质疑，诱发求知

质疑，是指利用证据，提出疑问，请人解答。古人云，"疑是思之始，学之端"，"于不疑处有疑，方是进矣"。疑是思之源，思是智之本。疑是学习知识的开始，也是探求新知的动力。质疑的过程，实际上是一个积极思维的过程，是发现问题、提出问题的过程。让学生大胆质疑，是改变他们在学习中的被动地位，使他们逐渐变得积极主动的最佳途径之一。学生在学习中能够发现问题并去质疑求证，敢于发表独立见解，不仅能加深对知识要点的理解和领悟，而且能够点燃思维的火花，找到成功的感觉，提高学习的兴趣。可见，在学习中质疑至关重要。在学习过程中，有些学生常常是"疑而不问"，有的是怕批评，有的是怕嘲笑，有的是不积极、不重视、不屑问。韩愈在《师说》中说："人非圣贤，孰能无惑？惑而不从师，其为惑矣，终不解矣。"有疑而不问，思维的链条就会断裂，获得新知的途径也会被切断。教师应鼓励学生大胆质疑，学会质疑，诱发学生探求新知的欲望，使学生的思维始终处于一种积极探索的状态，充分调动学生的主观能动性，锻炼学生发现问题和提出问题的能力，培养学生的批判性思维和创新能力。

### "质疑"出精彩[2]

（笔算 45－39，44－34）

师：你们能用以前学过的方法算出得数吗？

---

[1] 周应喜. 语文课堂教学中的提问艺术 [J]. 江西教育，2007，(24)：16.
[2] 陈久桥. "质疑"出精彩 [J]. 小学教学参考，2011，(7)：30.

生（自信地）：能。

（学生独立练习，几分钟后，开始在下面小声地议论）

生：我发现这道题有问题。

师（惊奇地）：你发现什么问题了？

生：我发现45—39中十位上得零，不知道该不该写。

师：同学们讨论一下，45—39中十位上的零该不该写呢？44—34中个位上的零又该不该写呢？

（鼓励学生畅所欲言，发表不同的意见，从而得出结论）

在新课程理念下，教师的教法也由"满堂问"转变为引导学生自主提问，鼓励学生大胆质疑，启发学生探究释疑。对于学生所发现的问题，教师不要以为这是在挑战自己的权威，而应鼓励学生大胆质疑，诱发学生的求知欲，从而使学生最终能够超越师长，幸福成长。

## 一、消除障碍，保障"敢疑"

在课堂上，教师常常发现踊跃发言回答问题的只是少数学生，而大部分学生懒得动脑筋思考问题。后一类学生总是习惯于等待教师的标准答案，完全依赖于教师的讲解，然后模仿，生搬硬套，根本没有质疑和探究的精神可言。其结果是这些学生只知其然，而不知其所以然，在思维创新能力上毫无发展，也导致教师在教学上形成恶性循环。造成这一现象的原因，就在于学生依赖和懒惰的心理障碍。显然，依赖和懒惰的心理障碍严重抑制了学生求知的欲望，使学生不肯积极质疑和探究。教师必须帮助学生消除这样的心理障碍，保障学生"敢疑"的权利。首先，教师要面向全体学生，调动学生共同参与探讨问题的积极性，多引导具有依赖和懒惰心理的学生发出质疑的声音，培养他们主动探究的精神；其次，教师要克服过于依赖教学参考书的思想，敢于肯定学生的见解，甚至以学生的见解为标准，让学生享受成功的喜悦，形成勤于思考、敢于质疑的良好习惯。

## 二、教给方法，引导"会疑"

"学会"是前提，"会学"才是目的。学生想问、敢问、好问，更应该会问。教师要让学生认识到不会问就不会学习，会问才是具备质疑能力的重要标志。从敢问到会问要养成习惯，是一个较长的过程。程颐说："学者先要会疑。"在教学过程中，教师让学生敢于质疑，是第一步；而让学生善于质疑，才是关键。但是，长期的接受性教学，使学生失去了个性，增加了依赖性，提不出问题，也不知道从何提问，这就需要教师教给学生质疑的方法，让学生"会疑"。只有这样，学生的质疑才会有针对性，体现出问题的价值，点燃思维的火花，引发课堂探究性学习的高潮。为了使学生的提问有条不紊，教师应给予适当的引导。教师应引导学生多角度地思考，多方位地发问，让学生的质疑由简单到复杂，循序渐进，一步步往深处思考，决不能"浅问辄止"。

## 三、灵活应对，顺利"释疑"

一堂课的时间是有限的，但是学生的思考、学生的质疑、学生的探究、学生的创新应该是无限的。有时，学生大胆的思维能力远远超过教师预设的范围，会出人意料地提出富有创见性的疑问。面对这种情况，教师是轻描淡写地放过，还是加以重视呢？这显然是对教师的教学智慧的考验。优秀教师的教学智慧就体现在细节上，他们不会轻易放过学生富有价值的问题，而是加以重视，灵活应对，帮助和引导学生顺利地解答问题，并由此培养学生的创造性思维。如何灵活应对学生的质疑？首先，让学生自己"释疑"。其次，让其他学生"释疑"。再次，由教师"释疑"。这样，学生的疑问就能得到顺利的解决。

### 策略三：实验探究，验证未知

所谓"实验探究"，是指通过实验来得出结论的一种探究活动。它以独特的魅力吸引学生步入奇妙的科学知识的殿堂，激发学生探究的欲望，激活学生探究的潜能，启发他们像科学家那样探索科学知识的奥秘。传统的实验教学，主要是教师重复验证书上的实验内容，而学生的任务就是看着教师做实验，或者教师让学生按教材上的要求再操作一次实验过程，很少能促进学生主动性探索的。这样的教学效果并不理想。相比之下，基于体验教学的实验探究，学生首先对教师提出的问题进行猜想假设，然后亲自通过实验进行探究，加以体验证明，往往能获得理想的教学效果。在此过程中，学生要探索研究对象的未知性。对于探究的过程和结果，学生事先并不清楚。这主要靠学生的原有知识、技能与想象能力，去探索、去发现，从中创造出一些对他们自己来说是全新的现象、知识或规律。

## 实验让"未知"变为"已知"[①]

在平时的观察中，有些学生发现盛有氢氧化钙的试剂瓶周围有一层白色物质。此时，教师及时提出"这种物质是什么"的问题，让学生讨论。他们有的说是氢氧化钙，因为试剂瓶长时间放置，水分蒸发而析出来；有的说是碳酸钙，因为试剂瓶放置的时间长了，氢氧化钙与空气中的二氧化碳结合，生成了碳酸钙这种白色沉淀。教师进一步引导学生亲自动手去实验、去探究这种物质到底是什么。这样，学生动手的兴趣就会高涨，进而体验到化学就在我们身边。

一个小小的实验，能让学生真切地体验到知识的奥妙和乐趣，使教学富有成效。因此，在教学过程中，教师要选择适当的时机引导学生开展以探究为主的实验活动，为学生创设一片探究学习的天地，让学生感觉到自己是一个发现者、研究者、探索者，这样他们才能真正成为探究的主体，真正成为学习的主人。

---

① 令郑策. 加强化学探究教学 [J]. 中国教育学刊，2011，(S1)：141—142.

## 一、设计合适内容，重视大胆猜想

探究学习活动不是辅助教师向学生"灌输知识"的手段。教师要从学生的认知发展水平出发，设计实验探究的合适内容。如果不顾学生心理发展水平和知识基础，让学生按照教师主观设定的步骤进行探究实验，一口一口吞下要灌输的知识和技能，学生没有主动探究的欲望和机会，探究学习就会变成一场学生并不情愿进行的徒有形式的活动。在实施探究之前，教师还要重视让学生大胆猜想。伟大的科学家牛顿说："没有大胆的猜想，就不会有伟大的发现。"猜想的过程是学生思维活跃的过程，这一过程容易突破传统的束缚，发展创造性思维，为学生设计探究方案指明思路和方向。

## 二、搭建表现平台，让学生能探究

心理学家盖兹说："没有什么东西比成功更能增强满足的感觉；也没有什么东西让每个学生都能体验到成功的喜悦，更能引发学生的求知欲望。"的确，教师应当在教学过程中善于为学生搭建实验探究的表现平台，让学生有机会动手进行实验探究。这样，学生就能在这个平台上发挥自身的主观能动性，进行分析与思考、交流与讨论、自主设计与小组合作探究，最后通过实验进行探究，得出结论，完整体验探究实验的过程与方法，使自身的综合探究能力得到提升。

## 三、把握探究过程，采用有效方式

在实验探究的过程中，教师要注重营造和谐、平等、合作的氛围，激发学生探究求知的浓厚兴趣，给予不同的学生以表现的机会，以激其情，奋其志，使思维水平和探究能力不断提高。实验探究要取得良好的效果，教师就必须尽可能地提高学生参与的程度，并为学生做适当的指导，为其准备必要的仪器和药品，共同选择恰当的活动形式。教师还要采用学生分析、综合、讨论、归纳的有效方式，深入地培养学生的观察能力、思维能力，特别是创造性思维能力，以及根据实验现象分析、综合得出正确结论的能力。

## 第二节 探究求知式体验教学的运用方法

新课改要求改变传统的"以知识传授为中心，以课本为中心，以教师为中心"的教学观念，提出在教学过程中突出学生的主体性，引导学生学会学习、学会探究，使学生在探究求知中不断获得新体验，掌握新知识，发展新能力。美国著名教育家布鲁纳认为："教学过程就是在教师的引导下学生发现的过程。要求学生利用所给定的材料，主动地进行学习，强调要自我思考和探索事物，而不应消极地去接受知识，要像数学家那样去思考数学，像历史学家那样去思考历史，亲自去发现问题的结论和规律，成为一个发现者。"在倡导素质教育的今天，学生应是学习过程的主体，具有自主性和创造性，作为教学主体的教师在教学过程中应创设条件引导学生进行探究求知式体验学习，让学生成为学习的主人，发挥主观能动性，凸显学生的主体地位。

### 方法一：学生自主，充分探究

自主、合作、探究的学习方式充分体现了以人为本、民主平等的教育理念，它彰显了学生的主体地位。在自主、合作、探究的学习方式中，自主是前提，如果没有学生个体充分地自主学习，合作、探究就无从谈起。当学生主动参与到学习活动中来时，他就能成为学习的主人。在学生自主探究的教学中，教师主动让位给学生，由学生作为课堂的主人，处于教学活动的中心。这样的教学，激发了学生的学习兴趣，最大限度地发挥出学生的主体作用。

**让学生主动探究**[①]

在教学"简单电路"一课时，学生根据提示分组实验后得出灯泡会亮起

---

① 钱振良. 科学课堂引导学生探究的策略［J］. 广西教育，2013，(1)：27.

来的方法是：连接灯泡的导线两端分别接在电池的正极和负极上，形成电流的通路。这时有个学生提出："如果我把小灯泡的铜壁与电池正极相接，用导线连接负极和小灯泡的白锡点，小灯泡能不能亮起来？"教室里顿时沸腾起来，争论十分激烈，有的说可以，有的说不可以。面对这样的情况，教师很高兴地问："要知道到底能不能亮，最好的办法是什么？"学生一齐回答说："进行探究实验。"学生通过实验，证明了第二种接线方法同样能使小灯泡亮起来。教师先让学生画简单电路，通过猜想—实验，从而真正理解了简单电路的工作原理。整个教学过程，学生都处在探究的热情之中。

面对分组实验后归纳出的结论，有个学生提出自己的质疑，引发了大家强烈的探究兴趣，积极地投入实验之中，最终在新体验中获取了新知识。探究求知式体验教学，使学生由原来的被动学习者变为能够独立解决问题的创造者，切合了新课改的宗旨。可见，教师必须改变原有的学习方式，强调主动探究学习。

## 一、营造探究氛围，促进主动探究

在课堂上，良好的氛围是学生自主探究的重要条件。学生的认知活动常受情感、态度等因素影响，而课堂上学习氛围是否民主、平等、愉悦对于学生学习的情感、态度影响甚大。因此，教师应着力营造探究的氛围，使学生敢于探究、善于探究和乐于探究，学会探究解决问题的策略，为终身学习和生活打好基础。在课堂上，教师要多观察学生的学习行为，善于发现学生的闪光点，并给予恰如其分的表扬和鼓励。学生即使答错了，教师也不要责怪、训斥，这样学生才会感到心理安全和心理自由，没有学习的精神压力，敢想、敢问、敢于表达自己的见解，从而在探究求知中获得美好的学习体验。

## 二、把握学情，提出不同要求

在学习活动中，学生不是被灌输的器皿，不是教师的"应声虫"，而是具有个性的、充满生命活力的人。因此，真正的教学应该关注和把握学生的实际情况，要根据学生的认知水平制订适宜的学习目标，并在必要的情况下调整学习目标。在教学过程中，教师应对不同层次的学生提出不同的要求，使不同层次的学生都能主动地、有效地参与探究活动，都能体验到学习成功的乐趣，从而让他们保持对学习的热情。这样，经过教师的指导和培养，学生便能主动地根据自主探究目标，选择性地收集资料，积极思考加工，提取有用的信息，甚至提出自己的设想，最终培养学生自主、独立地发现问题的能力，养成收集、处理信息的习惯和思考、分析、归纳的习惯。

### 方法二：小组合作，相互探究

小组合作，相互探究，就是在学生个人自主学习、初步感知的基础上，抓住各种感兴趣的"热点"，紧扣教材的重点、难点，围绕讨论题分别说出自己的想法，让其他人倾听，形成信息的多向传递，畅所欲言，民主讨论，取长补短，集思广益。通过讨论，让学生辨别是非，做出选择，得出结论，既有"动力"又有"压力"地读书、思考。① 传统的课堂教学模式，学生主要以静听、静观、静思的方式进行学习，其活动形式主要是大脑机械记忆的活动。在这种学习方式的支配下，学生以个体学习为主，相互孤立，缺乏群体的合作性，不会交往，不会关心，自我封闭等等。但是，在小组合作交流和探究中，学生能充分发挥"学习共同体"的作用，通过思维碰撞，促进思考问题的深刻性和灵活性，保证大胆质疑之后能够顺利地解疑释疑。同时，在解疑释疑的过程中，学生互相启发，互相激励，互相帮助，达到共同发展、共同提高、共同完善的最终目的。

---

① 杜社菊，李永忠. 如何培养学生自主学习的习惯和能力 [J]. 现代教育科学（教学研究），2011，(7)：135.

**合作中共赢**[①]

在学习颜色单词时，教师设计了一个关于配色的小实验，目的是通过学生小组合作的操作试验，获得在真实情景中用所学语言功能进行交流的机会，培养学生的合作探究能力，并获得一些美术知识。教师先为学生作了一个示范：用透明的塑料杯分别倒入同等的红色和黄色的颜料水，然后把它们混合在一起，一边说："Red and yellow. What colour is it? Guess!"当学生看到两种颜色结合在一起变成另一种颜色的那一刻，都情不自禁地发出赞美的声音，并立刻用英语说出配出的颜色"It's orange"。接着，学生便兴致勃勃地开始做实验了。学生们表现得很好，每六个人一组，每组有发出颜色指令的，有操作的，有记录配色结果的，整个过程是学生用英语进行交流的过程，有的小组还集体说出："Oh, how nice！"实验结束后，各小组开始汇报实验结果。通过他们的动手操作，亲身体验，发现颜色的奥秘，整个过程学生都是那么好奇，充满兴趣。

由于教师运用了小组合作探究的教学方法，因而激发了全体学生参与学习颜色单词的积极性，使学生愉悦地掌握了知识要领并提高了操作技能，还在相互交流中学会了沟通，学会了分享。通过小组合作探究，学生实现优势互补，在学习过程中减轻了压力，增强了自信心，增加了动手实践的机会，同时促进了全体学生个性品质的发展。

## 一、发挥"共振效应"，培养合作精神

小组合作，相互探究，是课堂上学生探究求知的一种形式，其改变了过去教师讲、学生听的单向信息传递方式，有利于全体学生的自主参与；有利于学生的思想交流，相互启发；有利于学生共享学习资源，培养合作精神。教师应充分发挥思维的"共振效应"，让学生扬长避短，互相促进，共同提

---

[①] 岑丽云. 发挥小组合作学习的魅力——Colours 教学片段及反思[J]. 小学教学设计，2005，(33)：28—29.

高，从而培养学生的团体合作和竞争意识，发展交往与审美的能力，强调合作动机和个人责任。教师在小组合作探究交流中要巡回了解学生合作的效果、讨论的焦点、认知的进程，及时引导，注意发现对立面，从而灵活地调整下一个教学环节。

二、 允许意见分歧，鼓励思维碰撞

要保证小组合作探究的成效，教师就要允许小组内的学生存在意见分歧，鼓励不同思维的碰撞。在分析和解决问题的过程中，小组内的学生之间可能会出现较大的意见分歧。这时的思维矛盾和认知冲突是学生产生学习动机的源泉，也是学生参与小组合作学习的好时机，可以形成极为浓厚的探究氛围和强烈的求知欲望，模糊的地方可以质疑，不同的观点可以辩论。在这个过程中，学生之间思想密切交流，思维激烈碰撞，见解充分表达，对问题的剖析全面而深入，不断接近问题的答案。

方法三：合理引导，深入探究

在探究求知式体验教学中，教师让学生主动进入探究过程，使学生进入快乐学习的新体验，这显然是一种高效的教学方法。但是，学生有时由于缺乏探究的信心和能力，在探究中会遇到不少问题，因而容易放弃自己的探究活动。因此，要提高探究的教学效率，提高学生的探究能力，教师的合理引导显得十分重要。需要注意的是，教师的引导要合理，就要突出学生的主体地位。在教学中，教师有时会预设好教学内容，然后一味地引导学生跟着自己的思路走，把自己的愿望强加给学生。这是一种被动的探究，对于提高探究效率是很不利的。教学过程应该是一个动态生成的过程，当学生在探究中遇到问题、停滞不前时，教师要鼓励学生把自己的问题摆出来，让学生积极地提出自己的想法，然后引导学生通过深入探究解决问题。

## 合理引导下探究的突破[1]

在教学"网上邻居"的有关内容时，教师可以先为学生创设问题情境：在教师的电脑上有一个游戏，大家能不能打开这个游戏？学生进入探究过程。有的学生说："我们是网上邻居，老师可以直接把游戏放在ETP上发送给我们。"教师配合学生，把文件共享给学生，但学生还是打不开。学生通过各种方式积极尝试，还是无法访问。接着教师引导学生根据电脑提示解决问题，学生尝试之后，还是失败了。这时，有的学生想放弃，等教师公布答案。教师便鼓励学生回忆所学的知识，探索不能访问的原因。在教师的提醒下，有的学生会想到防火墙拦截访问等原因。这样，通过教师的合理引导，学生不仅对网上邻居有了深刻的认识，还掌握了大量的相关内容，通过不断推进自己的探究活动，学生的探究能力得到有效提高。

这节信息技术课的成功之处就在于，教师在学生探究问题的过程中做到了合理引导，使学生通过自身不懈的努力解决了较难的问题，对"网上邻居"这一内容获得了深刻的认识，并培养了探究能力，增强了学习的自信心。新课程要求教师转变教学方式，把学习的"主动权"还给学生，但是不能放弃"主导权"。在探究过程中，教师始终要保持主导作用，要善于"引导"。

## 一、提供资料信息，架设线索联系

在强烈求知欲的驱动下，学生带着问题查找资料、研讨教材，做到边思边议。教师在这一环节中要提供探究问题的背景材料，使学生努力寻找解决问题的线索；有选择性地、适时适当地向学生提供符合教学要求的各种资料和信息，架设新旧知识之间的线索联系，让学生作有意义的选择；要善于点拨、诱导，运用各种方法进行启发、激励，鼓励学生在自主探究的基础上勇于质疑，敢于标新立异提出问题，进一步激化其思想，激活其创新灵感。

---

[1] 谷爱清. 引导自主探究，提高探究效率 [J]. 中学教学参考，2014，(1)：104.

## 二、适当激励评价，增强探究信心

学生学习的动力是建立在学习结果的有效性上的，有效性是他们成就感的体现。学生最直接的成就感来自教师对他们学习结果的评价。因此，在探究求知式体验教学中，教师应对学生所表现出来的良好行为给予激励性评价。这可以帮助学生认识自我，建立信心，完善不足之处，进一步深化、延伸自主探究学习。在课堂上，教师不仅是学生学习的激励者，更应该是学生学习的欣赏者。教师要善于运用言语、手势、赞许的表情和目光等评价方式来评价学生，以增强学生探究求知的信心。

## 第三节 探究求知式体验教学的经典课例

探究求知式体验教学，实现了教师的指令性学习向学生的选择性学习过渡，在极大地提高教学效率的同时，也使学生的学习方式发生根本性的变革。在教学中，教师应站在培养学生创造性思维和创新精神的高度，相信学生的认知潜能，让学生像科学家一样去自己研究、发现，在探究中体验，在体验中主动建构知识。

## 一、经典课例

### 三角形三边的关系（教学片段）[①]

师：刚才有同学说两张一样长的纸条能围成三角形。哪位同学来展示一下？先把两张纸条还原，看看是什么样子。

生：这两张是一样的，先把红色的剪断，然后与蓝色的围成一个三角形。

（用蓝色纸条调整，试图围成三角形。）

---

① 朱宇. 探究，需要有意识的"纠缠"[J]. 教育研究与评论（小学教育教学），2013，(2)：75—76.

师：我首先佩服你的坚持！刚才你们都说围不成，他不是围成了吗？

生：因为三角形两边的和等于或大于第三边，都能围成。

师：同意的请举手。（一半学生举手）我们再来看看他围的这个三角形，（投影放大）你同意吗？

生：不同意。

师：你觉得哪儿需要调整？（学生上台调整）有没有不同意见？

生：现在左边又分开了。

生：不能围成，就差一点点。

师：我很佩服咱们班同学一丝不苟的态度。（板书：就差一点点）就差一点点，究竟行不行呢？（其他学生继续提出要调整的地方，该生不断调整，但是最终也没有得到其他学生的认可。）

生：我认为永远也不能围上，因为两边之和等于第三边，现在这样只能平行！

生：从这个点到那个点是这条蓝色线段的长度，如果红色线段的两个点和蓝色线段的点连在一起，两条线就会重合在一起。

生：三角形任意两边之和大于第三边，这是等于第三边，不是大于第三边。

师：看看能不能再围一次。比如，先把蓝色线段的两端和红色线段一端的点连起来，然后呢？

生：把两端往下压，再压，最后就平行了。

师：我们看到似乎是围成了，但是还差一点点。学数学，往往不能太相信自己的眼睛。那现在你闭上两只眼睛，睁开第三只眼。（手指眉心）想一想，如果两张纸条是一样长的，把其中的一根一刀两断，然后把它们的两端接在一起，再往下压一点，再压一点，最后怎么样？

（教师用动画演示学生的思考过程。学生随着演示过程发现总是差一点点，或者平行，或者接不上，或者重合，都围不成三角形。）

师：那么当两边之和等于第三边的时候还能不能围成三角形呢？

……

这是著名特级教师华应龙老师上的《三角形三边的关系》的教学片段。有学生认为"两张一样长的纸条能围成三角形"，并提出自己的推理依据。这自然是不正确的想法。但是，华老师没有马上否定学生"幼稚"的想法，而是一步步地引导学生亲手操作，深入探究，从而使学生切身体验到了三角形三边的准确关系。课堂因探究而精彩，知识因探究而发光。

## 二、实施策略

(一) 师生平等互动，激发探究热情

师生平等互动，能给学生营造民主、和谐、宽松的学习氛围，使学生的主体作用得到更充分的发挥，积极参与自主探究。学生只有在平等的师生关系中，体会到信任、理解、尊重和宽容，进而产生愉悦的情绪情感，才可能以极大的热情、无所畏惧的心态投入到创造性的活动中去，并敢于说出疑惑、发表见解、提出问题，真正成为学习的主人。在教学过程中，教师扮演的是学生学习的组织者、引导者与合作者的角色，应当以平等的身份与学生互动交流。教师采取民主参与方式，在教学目标设计、教学组织、教学方法等环节选择上寻求学生的反馈信息，并据此作出相应调整。教师简问，学生多思。教师鼓励学生发表个人意见，注重激发学生学习的积极性，让学生认识到只有通过每个人自身的努力，才能实现师生共同的教学目标。

(二) 创设问题情境，诱发探究欲望

在教学过程中，教师要尽量为学生提供自主探究的机会，让他们置身于一种探索问题的情境中，以激发学生强烈的求知欲望，积极主动地去探索新知识。创设问题情境，有利于吸引学生的注意力，增强学生心理上的愉悦感，诱发学生探究的欲望。教师要结合新旧知识和学生的知识能力现状，独具匠心地设计一些激疑性、探究性、迁移性、发散性问题，造成"心求通而未得""口欲言而未能"的教学境界。探究求知式体验教学不同于一般的师问生答的启发式教学，而是先把学生提出的众多问题归纳整合为对学习来说是"牵一发而动全身"的问题，再反馈给学生。教师要以学生为本，以问题为中心，以讨论为交流方式，以陈述观点说出理由为要求，以思维强化为训练程序，让每一位学生都成为研究者。

（三）引导探究发现，拓展探究内涵

在探究求知式体验教学中，教师要引导学生作更高层次的探究发现，培养学生的创造能力。教师针对学生学习过程中的盲区、误区优化教学设计，对重点问题引导学生多角度、多层面探究。在教学过程中，教师要注意点拨和启发，让更多的学生有更广阔的思维空间，产生更多的创新灵感，使个性思维和个性品质得到充分发展。教师还要引导课后延伸探究，使教学结束于问号而非句号，使自主探究从课中延伸到课后，从课内延伸到课外，从旧课延伸到新课，使学生逐步形成探究能力，并最终形成良好的习惯，终身受用。

## 三、实施方法

（一）发挥主导作用，有效推进探究

新课程教学的本质在于引导学生主动地参与学习，其基本途径是在教师指导下学生主动地参与活动。但是，现实中存在着忽略教师的主导作用，一味地强调学生的自主学习这样的现象。在新课程理念下，要实现探究求知式体验教学，要求教师重新认识自己在教学中的作用和任务。具体地说，就是改变教师唱"独角戏"的主角地位，担当起在知识探索、能力培养上的主导作用。在教师的主导下，学生增强了学习主人翁的责任感，激发出学习的参与意识，提高了独立自主的学习能力，有效推进探究活动的展开。

（二）提供自由空间，突出主体地位

在探究求知式体验教学中，教师要给学生更多的探究空间，使学生能够自由选择探究内容、探究方式和探究伙伴，在探究学习中发展个性，提高能力。在探究内容上，教师可以鼓励学生根据自己的兴趣爱好，自主选择一些探究内容，鼓励学生向课外探究扩展。在探究伙伴上，教师可以鼓励学生自己选择合作伙伴，组成临时探究小组。这样，学生每节课的探究伙伴都可能是不同的，他们之间更容易形成优势互补，成员间的潜力可以得到有效发挥。在探究形式上，教师可以鼓励学生自行选择探究形式，可以是小组活动，也可以是师生活动，也可以是学生独自的探究活动。一言以蔽之，教师要给学生更多的自由探究空间，使学生主体意识得到最大限度发挥，以此促进探究效率的不断提升。

（三）引导自我反思，提高思维水平

自我反思即学生进行自我评价。学生的自我评价过程不要求系统和全面，关键在于通过评价优化思维过程，增强思维监控能力，从而提高思维水平。而在反思的过程中，教师还要引导学生对知识进行总结和归纳，把新旧知识联结，构建起知识网络，寻找出知识间的内在联系和规律。有关认知与自我调节的研究也表明，大部分的发展性成长和学习经验上的改进发生于有效反思和评价的探究学习成果之中，这是探究学习最重要的一步。

## 第四节 探究求知式体验教学的总结反思

随着新课改的进一步深化，探究求知式体验教学对改变广大教师的日常教学行为和学生的学习方式起到了重要作用，正广泛地应用到课堂教学当中，成为当今非常"时髦"的一种教法。然而，在教学实践中，很多教师对如何运用好探究求知式体验教学存在着一些误区，有必要予以匡正。

## 一、应避免什么问题都探究

实施探究求知式体验教学，最为关键的是选择探究的问题。可以说，好的选题是成功探究的一半。优秀教师是格外重视选题的，他们的选题看似信手拈来，实则经过苦心经营。然而，在现实教学中，很多教师不够重视选题，没有认真准备，对教学内容、学生实情缺乏深入了解和把握，提出的探究性问题显得比较随意，什么问题都要求学生去探究一番，像将启发式教学异化为满堂问一样，变得形式化了。这样盲目探究的教学方式，既浪费了有限的教学时间，也损耗了师生的精力，并且影响了教学的效率。实际上，实施探究求知式体验教学，选题必须具有一定的难度，探究的问题应具有新颖性、挑战性，否则就没有探究的价值。换言之，在探究求知式体验教学中，教师应尽量避免什么问题都探究，而要求探究的问题必须能够激发学生的探究欲望，激活学生的思维，是经过教师精心设计的有价值的问题，而不是漫不经心的发问。[1]

在探究求知式体验教学中，选题是核心，设问是关键。教师要认真研究教材的重点和难点，要重视教学任务的完成和知识点的落实，选题与设问要让学生通过努力探究且必须努力探究才能做出正确的解释，不可太难，也不可太易，要能给学生带来意外的惊喜，激发他们的求知欲，切忌随意选题，信口发问。

## 二、应注意兼备探究与接受

目前，有些教师很看重探究教学，无论什么样的内容都会生搬硬套探究

---

[1] 曾楚清. 探究式课堂教学的几个误区及其纠正策略[J]. 学科教育，2004，(2)：24—27.

教学的模式。他们错误地认为探究性学习是对接受性学习的彻底否定，探究性学习与接受性学习两种学习方式水火不容，只对立不统一，由此出现了片面强调"探究"的现象，忽视了知识传授的重要性和必要性。实际上，探究性学习与接受性学习并不是两种绝对对立的学习方式。从接受性学习到完全的探究性学习，还存在着接受中有探究、探究中有接受的混合学习。学生探究能力的形成与发展是渐进式的，而不是突发式的，学生不可能一开始就能独立从事探究性学习，它的开展有一种从"扶"到"放"的过程。因此，只强调两者的对立面而忽视二者的联系，是一种违反教育规律的静止的学习观。承认在理论上有区别，在实践中相联系，尽量从接受性学习中挖掘探究的因素，尽量去利用传统的讲授、提问、讨论、实验等方法引导学生的探究，才是辨证的探究教学观。[①] 因此，在探究求知式体验教学中，教师应注意兼备探究与接受两种学习方式。

在实际教学中，如果我们无课不探究，无处不探究，把探究的作用过于夸大，这对教学的危害是很大的。有些知识内容不容易设计成通过探究式的学习活动去获取。学习这些知识内容，用探究的方式不仅效率较低，而且效果往往不如直接学习。传统的接受学习方式本身并没有错，错的是把它当作教学和学习的唯一方式，走上了一条极端的路。因此，教师在批判原有错误的同时，也要避免走向新的极端。

### 三、应既重过程又重结果

由于传统教学存在"重结果，轻过程"的弊端，因而不少教师在运用探究求知式体验教学时信奉"重过程，轻结果"。他们认为，探究过程是重要的，而探究结果是次要的。贝尔纳指出："如果学生不能够以某种方式亲自参加科学发现的过程，就绝对无法使它充分了解现有科学知识的全貌。"这些论断虽然能够

---

① 何赛君. 高中物理课堂探究教学的三个误区 [J]. 物理教师（高中版），2005，(4)：18—19.

说明探究过程的重要性，但并不是说探究教学重点是学习过程技能，附带才是理解科学概念，更不能极端认为探究过程就是它追求的结果。实际上，探究求知式体验教学既重过程又重结果，两者和谐统一，不可分割。说探究是一种过程，只是要人们以动态的观点看待结果，而不是说探究可以脱离现有知识去建"空中楼阁"。每一次的探究结果都是下一次探究的基础，环环相扣，逐渐形成一个动态的不断完善的知识结构和策略体系。在此过程中，伴随着学生的积极的情感体验，培养学科兴趣。为了探究过程和结果都体现出实效性，教师在教学设计时对探究内容要适当取舍，保证时间用于重点内容核心问题的探究上，这样才能有序，有始有终，保证围绕某一核心点探究的完整性。①

探究过程与结果不可分的根本原因在于：科学方法寓于科学知识之中，是知识的内核和脉络。现代教育学研究表明，掌握知识和发展智力相结合是一条规律性的教学要求，方法的养成、能力的培养只能融于知识的教学之中，没有知识，探究就失去了着陆点。因此，既重过程又重结果，过程与结果相结合，学生探究技能的发展要以所掌握的基本概念和原理为基础，这才是对探究性学习的正确理解。

概而言之，探究求知式体验教学的宗旨，正是通过探究活动使学生能动地获取科学知识、掌握科学方法、养成科学态度和培养科学精神，最终实现学生学习方式的转变，促进学生素质的全面发展。因此，对探究求知式体验教学效果的评估必须符合探究求知式体验教学的宗旨，既重视学生的认知发展水平，更重视学生的情意发展状况，着眼于学生人格的健康发展。教师要避免形式主义，真正落实学生在探究学习中的主体地位，善于提出问题引导学生探究乐学，激发学生质疑探究的欲望，鼓励学生自主探究、合作交流，通过自身的主体体验形成乐于探究的个性品质与能力，使学生知道怎样进行探究性学习，善于开展探究性学习，从而学得主动，成为学习的主人。

---

① 何赛君. 高中物理课堂探究教学的三个误区 [J]. 物理教师（高中版），2005，(4)：18—19.

## 第五章　发掘潜能：自我提升式体验教学

　　自我提升式体验教学，是一种在教师的指导下学生通过自我体验学习而提升自身学习能力和素质的教学模式。其有助于学生的有效学习，并能给学生带来浓厚的乐趣。通过在学习中体验、在体验中学习而得到的感悟，使原来静态的知识经验在个体的心灵中被激活，产生广泛的联系，获得新的意义。每一个学生以真实的自我，面对自己生活中常见的个人问题或社会问题时，他们会充分挖掘生活中积累的体验和感悟，融"我"入境，达到主观世界与客观认知的高度融合。自我提升式体验教学创设的是一个民主、开放的教育环境，承认学生的个性，重视学生的内心感受，把学生从被动学习推向自主学习的最前沿，鼓励学生的不同感知，让学生以主人的姿态亲自参与。学生在没有外界干预和预设框架束缚的学习中，自我展示能力，自我感悟，自己发现和体验知识，在体验学习中凸现自身认知，不同的认知因受到教师的鼓励而获得满足。学生在自我价值得到肯定的满足中获得最大的乐趣，因乐趣而更加激发学习的兴趣，激活沉睡的学习潜能，从而在主动积累和不断进步中一步步走向成功。

## 第一节　自我提升式体验教学的实施策略

在自我提升式体验教学中，教师安排并指导学生开展各类相关活动，使学生通过亲身体验、与他人讨论和交流、进行必要的整合，获得感性认识，并在此基础上表达自己的感受和态度，从而接受知识、掌握知识、领悟知识甚至创新知识，享受学习的乐趣，体验成功的喜悦，今后能充满自信地投入社会。自我提升式体验教学关注学生的自我体验。伴随自我体验的学习过程，学生既有情感的刻骨铭心，又有知识的深刻烙印，与其说学生在学知识，不如说学生是在进入人生的信仰之旅。在教学过程中，教师应采用合适的教学策略，多为学生的学习搭建体验的平台，让学生自我体验，让他们体验知识生成的过程，体验生命成长的愉悦。这样，我们的教学才会注入永恒的活力，我们的学生才可能成为未来社会高素质的公民。

**策略一：自主学习，体验乐趣**

自主学习是与传统的接受学习相对应的一种现代化学习方式，是自我提升式体验教学的有效策略。自主学习就是学生能自觉地承担起学习的责任，不断挖掘潜在的独立学习能力，在学习过程中进行自我计划，自我调节，自我指导，自我强化，不断发现问题、提出问题、分析问题和解决问题，强调有个性的学习活动过程。[1] 这种学习不是"要我学"，而是"我要学"，是学生最积极的学习形式。但是，在现实中，很多教育工作者看不到自主学习的重要意义，也不懂得如何引导学生进行自主学习。殊不知，传统的接受学习，并不能受到学生的欢迎，使学生变得愿学、会学和乐学。其实，学习的一个重要目标就是要学会学习，这也是现代社会发展的要求。因此，学生在学习

---

[1] 居雪青. 自主学习，快乐成长 [J]. 中学生数理化（教与学），2012，(5)：23.

中应追求更高的学习境界，使学习成为一件愉快的事。自主学习能让学生体验到更大的乐趣，使学生的学习能力和综合素质有更大的提升，理应受到教师和学生的重视，并得到有效的落实。

**自主学习乐趣多**[①]

在设计《普查与抽样调查》学案时，教师针对这节课的特点，让学生在活动中去体会、解决问题，从而主动去学习。具体设计是：针对本课的内容，把学生分成4个小组，每个小组选出一个班级之星候选人，然后告诉学生只有一名同学能成为班级之星，落选的其他三名同学为三好学生。候选人选好后，小组讨论采取什么方法确定班级之星，然后各组代表发言谈选取方法（抽查），大家达成一致意见投票表决（普查）。选票收上来后，全班推荐三位代表，一名同学唱票，两名同学监票，各小组分别计票并整理（划记），最后展示计票结果，从而选出班级之星，颁发奖品。这样设计，让学生在感兴趣的活动中获取了知识，培养了能力和学习兴趣，又给学生上了一堂生动的德育课，让学生真正地、主动地参与到课堂中来，使原本枯燥的数学课堂变成了学生所向往的乐园。

新课改强调确立学生在学习过程中的主体地位，重视自主学习，正顺应了教育的发展趋势。在教学过程中，教师把学习的主动权交给学生，引导学生自主学习，让学生在学习过程中体验，让学生充分地发掘自身的潜能，激发出对探究新知的兴趣，同时让课堂焕发生机和活力。

## 一、用新课改的观念指导教学

当今教育所面临的挑战不是来自技术、资源等方面的挑战，而是来自教师自身教学观念的挑战。可以说，教师的教学观念不转变，学生的自主学习就不能实现。陶行知指出："解放孩子的头脑，让他们能想；解放孩子的眼

---

① 王大前. 如何培养学生自主学习的习惯[J]. 考试周刊，2011，(61)：90.

睛,让他们能看;解放孩子的双手,让他们能做;解放孩子的时间,让他们能学自己想学的东西。"显然,让学生自觉主动地去听、说、读、写、思、做,是教育学生的前提条件,是教学的目的,是学生所需要的。当前,教师要用新课改的观念来指导教学,改变以往主宰课堂的地位,真诚地相信学生,把学习的权力交给学生,为学生创造自主学习的条件,给予学生点拨、引导和激励,唤起学生发自内心的学习愿望,使教育的外因转化为学生学习的内在动力,变必需的学习任务为内在的自觉要求。这样,自主学习才会得以实现。①

## 二、教给学生自主学习的方法

学生学习能力的构成,有四个要素:一是基础知识,二是基本技能,三是智力技能(指观察、思维、记忆、想象等心理内部活动的技能),四是学习方法。过去受应试教育的影响,教师在教学中只重视前两者,而忽视后两者,结果导致学生出现高分低能的倾向。因此,教师有必要重视学习方法的作用。学习方法是学习者保证学习活动顺利进行的有关学习活动的经验系统,因其与学生掌握知识的效率有关,越来越受到人们的重视。"授之以鱼,不如授之以渔"。教师教给学生学习方法尤为重要,而教给学生自主学习的方法,是学生自主学习得以进行的必要条件。自主学习的方法,要因人而异、因学科而异,正如医生用药,不能千人一方。教师应从实际出发,根据学生的学习情况,指导学生选取适合自己特点的有效方法,确保学习过程有条不紊地开展,不能让学生处于无组织状态,感到漫无目的,手足无措。

## 三、帮助学生制订自主学习计划

自主学习计划是指学生在学习前对学习活动的计划安排,如学习之前先

---

① 施惠. 浅析自主学习 [J]. 现代教育科学·中学教师, 2012, (1): 51—56.

作好计划，对学习哪些内容、如何去学以及学习时间等进行安排。认知心理学研究表明，随着年龄的增长，自我监控能力对学习效果的影响也表现得越来越明显。有了自主学习计划，学生就能在学习过程中有计划地学习，有助于学生明确学习目标，控制学习进度，不断总结和调整自己的学习策略和学习效果；教师也能根据每个学生的自主学习计划，有效地督促和检查学习者的学习进展情况，更有效地发展学生的自我控制能力。自主学习计划既是学生的努力方向，也是促进学生发展的原动力。学生经常用自主学习计划检查自己，便于发现问题，促进反思，减少自己发展过程中的盲目性。因此，在教学中，教师要引导学生制订明确的、科学的、动态的、客观的自主学习计划。

### 策略二：自我表现，张扬个性

自我表现欲是人类的基本欲望之一，是个人展示自我和实现自我价值的积极意愿。对于中小学生而言，他们正处于生理发育和心理发展的关键时期，他们的自我表现欲非常强烈。根据马斯洛的需要层次理论，每个人都有尊重的需要，对于学生来讲，他们希望通过表现自我的方式，引起教师和同学对自己的关注，得到教师的认同和同学的尊重。教师应正确对待学生的表现欲，善于创设各种机会让学生自我表现，满足需要，张扬个性，展示才能。但是，在传统教学中，很多教师往往以自我为中心，没有重视学生的主体性，唱的大多是"独角戏"，从而无形中剥夺了学生学习的主动权，打击了学生的自我表现欲。久而久之，学生就成为教师的附和者和追随者，不善于展示自我的风采，不乐于发出不同的声音，不敢张扬自己的个性。自我提升式体验教学关注学生个性的解放，让学生乐于表现自我，正适应了新课改的要求。

**让学生乐于表现自我**[①]

在"椭圆的性质"教学中,许新林老师发现学生对椭圆规的兴趣比较浓厚,于是就把学生分成几个组,每个小组一个椭圆规,让每个学生都有机会动手画一画。一些学生发现椭圆规的柄可调节,于是画出的椭圆和其他同学画出的阔扁不同。当学生提出这样的问题时,许老师首先对学生给予肯定,接着因势利导,让学生观察调节的过程,进而明确椭圆离心率与长度的关系。这样让学生在轻松的环境中操作和体验,好奇心得到了满足,也由此掌握了所学的新知识。这在一定程度上避免了数学课堂的枯燥感。在学生掌握了椭圆的基本性质后,许老师在"双曲线的性质"教学中又采取了"分组讨论,各组交流"的方式,使每个学生都有发言、表现的机会,体验发现知识的"成功"乐趣。在课堂上,教师充当组织者和指导者。学生讨论声交错,似乎很"乱",但学生在这种无拘无束的气氛中掌握了新知识。这样做,一方面活跃了课堂气氛,另一方面培养了学生的学习兴趣。45分钟时间很快就过去了,这堂课的教学目的和要求也基本完成了。学生在乐中学,个性也得到解放。

可见,教师应正确对待学生的表现欲,在教学中要善于创造机会,让每个学生都去表现自我,亲自体验发现知识的乐趣,这样不仅满足了学生的表现欲,而且有效地培养了他们的探究能力,收到预想的教学效果。

## 一、 倾注爱心, 保护学生的表现欲

教师在教学过程中如果发现学生有积极旺盛的表现欲,首先要予以保护。因为保护学生的表现欲,就是保护学生的自尊心和自信心。但是,在实际教学中,有些教师恰恰忽视了这一点,对某些学生的正常表现欲采取冷漠态度,甚至以粗暴的方式予以否定和挫伤,这就严重压抑了学生的个性发展,限制了学生特长的发挥。所以,当学生的表现欲以某种方式表现出来时,教师应

---

[①] 许新林. 树立情感意识,让教学成为学生体验和自我实现的过程 [J]. 中国校外教育,2013 (23).

给予关怀、理解和适当的鼓励，即使不能让学生的表现欲付诸实际行动，也要用爱心对其予以鼓励和称赞，绝不能置之不理、视而不见，采取漠视态度，更不能用"你不行！""就你逞能！"之类的话语打击学生的积极性，否则，会使学生在后续的学习中产生强烈的逆反心理。

## 二、正确对待，引导学生的表现欲

在教学中，教师如何把学生的表现欲向有利发展的方向引导，是正确对待学生表现欲的关键。中小学生在年龄、性格、性别、兴趣爱好以及对事物的认识等方面各不相同，其表现欲的反映方式也不同。教师要善于观察不同类型学生的表现欲，并且能够区别对待，采取不同的方式方法予以引导。对性格外向、表现欲外露的学生，教师既要信任他们，大胆使用，又要掌握"适度"的原则，让其表现欲在一定范围内得到满足；而对性格内向、表现欲含蓄的学生，教师可用鼓励性的语言，如"我相信你能做好！""你能行！"等，激发其兴趣，提高其自信心，引导其表现自我。总之，对于学生的表现欲，教师要在满足其基本的心理需求的基础上，给予积极的关注和肯定，并且要因势利导地培养他们的表现欲，促进其个性发展。

## 三、提供机会，激发学生的表现欲

要激发学生的表现欲，并使学生的表现欲变成现实的表现行为，教师就要善于为学生提供表现自我的机会。现代教学是以学生为中心的教学，目的是为了促进学生的全面发展。给予学生展示自我的机会，让学生充分地体验学习成功的乐趣，获得心理上的满足，同时还欣赏他们的学习成果，这对于学生的全面发展能起到促进的作用。在教学中，教师不仅要激发表现欲旺盛的学生的积极性，使其表现力在难度更大的机会中得以发挥并获得成功；还要将难易适度的机会留给表现欲尚弱的学生，使他们也能在表现中尝试"成功体验"，树立自信，进而提高表现热情。

### 策略三：自我突破，寻求进步

所谓"自我突破"，就是超越自己原有的水平和能力，想出了以前未想过的点子，完成了以前未干过的事情。这种"自我突破"在人类发展史上也许是微不足道的，但对学生个人和群体所产生的启发、激励作用是巨大的。作为个体的人，我们不可能完美无缺，我们总是会不断发展，而且在发展的过程中出现这样或者那样的不足与缺憾；但正是因为有这些，我们才会不断思考突破自我，不断完善自我。面对自己的不足，我们应该思考为什么会出现这些不足，我们是否有能力去改变这些不足，但这并不是每个人都敢于做的事情。人很容易欣赏自己，对自己产生满意的感觉，甚至有时有点自得，这本无可厚非，但是一旦这种自恋情结多了，就会形成一种惯性，甚至成为惰性，于是人就很难使自己进步了。因此，在教学中，教师应引导学生正视自己的不足，看到自己的长处，努力通过实践、体验和反思来突破自我，寻求进步。

#### 超越极限[①]

我曾在高202班做了一次让学生突破自己记忆极限的尝试。那天，我走进教室，依然像往常一样，让学生热身后迅速地切入新内容的学习。为了不让学生看出破绽，我不做任何刻意的强调和说明，只是让学生大声地跟读第八单元的生词，而且一遍比一遍大声，一遍比一遍语速加快，学生都已完全融入到一种忘我的境界。随后，我结合拼读规则和技巧、构词法、趣味拆词和联想及多种感官并用等方法又投入地教了两遍。我感到火候差不多了，趁学生激情高涨时，抛出一句："Class, can you read them now?""Of course."学生异口同声。我趁热打铁追问："Are you sure?""Certainly."我感到是时候了，高声问道："Do you believe in yourselves?""Do you want to challenge

---

① 张祥亨. 英语教学中如何使学生有效突破心理难关[EB/OL][2010－10－10]. 233网校, http://www.studa.net/jiaoxue/100730/1442476.html.

yourselves?"学生又是齐声答道:"Yes."事不宜迟,是该出手的时候了。我一声令下:"Let's have a dictation."我听写了30个单词。我当时想只要有一半的学生能写对20个以上就了不得了。可结果令我目瞪口呆:64人中有38人全对,21人错误在3个以下,错5个以上的全班仅5人!惊愕片刻,我立即对他们说了一连串的赞美和激励之词。学生们一脸的自豪和成就感。我不失时机地问道:"Do you still think you have a bad memory?""No."所有的学生回答得是那样的自信。那天以后,我感觉他们学英语的信心更足了、劲头更大了、热情更高了。

在短短的时间内,许多学生竟然记住了这么多单词,着实出乎意料。是什么赋予了他们神奇的力量?是什么让他们突破了自我、超越了极限?这一切都来源于学生的自信。自信可以创造奇迹!可见,在教学中,教师要想达到良好的效果,就要善于通过各种方式激发学生突破自我,发掘自己的潜能。

## 一、实施分层教学,让学生潜能发展

所谓"分层教学",是承认学生认知能力和认知水平等方面存在差异,坚信每位学生包括学习困难的学生都有发展的潜能,教师在教学过程中区分层次因材施教,让每一个学生都能超越自我,在原有的基础上逐步提高。分层教学以促进每一位学生的发展为根本,它不同于以往只为少数学生服务的选拔式的"英才教育",它的目标是人人受教育,人人有进步,人人能成才,让所有学生在轻松愉快中学到知识,发展特长,提高素质。实施分层教学,教师应在教学目标上分层次,对不同层次的学生提出不同的要求,低层次以牢固掌握基础知识、基本技能为主,高层次以拓展视野、发展特长为主。教师在批阅作业或考试后,甚至在课堂上,对各个层次的学生点点滴滴的进步都要及时表扬和鼓励。[1]

---

[1] 邢秀莲. 浅谈分层教学,让学生超越自我[J]. 新课程·中学,2009,(1):25.

## 二、促进自我激励，让学生增强信心

在教学中，教师要鼓励学生自我激励，克服困难，增强自信，使学生多给自己一个希望，相信"我能行"。学生在学习中遇到困难或挫折时，最怕的是别人说自己不行。对此，教师在安慰和鼓励学生的同时，可以教育学生运用这样的话来提醒和鼓励自己："我可以！""我行！""成功一定属于我！"通过自我鼓励，学生便能走出困难或挫折的阴影，继续以乐观向上的心态继续面对学习和生活。教师要让学生明白：人最宝贵的品质是持之以恒，无论在学习中遇到什么样的困难或挫折，我们都不要悲观失望，丧失信心，而要坚持下去，不懈探索解决之道。这样才能培养自己坚强的意志，实现自我突破。

## 三、引导自我评价，让学生积极超越

正确的自我评价能使学生产生积极向上的动力，否则将对学生的心理状况以及成长发展产生消极影响。因此，我们必须引导学生正确地进行自我评价，从而促进他们健康发展。首先，要让学生评价自己学业成绩的进步状况，以及学习方法的掌握情况。这种自我评价，主要是让学生看到自己的进步或缺陷，看到自己已经达到的标准，特别是对智力滞后的学生来说，学习成绩和他人相比肯定是比不上的，而自我的前后对比，则容易让他们发现自己的长处，增强信心。接着，可以鼓励学生把自己的成绩与班上其他同学的成绩进行对比评价，找到差距，积极超越。这样，对那些智力较好却因其他原因导致落后的学生具有一定的促进作用。在自我提升式体验教学中，教师只有引导学生正确地自我评价，才能更有效地激发学生自我提升的潜能。

## 第二节 自我提升式体验教学的运用方法

体验是意义的瞬间生成，是价值的叩问，指向的是学生的精神世界，是一个人走向自我，形成自我文化意识与生命意识的必要前提。体验教学的目的是引导学生在不断体验的基础上促使自我意义的觉醒，并最终形成最具个性特点的生命体验、情感特征与精神境界。为了使学生能形成个性化的自我意义，教师就要重视自我提升式体验教学的方法运用，促进学生的自我体验。自我体验使学生的学习进入了生命领域。因为有了自我体验，知识的学习不再仅仅属于认知、理性范畴，它已扩展到情感、人格等领域，从而使学习过程不仅是知识增长的过程，同时也是身心和人格健全发展的过程。可见，在教学过程中，关注自我体验，丰富体验内容，提升体验品质，对学生的全面发展有着重要意义。

## 方法一：过程体验，自我建构

建构主义理论认为，知识不是通过教师的传授得到，而是学习者在一定的情境下，借助其他人的帮助，利用必要的学习资料，通过意义建构的方式而获得。换言之，获得知识的多少、好坏取决于学习者根据自身经验去建构有关知识的能力，即强调的是学习者主动参与学习建构知识，而教师则是帮助建构。"过程体验、自我建构"教学法就是把教学内容、教学过程和教学方法看作一个有机整体，以知识为例，创造知识的感悟氛围，整体建构逻辑、知识体系，实现知识向能力和能力向知识互为转化的一种教学模式。[①] 在上课前，教师让学生充分预习，初步感知，为课堂上的自主探究性学习打好基础。在教学中，教师让学生亲历学习过程中的困难或挑战，激发学生求知的欲望，发挥学生的主体作用，变被动学习为主动学习，积极地感悟，能动地建构，并通过成果展示，让学生感受成功，增强自信。

---

① 李忠泓. 在建构中体验，在体验中建构——再论"过程体验，自主建构"教学 [J]. 科教文汇, 2011, (5): 47-49.

**在预习中建构认知**[①]

在讲述"植物细胞的吸水和失水"内容时,祁小飞老师指导学生回家尝试腌制一些食物。学生们有了充分的体验,DIY了一下。学生腌制了黄瓜、萝卜、苹果、糖番茄等,还有学生做了几个对照实验,有的番茄不加糖、有的番茄加1份糖、有的加2份糖……观察番茄的失水情况。根据实验现象,学生提出了问题:在什么条件下,植物细胞会失去水分?带着这个疑问,学生的听课效果自然比不预习要好得多。学生把实验结果带到课堂上,大家很兴奋,争相展示,预习使得课堂学习由枯燥变得有趣。

通过预习,学生会对将要讲述的内容有个大概的了解,同时会对学习内容产生疑问。这不仅有利于教师利用更多的时间来解决重难点,还有利于提高学生的听课效率,尤其是有利于促进学生初步体验知识的生成,建构自我认知。运用"过程体验,自我建构"教学法,教师就要注重学生的预习,引导学生进行探究,并适时展示成果。

## 一、注重预习,引导探究

古人云:"凡事预则立,不预则废。"工人建房要备料,农民耕作要备耕,军队打仗要备战,学习也是如此。教师讲课要备课,学生上课更要备学,这也就是预习。预习在学习知识的整个过程中有着不可低估的作用,是学习知识的重要环节。"过程体验、自我建构"教学是以学生为本,培养学生自主学习的教学,所以预习过程必须做好,不能形同虚设。预习工夫下得好,学生大致可以理解80%~90%的内容,学习事半功倍。[②] 在学生通过预习初步感知的基础上,教师要引导学生进行探究性学习,促使学生进行主动的知识建

---

[①] 祁小飞. 自我体验式教育在生物教学中的渗透[J]. 考试周刊,2012,(54):142-143.

[②] 李忠泓. 在建构中体验,在体验中建构——再论"过程体验,自主建构"教学[J]. 科教文汇,2011,(5):47-49.

构，提高自主分析问题和解决问题的能力。在问题解决的过程中，教师是以指导者、促进者的身份出现的。具体学科任务的落实是以学生自主探索为主进行的。但是，学生对新知识的认识比较零散，缺乏系统性，只有在教师的帮助和引导下进行概括、归纳和总结，才能全面地看待问题。教师要把握时机，从旁指导，促进学生技能的掌握和知识的迁移。

## 二、成果展示，感受成功

所谓"成果展示"，是指学生在课堂上自我展示预习成果和探究成果的过程。这是充分体现学生自主学习成绩的过程，可以使学生感受到自我的成功，从而激励学生快乐学习和主动学习。"过程体验、自我建构"教学紧紧围绕促进学生发展这一中心进行教学，其中最重要的抓手就是"成果展示"这一环节。"成果展示"可以从三个方面进行：第一，展示学生自主建构的知识体系。知识体系的建构是学生整体掌握知识脉络的过程，它可大可小、可详可简，可以是网络图，可以是其他纲要符号，只要建构的知识体系合乎逻辑思维即可。第二，展示学生自我解读能力。学生自我解读就是让学生自己说明建构成果的思路和依据，自我证明建构的合理性，使自己的成果具有科学性。第三，展示学生的课堂生成性学习成果。生成是生长和建构，是根据教学本身的进行状态而产生的动态形成的活动过程，具有丰富性和生成性。通过成果展示，将极大地激发学生思考问题和探究问题的热情，从而实现课堂的高效教学和学生的高效学习。[①]

### 方法二：设置目标，激发动力

目标通常指人们在社会活动过程中做出努力所期望达到的目的，它是由人们的需要按一定规律转化而来的。目标是个人动机的重要组成部分，目标

---

① 李忠泓. 在建构中体验，在体验中建构——再论"过程体验，自主建构"教学[J]. 科教文汇，2011，(5)：47—49.

一旦形成，就是人们生活、学习和工作的巨大动力。一个人没有心中的灯塔，将是漫无目标的心理航程，搁浅和触礁就在随意间；而一旦有了明确的目标，就像有了夜航的灯塔，照亮航程，大踏步前进。学生只有具备明确的学习目标，才可以使自己在学习生活中有明确的方向，并产生学习的动力。并且，在追求目标的过程中，学生经历了开拓进取、挑战自我的过程，真切地体验到其中的各种滋味，满足了成就感，激活了创造潜能，有效地促进了自身素质的提升。因此，在教学中，教师有必要帮助学生设置明确的学习目标，使学生树立坚定的信念，激发学习动力。

**一篇课文学习目标的设置**[①]

著名特级教师钱梦龙在教《岳阳楼记》这篇课文时，在"教学目标"中提出了以下四条要求：(1) 词语积累（包括"赋"等 10 个实词，"夫"等 5 个虚词，"百废俱兴"等 14 个短语）；(2) 句式学习（包括"得无异乎"等三个句式）；(3) 学习本文寓情于景、卒章显志的写作特点；(4) 了解我国古代进步知识分子"先天下之忧而忧，后天下之乐而乐"的崇高思想，从而使学生受到教育和感染。学生根据钱老师这四条要求，就可相应确定四条学习目标。

学习目标是学习的出发点，也是学习的归宿，确立具体明确的学习目标是每个学生的首要学习任务。目标越明确，越切合自己的实际情况，学生学习行动的每一次努力越能获得成功，在成功中体验学习的乐趣，生活因此而充满了活力和激情。

## 一、设置难度适中的目标

教师在帮助和引导学生进行目标设置时要注意合理、可行，可考虑"大目标，分步走"的方法，即设置总目标和阶段性目标。目标设置不仅要让学

---

[①] 许书明.语文学习目标的确定 [J].绵阳师专学报，1997，(6)：49—54.

生想得长远，而且要让学生感到切实可行。目标不能设置得过高，过高学生可望而不可即，无法实现，起不到激励作用；目标也不能过低，过低没有挑战性和吸引力，不能引起成就感，也起不到激励作用。难度适中的目标，可以让学生获得战胜困难、实现目标后的满足感，体验到成功的喜悦，从而产生学习兴趣。因此，设置难度适中的目标，才是合理的、可行的。

## 二、 合理地对目标进行反馈

反馈是目标设置与个体对目标成就（绩效）的反应之间的一种动力过程。目标是个体评价自己绩效的标准，反馈则告诉人们这些标准满足得怎样，哪些地方做得好，哪些地方有待于改进，反馈为目标的执行过程提供了总结。反馈有正反馈与负反馈之分，正反馈与奖励相联系，负反馈与惩罚相联系。反馈能让学生及时地了解自己的学习结果，具有相当大的激励作用。教师要适时地给予学生正反馈，以增强学生的内控感，进而激发学生学习的内部动机。对目标的反馈不一定是对某一终极目标的反馈，对部分目标的实现也要及时地反馈。因为这种反馈能使学生及时了解学习情况，效果好则获得满意感，促进进一步的学习；效果不好则使其看到在学习中的不足与错误，并及时地加以纠正。[①]

方法三：学习榜样，鞭策自我

榜样是值得学习的人或事物。榜样给人提供了如何做和怎么办的好的范例，能够无形中引导人们朝着相同的方向努力。榜样具有巨大的教育引导作用。孔子曰："三人行，必有我师焉。择其善者而从之，其不善者而改之。"同时要求学生"见贤思齐焉，见不贤而内自省也"。古语云："近朱者赤，近墨者黑。"此类观点都形象地揭示着榜样具有强大的力量。学习榜样是学习者

---

① 王华，王光荣. 目标设置理论对学生学习动机激发的启示［J］. 沈阳教育学院学报，2005，(1)：40—42.

根据自己身心发展的规律和发展需要，选择适当的榜样，利用榜样的作用来激励自己努力，以达到自己理想水平的一个过程。我们要了解榜样的内涵和作用，懂得选择正面的榜样，善于利用榜样鞭策自我，或者激励别人，使榜样成为我们不断取得进步的力量源泉。

**榜样的力量**[①]

张文文老师常会给学生讲述"疯狂英语"创始人李阳是如何由一个英语失败者而跃居大学英语四级考试全校第二名，如何在广东人民广播电台对面的流花湖公园大喊英语近半年，苦练英语播音和广告配音，完成了人生的第三次超越……张老师也经常利用多媒体手段展现李阳的"疯狂"风采，感染、号召学生学好英语。记得有一次，在观看李阳的"从零开始学口语"视频时，全班学生都被其"疯狂"震撼了，他们全体起立，边跟着做动作，边大声地发着音，不仅发音准确，还很疯狂。真是疯狂带动疯狂，榜样促进学习呀！

教师对于学生的教育，并不取决于教师讲了多少道理，而要看教师给学生的榜样如何，选取的榜样如何。因此，教师要为学生营造一个活跃、丰富、向上的氛围，选取一些正确的榜样，发挥榜样的激励作用，从而激发学生的敬仰之情和进取之心，使学生真正能学习榜样，鞭策自我，提升自我。

## 一、选择正面的榜样

榜样有好有坏，既有正面的榜样，也有反面的榜样。学习正面的榜样，使人浑身充满上进的力量，向着真善美发展，学有所成；而学习反面的榜样，则使人丧失斗志，误入歧途，愈来愈堕落。因此，我们学习榜样时就要选择正面的榜样。魏书生为什么总喜欢戴上周恩来总理的像章？这是因为他把周总理当作自己学习的榜样。周总理的一生是光荣的一生、伟大的一生。他对真理的执著追求，对人民的无限忠诚，对事业的高度责任感，以及他那独具

---

[①] 张文文. 榜样教学法在初中英语教学中的运用［J］. 校园英语（教研版），2011，（12）：67.

魅力的无私奉献精神，严于律己、刚正廉洁、顾全大局、忍辱负重的崇高思想境界，全心全意为人民服务的公仆意识，实事求是、依靠群众、平等待人的思想作风，都为我们树立了光辉典范。周总理完全是一个值得我们学习的正面榜样。魏书生时刻以周总理为自己学习的榜样，始终对教育保持着旺盛的热情，浑身充满上进的力量，不断创造出辉煌成就。可以说，魏书生也是一个值得我们学习的好榜样。

## 二、发挥榜样的激励作用

法国著名作家卢梭指出："榜样！榜样！没有榜样，你永远不能成功地教给儿童以任何东西。"榜样的力量是无穷的。在教育工作中，教师要善于发挥榜样的激励作用，利用榜样激励学生，促使学生积极地、努力地学习。榜样激励是从人们从众效仿的心理特点而提出的，即人们在没有外界控制的条件下，有依照他人行为，使自己行为与之相同或相似的特点。在学习过程中，树立了榜样，学生有了效仿的对象，有了学习目标和方向，可以使学生受到鼓舞，学习劲头倍增，达到激发学习动机的目的。教师如果善于利用榜样激励，比单纯的说理教育更有说服力。在榜样激励的过程中，教师不能一味树立他人榜样，也要注意自己的言行对学生的榜样作用。"学高为师，身正为范"。教师的一言一行都要做出表率，要求学生做的，自己先去做；要求学生不去做的，自己也不能做。言教不如身教，以身示范最能发挥激励作用。这样，学生才会从心底敬佩教师，信服教师，并以教师为榜样严格要求自己，积极上进。[①]

## 第三节 自我提升式体验教学的经典课例

自我提升式体验教学模式紧扣新课程理念，突出学生的主体地位，立足

---

① 孙新华，徐会池. 学习动机的激发六法 [J]. 科技创新导报，2012，(7)：148.

于学生的自主参与、自我体验，为学生提供自由发挥和创造的空间，促进学生的自主发展，从而达到素质教育的目的。掌握这种教学模式，并成功地付诸实施，对于打造精彩课堂、提高教学实效将大有裨益。

## 一、经典课例

**自我体验　自主建构**[①]
——记一节散发生活芬芳的数学课

春日融融，和风习习。美丽的天桃园，新课程改革实验一年级数学课堂上，年轻的廖薇老师正在讲授《统计》一课。

热情洋溢的廖老师开课伊始，便设置了一个有趣的生活情景："小朋友们，春天正向我们走来，你们一定很想去春游了吧？老师遇到一个问题，想请聪明能干的一（6）班小朋友帮忙解决。"教师话音刚落，小朋友们的兴趣顿生。

"春游的时候，我们班要开展活动，老师想给小朋友们买水果，可是班费有限，只能买两种，买哪两种呢？"（教师出示水果图）"请小朋友把小星星贴在自己喜爱的水果下面，再请小朋友帮助老师作决定：买哪两种水果？为什么？"（小朋友贴小星星，分类计算）"经过调查，老师知道我们班的小朋友最喜欢哪两种水果了，我们决定就买这两种。我们共同解决了这个难题，一（6）班的小朋友真能干。"——孩子们有了一次愉快而成功的体验。

学生对统计知识有了初步的感知之后，廖老师推出第二个生活场景，让学生在实践操作中体验收集、整理数据的过程。

廖老师接着说："下面，咱们再来解决一个问题。校园的花坛里，美丽的鲜花在开放，五颜六色的，我很想知道我们班小朋友都喜欢哪种颜色的鲜花，请小朋友在自己喜欢的鲜花下面打'√'，待小朋友都打好'√'之后，看看

---

[①] 谢尔. 自我体验，自我建构——记一节散发生活芬芳的数学课 [J]. 广西教育，2002，(8)：37—38.

我们用什么方法将这些数据又快又准确地记录下来。"（教师发放如下表格）

1. 请在你喜欢的鲜花下面空格中打"√"。

| 红色 | 粉色 | 蓝色 | 黄色 |
|------|------|------|------|
|      |      |      |      |

2. 请利用下列表格或图表，将我班喜欢各种鲜花的数量统计出来。

| 颜色 | 人数 |
|------|------|
| 红色 |      |
| 粉色 |      |
| 蓝色 |      |
| 黄色 |      |

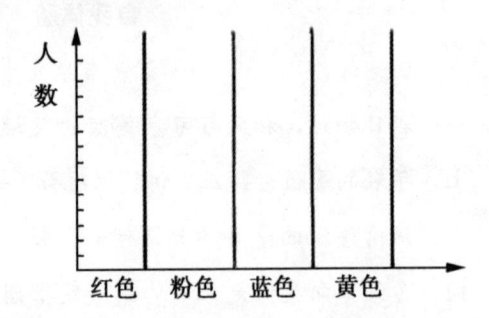

问题摆出来，好奇的小朋友早已忙碌开了。这时教室里呈现出积极参与、主动思考、热烈交流的景象，学生的精力都高度集中到"统计的方法"这一教学重点上来。

思考时，学生神情专注；交流时，学生积极踊跃。"老师，我用画'圆圈'的方法计算。""老师，我用打'√'的方法。""老师，我用画'☆'的方法。"学生的思维被激活了，个个跃跃欲试，没轮到发言的甚至急不可耐，不但伸长了手臂，而且几乎要站起来了。廖老师微微含笑，频频点头，眸光兴奋而灼亮，她没有作评判，热情地鼓励小朋友充分地发表自己的意见。

学生读数据做记录后，廖老师请三位学生上黑板前用自己喜欢的方式进行统计，让其余学生在座位上同样用自己喜欢的方式做统计。

有趣的情况出现了，脸上写满自信的三位小朋友神气地站在黑板前，用各自喜欢的办法记录：明明用画"口"的方法，远远用画"正"字的办法，小宇用画"○"的方法。明明是个麻利能干的小姑娘，动作特快，随着统计数量的增加，小黑板画满了"口"，小姑娘渐渐手忙脚乱，涂了再画，画了再涂；小宇是个细心的小男孩，只见他不慌不忙地画着"○"，黑板上出现一行行整齐的小圆圈；远远是个虎头虎脑的小男孩，他俨然一统计"老手"，一丝不苟、一笔一笔地添加着……最后，画"正"字的远远最先准确完成；画"〇"的小宇第二个完成；麻利而能干的明明则反复尝试了三次才完成。座位上的小朋友也八仙过海，各显神通：有的计算错了，再尝试；有的自己统计完了，又看看别人，帮助别人；有的互相检查计算是否准确，有的互相比较计算的快慢，还有的在比较各自方法的优劣……

待学生体验了整个整理数据、统计数据过程之后，廖老师微笑着，饶有兴趣地让学生谈谈刚才实践体验的收获。孩子们争先恐后地汇报。

远远得意地说："老师，以前妈妈带我上超市购物时让我计算过，所以，我做得又快又准确。"——很好，善于利用生活中学得的知识。

建构主义理论认为，学生是知识意义的主动建构者，而不是外界刺激的被动接受者。只有通过切身体验，不断深化自我感受，学生才能真正做到理解消化，才能真正生成一些思想。在教学过程中，教师重视学生的自我体验、自我建构，必然有助于自我提升式体验教学的有效实施，而课堂也因此而变得精彩而富有活力。

## 二、实施策略

### （一）激发学生自主参与的热情

好表现、求参与是学生的心理需要。在教学过程中，教师应根据学生这一心理需要，激发学生自主参与学习活动的热情，让课堂异彩纷呈，充满活力。激发学生自主参与的热情，就是要调动学生的多种感官，使他们不仅要用自己的脑子想，而且要用自己的眼睛看，用自己的耳朵听，用自己的嘴巴说话，用自己的双手操作。说到底，就是用自己的身体亲自经历，用自己的心灵亲自感悟。这就要求教师善于提供各种新颖的素材，联系生活创设丰富的教学情境，促进学生的自主体验。瑞士教育学家裴斯泰洛齐主张"必须将学生从课堂中所学到的感觉和印象,转化成为学生自己的观念才能表现出来",让学生在真实的生活情境中学会运用知识进行交际。教师要在教学过程中寻找知识与生活的结合点,创设逼真的情境,让学生在自觉和不自觉的状态中去看、去听、去说、去体验。

(二)鼓励学生创造性地提出问题

传统的教学方法习惯于教师教学生学,教师问学生答,根本不考虑学生的个性差异和心理需求。爱因斯坦说:"创造性地提出问题比解决问题更重要。"在教学中,教师要让学生大胆质疑,创造性地提出问题,这既是培养学生创新思维和创造能力的需要,又是凸显学习主体的需要,还是教给学生自我体验的方法,培养良好学习习惯的需要。学生的学习应该遵循"自学生疑——探究解疑——反思存疑"的螺旋式发展的过程。学生在自主学习时的质疑问难,以及通过教师点拨、个人感悟、小组研讨等方式解决问题的过程,就是对文本进行自我解读、张扬个性的过程。为此,教师要把质疑的主动权交给学生,鼓励学生敢于质疑、善于质疑。这对培养学生自我提升的学习能力是非常有益的。

(三)让学生选择适合自己的学习方法

新课改强调学生是学习的主人,强调学习是个性化的行为,尊重学生的个性差异和个性化学习方式。这一理念告诫我们,在教学中不能总是"一刀切",要考虑学生对学习内容的多元化反应,满足他们不同的学习需要,尊重他们的个人感受和独到见解,赋予他们自主选择的权利,同时帮助他们根据自身的实际与情趣,选择适合自己的有效的学习方法。这样,学生才能真正感受到自己是学习的主人,才能积极地参与教学过程。同时从不同的角度进行交流,既使学生认识到学习方式的多样化,又可以使学生注意学习方式的优化,也让教师从学生的多角度思考中受到启迪,得到提高,从而使教学过程成为师生积极互动、共同提高的过程。

## 三、实施方法

（一）强调学生的主动性和独立性

自我提升式体验教学强调学生的主动性和独立性，给他们提供自我创造的空间和可能性，把想象的空间留给学生，把判断的权力让给学生，把表达的自由还给学生，真正体现学生学习的自主性。学生在学习过程中的认识和实践是教师无法代替的。学生不仅是受教育者，更是实践者，是学习活动的主人。学生从一个被动接受者转化为一个主动体验者，学习就会变得其乐无穷。学生有较多的参与机会与参与行为，学习中能自主体验、自主感悟、自主质疑问难、自主发表见解，能在教师的帮助下独立地感知、理解和提高，就能把书本知识变成自己的精神财富，能通过主观努力实现主体对外在世界与自我的超越。

（二）珍视学生独特的感受、体验和理解

珍视学生独特的感受、体验和理解，就是要在教学过程中，不以教师的分析来代替学生的学习实践，而是让学生在主动积极的思维和情感活动中，加深理解和体验。教师要关注学生的个体差异，鼓励学生对学习内容进行自我解读、自我感悟，同时，珍视学生在学习过程中的独特体验。这种自我体验，就是亲身经历，就是联系自身的体味。它包括认知、理性、情感、人格等范畴，使学习过程不仅成为知识增长的过程，同时是身心和人格健全与发展的过程。教师要尊重学生，俯下身子倾听，与学生平等对话，与学生一起研讨学习，让学生自由地表达观点，畅谈体验，展现个性。只有这样，才有利于创设宽松愉悦的学习环境，有利于构建师生之间的交往互动关系、学习伙伴关系。

（三）注重学生自主创新能力的培养

创新是一个民族进步的灵魂，是一个国家兴旺发达的不竭动力。培养学生的自主创新能力，是现代教育的重要组成部分，也是新课程改革的要求。要达到自我提升式体验教学的实效性，教师要注重学生自主创新能力的培养。在教学过程中，教师要营造轻松、自由、民主的学习氛围，倡导自主探究性学习，培养学生的问题意识，激发学生的好奇心和求知欲，让学生独立地、深入地思考，鼓励学生大胆地去发现、去创造，培养学生的探索精神和创造性思维。教育家陶行知先生说："我们发现了儿童有创造力，认识了儿童有创造力，就须进一步把儿童的创造力解放出来。"培养学生的自主创新能力，是教师的责任，需要教师努力为之。当学生的学习潜能得以发掘、自主创新能力得以培养，就意味着教师的自我提升式体验教学取得了一个新突破。

## 第四节　自我提升式体验教学的总结反思

实施自我提升式体验教学，贯彻了新课改关于"以学生为主体"的理念，关注学生的自我体验、自主建构和自主发展，强调学生自我意识的觉醒、学习潜能的发掘和综合素质的提升，这对于教师的教学方式和学生的学习方式都将起到重要的影响。因此，这一教学模式是值得广大教育工作者研讨的，但是在实施的过程中，也应当注意避免陷入一些误区。

### 一、应拓宽学习的自由空间，让学生自觉主动地学习

在教学中，教师要想让学生通过自我提升的方式进行体验学习，并获得理想的效果，就不能忽视一个前提条件：还学生学习的自由，让学生自觉主动地学习。美国心理学家和教育学家布鲁纳指出："教学过程就是在教师的引导下学生发现的过程。要求学生利用所给定的材料，主动地进行学习，强调

要自我思考和探索事物，而不应消极地去接受知识，要像数学家那样去思考数学，像历史学家那样去思考历史，亲自去发现问题的结论和规律，成为一个发现者。"可见，当学生对学习产生兴趣，他就能主动地去思考、去探索、去发现，从中获取知识，解决问题，进而养成自觉主动学习的习惯。新课程的核心理念是以学生发展为本，让学生主动参与。因此，在教学过程中，教师应尊重学生，拓宽学习的自由空间，不要对学生提出过分的学习要求和过高的学习目标。

心理学认为，主观上情愿做的事情往往会做得更好。如果一个人对一件事感到很有趣，很情愿做这件事，他便会付出很大的努力去完成它。如果他感觉这件事很枯燥但又不得不做，他便不会下很大的功夫。学习同样如此。不自觉的、被动的学习是不会取得良好效果的，并且这种不自觉和被动也会导致学生丧失对学习的兴趣。久而久之，学生就形成了强烈的厌学情绪。因此，要想让学生自觉主动地学习，教师首先必须让学生得到自由，然后在此基础上，想方设法培养学生的学习兴趣。这样，才会让学生认识到学习的趣味性和必要性，也才会自觉主动地学习。

## 二、应明确教师的引导作用，让学生的学习更有效果

我们提倡自我提升式体验教学，让学生自我体验、自主建构、自主发展，但这不等于说可以让学生成为学习的"自由人"。在课堂上，任凭学生自由地学习，是无效的"放羊式"教学，在课堂管理中是把学生的"自流"当作"自主"的混乱。教与学的本质属性是教师价值引导和学生自主建构的辩证统一。新课程也强调教师作为组织者和引导者的角色。我们要成功实施自我提升式体验教学，贯彻新课程理念，就应当明确教师的引导作用。教师应在学生束手无策时教给方法，在学生意见有分歧的地方阐述真知，在价值取向有偏斜时讲明道理，在拓展运用时引导学生切入生活。在学生学习前，教师是一个主动的说明者；在学生学习时，教师是一个有效的组织者；在学生学习

后，教师是一个及时的促进者。不管是说明者、组织者还是促进者，其实质都是引导者。教师力图通过这些引导，让学生的学习更有意义、更有效果。

在教学上，教师的作用是引导而不是指示，是激发学生的学习动机，引领学生的学习航向，最终目的是让学生离开教师也能独立学习。整个教学程序都应从学生学的角度进行，按照学生学的程序来设计，让学生自主实践，自主归纳，自主提升。教师不可在学生自我体验、自主建构前就用演绎法作现成的讲解和灌输，不能以教师的教代替学生的学。

## 三、应注重学生的合作学习，让学生得到共同发展

自我提升式体验教学强调自我意识，倡导自主的、独立的学习，但是并不排斥学生之间的合作学习。相反，这种教学模式还要求学生能有效运用周围的学习资源，师生之间、生生之间形成合作。合作学习是新课程改革中提倡的三种学习方式之一。合作，有利于培养学生良好的团队意识；交流，有利于锻炼学生的沟通与交往能力，从而促进学生的全面发展。在交往互动的过程中，学生相互启迪，相互帮助，共同实践，共享成功的喜悦，并开启自己的心智，取长补短，完善自我，展示自己的才能，体验自己的生命价值。基础差或自控力差的学生，很难在长期的独立、自主的学习中坚持下来，更需要来自他人的辅助和激励。由此更显合作的重要作用。合作学习一般是以小组形式进行，教师应引导小组活动，将独立学习与合作学习结合起来，从而使学生长期的自主学习能坚持下来。

合作学习让学生由被动变为主动，把个人自学、小组交流、全班讨论、教师指点等有机地结合起来，特别是在分组讨论中，充分发挥了学生的自主性，组内成员相互合作，小组之间合作、竞争，激发了学习热情，挖掘了个体学习潜能，增大了信息量，使学生在互补促进中共同提高。课堂一改过去教师"一言堂"的现象，形成了一个全员参与、人人开口、积极思维、大胆创新的教学氛围，学生摆脱了干巴巴的被动接受，变为亲自参与，基本上都

能发挥比单独行动时更大的作用。基于此，教师应注重学生之间的合作，让他们体验合作带来的愉悦。

随着新一轮基础教育课程改革的推进，体验教学正日益深入人心，并被广泛地应用到教学实践中，而自我提升式体验教学作为一种注重学生主体性、能动性和创造性的教学模式，也受到了关注。但是，在具体的操作层面上，实施这种教学模式的策略与方法尚未得到系统全面的归纳，其应有的价值和意义还未充分显现出来。在新的时期里，教师应以锐意进取的探索精神，追求新理念，尝试新模式，探讨新教法，勇当新课改的"弄潮儿"，为教育事业的发展做贡献。

## 第六章　升华感悟：情感交流式体验教学

教育不仅是认知过程，更是情感交流过程。现代教育把情感作为教育的目标和手段。情感是人们对于客观事物是否符合每个人需要而产生的态度体验，是人们复杂心理活动的一种反应。苏霍姆林斯基说："情感如同肥沃的土壤，知识的种子就播种在土壤上。"教学如果没有情感参与，其效果就大打折扣。在教育活动中，人的心理活动可以看成由智力因素和非智力因素协同构成。前者以"感觉—思维—创造"等认知过程为主，为学习的操作系统；后者以"兴趣—情感—意志"等意向活动为主，为学习的动力系统。实施新课程的一个重要理念，就是要促进学生智力因素和非智力因素的综合开发，以促进学生和谐发展。情感，作为非智力因素的核心，对人的成长和发展有着不可忽略的影响。情感对学生学习的影响同样是不可估量的。体验教学的过程不仅是传授知识、培养能力的过程，同时是一个师生情感活动、觉悟提高的过程。情感交流式体验教学，就是教师在教学过程中恰当运用情感因素，实现师生之间、生生之间的情感交流，发挥情感共鸣的教学功能，激发学生的学习动机，推动学生自觉主动地参与学习活动、促进学生的情感升华、培养学生的情感品质，从而达到教书育人的目的。善于运用情感交流式体验教学的策略与方法，必将有助于提升教师的教学效果和学生的学习效果。

## 第一节 情感交流式体验教学的实施策略

在教学过程中，教师根据学科特点和学生情感发展的规律，以学生情感的发展作为教学的依托和支撑，努力沟通师生间、学生间的感情，对培养并提高学生的学习兴趣、学习能力是大有帮助的。教师要充分认识情感这种外因对学生的积极作用，在教学中积极发挥情感的主导作用，并善于从情意领域给学生以推动力，激其情、奋其志，从细微处潜移默化地使学生受到情感教育，促进学生认真学习，使他们的学习进入良性循环。情感交流式体验教学要取得实效，教师就必须积极地投入真挚的情感，采用灵活多样的方法创设情境，在传统教学手段与现代教育技术相结合的基础上，充分挖掘教材中的情感因素，使课堂成为"情感场"，从而丰富学生情感，陶冶学生性情，有效地提高学生的综合素养，达到提高教学质量的目的。

### 策略一：创设情境，激活情感

情感产生机制之一是情境熏陶，即所谓的"触景生情"。创设情境，激活情感，就是教师通过在课堂上创设具体的场景，激发学生的内心情感，引导学生在交流活动中获得知识、陶冶情操，以达到知、情、行最佳统一效果的一种教学策略。人的情感总是在一定的情境中产生的，具体的情境可以唤起人们相应的情感。学生是通过认知事物及现象来获得情感体验的。体验教学的情境创设可以更好地让学生在学习中认识世界，而不是被动地去感受世界，被迫接受学习。情境创设作为一个情感体验的平台，可以帮助学生感性地认知学习内容，通过感性认识和教师的分析、理解，自然、积极地把感性认知提升到理性认识。

## 学会孝敬父母[①]

教授八年级上册政治课《我的父亲母亲》时，上课伊始我利用多媒体放映了几个场面：父母在大雪天里骑着自行车艰难前行上班；父母顶着烈日，在酷热的夏天叫卖；父母为了满足我们的需求，省吃俭用，以馒头和白开水充饥……学生被短片吸引了，借此机会我让他们写出一些感激父母的话或者孝敬父母的诗句。有的学生写道："亲爱的妈妈：感谢您多年来对我无微不至的照顾，在做人方面给予我的帮助和教导。我决心努力学习，积极上进，用优异的成绩来回报您对我的爱。"有的学生写道："谁言寸草心，报得三春晖。爸爸妈妈我永远爱你们。"我又提问："父母辛勤养育我们，对我们'投入巨大'，那么作为子女，我们应该如何孝敬父母呢？"学生积极作答："我们应理解父母的关爱之情，为父母做一些力所能及的事情，努力学习，给父母以回报。""生活上为父母做些力所能及的事，为父母分担忧愁；学习上自觉主动，让他们少操心。""多与父母沟通交流，理解和体谅父母。"

教师创设情境以情感人，引起学生情感上的共鸣，让学生对知识产生强烈的认同感，深化了感悟和理解。在教学过程中，当被某种情境所感染的时候，学生便会被情绪所吸引，不知不觉中进入了欣赏状态，获得情感体验，激起学习兴趣。因此，教师应通过创设生动的情境，唤醒学生的知觉表象，提升学生的直接经验，使学生获得真实的情感体验。

## 一、创设成功情境，增强学生信心

体验是一个实践过程，不同的个体在这个过程中感觉不同。知识底蕴丰实、感觉灵敏的学生会轻松体验到学习的快乐；而对一些知识底蕴薄弱、感觉迟钝的学生来说，在学习体验的过程中往往会产生一些困难，或者说与其他学生相比，他们的体验往往较为肤浅，甚至出现偏差。如果这些学生的体验

---

[①] 邓继文. 情感体验教学模式在初中政治教学中的应用 [J]. 师道·教研，2013，(4)：100.

得不到别人的认可，他们会慢慢地失去兴趣，甚至出现心理障碍。所以，教师应创设成功情境，鼓励学生大胆地表达自己的想法，丰富学生的情感体验，让学生在享受学习的乐趣时，获得成功感，增强自信心，从而更加积极地投入到学习中去。[①]

## 二、创设生活情境，生成独特体验

20世纪初美国教育家杜威就指出："学校的最大浪费是学生在接受一种脱离生活的教育。"由于多数教材与学生的生活实际有一定的距离，使得学生在理解知识时产生一定偏差，难以与知识形成共鸣，从而不能生成自己独特的情感体验。因此，教师应积极创设生活情境，使教学内容生活化，拉近学生与教材的距离，引导学生通过生活实践生成自己的体验。教师创设生活情境要坚持"贴近学生、贴近生活、贴近实际"的原则，这就要求教师创设情境所选用的材料必须是与教学内容有着内在联系、贴近学生生活实际、真实典型的材料，并能够激活学生的情感体验。

## 三、创设愉悦情境，激发学习兴趣

新课改的课堂氛围不再严肃沉闷、枯燥单调，取而代之的应是宽松愉悦、充满活力。如果课堂对学生的限制过多，将束缚学生的思维。学生处于被动的学习状态，就会感到学习枯燥乏味，产生厌烦。因此，教师要结合教学实际，创设各种轻松愉悦的情境，让学生通过情境深化情感体验，产生浓厚的学习兴趣，并自觉地集中注意力，全神贯注地进入学习状态之中。这样，学生就不会把学习看成是苦差事，而当作是"我要学"的快乐的事，并且会自觉地把这种求知欲贯穿到整个教学环节中去，学习效率也会大大提高。在学生学得愉悦时，教师也教得轻松。

---

① 付裕昌，李玉娇. 创设有效情境，生成情感体验 [J]. 吉林教育，2008，(6)：27.

策略二：挖掘资源，深化体验

教材是情感教育的重要载体，不少学科的教材蕴涵丰富的情感素材，这是教师取之不尽、用之不竭的情感资源。体验性学习的理想方式是让学生通过操作、考察、调查等途径进行身体性参与，但是目前在教学实际中组织学生参加社会实践活动的难度还较大，不可能事事都组织学生亲历亲为。因此，在情感体验教学中，教师更多的还是要充分利用教材中的情感资源，引导学生在想象、探索、思辨、归纳的过程中获得丰富的情感体验。当学生敏感的心灵受到感染和震撼，就会燃起情感的火焰，课堂也会成为一座冶炼人格的熔炉。

**信手拈来　拨人情弦**[①]

初中历史教材中的情感教育资源内容丰富，为我们日常教学提供了丰富的素材，只要我们在日常的教学中注意挖掘整理，便可以使我们的历史教学课堂充满生气。诸如战国时期忧国忧民，长叹"路漫漫其修远兮，吾将上下而求索"的爱国主义诗人屈原；写下《满江红》的南宋抗金民族英雄岳飞；留下"人生自古谁无死，留取丹心照汗青"千古绝句的文天祥；"苟利国家生死以，岂因祸福避趋之"的林则徐；"为中华之崛起而读书"的周恩来；"恨不抗日死，留作他日羞"的吉鸿昌等等，这些人身上充分体现了爱国主义精神。还有世界历史中抵抗外来侵略挽救民族危亡的印度章西女王、"圣雄"甘地，促进南美解放运动的"南美解放者"玻利瓦尔，为争取美利坚民族解放与独立而战的美国第一任总统华盛顿等。这些素材为我们在历史教学中引导学生理解爱国主义思想的内涵提供了大量鲜活的情感资源。

历史教师一定要利用好古今中外优秀的教学资源，对学生加强思想教育，以史育德，这既体现了历史教学的史论统一，又可实现全面发展观的德育和

---

① 王铁汉. 初中历史教学情感体验浅谈 [J]. 中国校外教育（中旬），2013，(11)：80.

智育的统一。教师在备课时只有努力钻研教材，挖掘教材本身的情感因素，才能满足学生的心理需要，更好地激发他们的学习情感。

## 一、抓好备课环节，挖掘情感因素

教材不仅为学生提供了大量的认知信息，而且从方方面面反映了对自然、人生、社会的领略和感悟，蕴涵着大量的情感因素，特别是课改后的教材，更是增加了大量的富有人文性、情感性的教学内容。因此，教师要认真揣摩教材，深入挖掘教材中的情感因素，激活学生的情感体验，达到情感教育的目标。对情感因素的挖掘主要体现在备课之中。教师在备课时要深入钻研和理解教材，熟悉教材内容，结合学生实际，将教学内容中的情感因素挖掘出来，使抽象的内容具体化，枯燥的材料生动化，以激发学生的兴趣与热情，加深学生对知识的理解，在思想认识上达到一个新境界。

## 二、创造运用教材，渗透情感教育

教师不仅要在备课时领悟教材编者的意图，读懂教材，挖掘教材本身的情感资源，而且要发挥教学机智，创造性地运用各种方法，巧妙地把情感教育渗透在教学的每一个环节中，让学生在学习中体验，在体验中感悟，在感悟中陶冶和升华情操。高效的教学应该是学生思维活跃，充满着师生与教材编者的对话、学生与教材知识理解程度的对话，教师与学生掌握知识不同见解的对话。因此，教师只有深刻解读教材，挖掘教学资源，加以创造运用，才能提高课堂教学的有效性，让课堂焕发活力，让学生获得更加真切的情感体验。

## 三、联系生活实际，拓展教材情感

教材只是一个载体，是一种媒介，要有效地调动学生的情感，教师必须首先把握教材蕴涵的情感，联系生活实际，拓展教材情感，引导学生联系生活实际，搜寻情感素材，加强情感教育。当然，联系生活实际不可太空、太大。许多教师喜欢联系名人的情感感染熏陶学生，这是不足取的，因为学生生活阅历少，对名人的情感不一定能理解，也不一定会有很深的感受，他们的情感因素自然就不易被调动起来。引导学生联系生活实际时，除了关注一些名人、伟人的事迹和情感以外，更应该注意学生身边的人和事，那些发生在亲人、同学、朋友身上的，特别是学生自己亲眼目睹和亲身感受的事情和情感，最具感染力，最容易打动人，学生的情感因素就更容易被调动起来。

### 策略三：真情投入，感染激励

在一定的条件下，一个人的情感可以受别人影响，也可以影响别人，使之发生同样的或与之联系的情感。教师的情感会直接影响和作用于学生，积极的情感投入是教师取得教学成功的先决条件。"感人心者，莫先乎情。"在教学过程中，教师通过语言、眼神、肢体动作等方式，将自己的真情传递给学生，能产生一定的感染作用和激励作用，引起学生的情感共鸣，激发学生的学习动机。当形成了师生情意交融的氛围，课堂上任何心理疲惫和厌倦情绪都将被冲淡，教与学便成了一种享受。如果教师的讲解平平淡淡，缺乏情感，只考虑讲解是否清晰，那么学生对教师所讲解的内容就不感兴趣，就会表现出消极的情感态度。因此，在课堂上，教师要积极投入真情实感，感染学生、激励学生，使学生能够以积极向上的情感态度投入学习之中。

#### "一语"激情[①]

有位教师在布置课堂练习时，布置了一道题：草地上有24只白兔＿＿＿＿＿＿＿＿＿＿＿＿＿＿＿＿＿，有多少只黑兔？按常规要求，这道题要先填一个谁是谁的几倍的条件，再列式解答。学生正聚精会神地完成作业，生$_1$问："老师，我想出两个不同的条件，都能写出来吗？"教师说："你真是个爱动脑

---

① 佚名. 小学数学教学中如何关注学生的学习情感[EB/OL]. [2010－07－30]：360doc个人图书馆，http://www.360doc.com/content/10/0730/21/2472470_42600824.shtml.

筋的好孩子。"谁知其他学生听见这句激励性语言，叽叽喳喳地嚷开了，积极上进的生$_2$说："我能写三个。"争强好胜的生$_3$说："我能写四个。"班长说："我能写五个。"享有"数学大王"之称的生$_4$说："我能写八个。"教师灵机一动，连忙说："写出一个老师就给50分。比一比，看谁得分多，看谁最聪明。"一时间，学生或挥笔作答，或屏息凝思。最后统计：2人得600分，4人得500分，7人得450分，9名后进生也全获100分。作业中有"白兔的只数比黑兔的4倍还多4只"这样高、深、难的条件，内容五花八门，丰富多采。教师对学生的激励性语言，激活了学生的创新思维，每位学生都体验到学习数学的乐趣，产生了学习数学的积极情感。

在教学过程中，教师的情感投入，包括语言、教态和评价等作为信息都会传递给学生，从而感染和鼓舞学生，赢得学生的信任，激发学生开展学习活动的积极性和主动性。教师积极的情感投入是取得教学成功的先决条件。因此，教师在体验教学中要重视积极情感的投入。

## 一、言语传情，拍击心扉

教师饱含感情的语言具有巨大的感染力，可以做到以声传情、以情感人，使学生的情感得到升华。教学中教师如能经常运用平等的、民主的、亲切的语言，情如慈母爱子，声似春风润苗，会拍击学生的心扉，引起学生强烈而持久的情感体验。教师要声情并茂，将文字信息转化为有声有情的场景语言，从而确定教学的情感基调，为学生深入理解知识内容打下坚实的基础。在教学过程中，教师往往要对复杂的知识现象和深刻的科学道理进行剖析和解释，运用精确的逻辑语言来表达是必要的，这能够体现教师语言的简明精练，但是，过多的"术语化"和"理性化"往往会使教学语言缺乏生动性和感染性。因此，用通俗易懂、轻松活泼、有情有"形"的教学语言来分析知识现象、揭示科学道理，能增强教学的吸引力和感染力。

## 二、 教态表情，引发互动

教学过程生动活泼，引发学生的情感互动，教师不仅要做到声情并茂，还要辅以表情、眼神、手势等体态语言。亲切和蔼的表情、充满期待的眼神和优美动人的手势，是教师全身心投入教学的真情表达。这样的教态，通过"只可意会，不可言传"的"非言语行为"传递给学生，能促使学生集中注意力，从而使师生的教与学稳定在同一方向上，并朝着同一目标前进。教学实践表明，学生对一门学科产生浓厚的兴趣，是从对该学科的任课教师产生兴趣开始的。教师履行的职责是教书育人，因此要善于控制自己的情绪，用心去爱学生，用亲切而又坚定的眼神把自己的信任和期待传递给学生。这些情感信息一经转化为学生的情感体验，学生就会产生相应的情感来对待教师，并激起学习的热情。

## 三、 评价唤情，增强信心

评价对学生的学习情感起即时的调节作用。积极的评价能促进师生的情感互动，提高教学效果和质量。在教学过程中，教师要蹲下身子看学生，要学会包容学生、善待学生的错误。每位教师都有一个共同点，都希望自己的学生能成才，但学生的层次有高有低，基础有好有坏。有些教师有时会因为学生答不上问题而生气，甚至批评、责备学生。殊不知这不仅大大刺伤了学生的自尊心，而且打击了他们的自信心和学习的积极性。美国心理学家贝恩布里奇说："错误人皆有之，作为教师不宽容学生的错误是不可原谅的。"可见教师要向学生倾注爱心，摸清"病因"，科学地纠正学生的错误，保护他们的自尊心、自信心，激励他们敢于发言，使他们在安全、和谐的气氛中愉快地学习。特别是对后进生，教师要投入更多的爱，给他们提供发言的机会，让他们消除心理障碍，以提高学习效率。

## 第二节 情感交流式体验教学的运用方法

在教学实践中，许多教师只重视理论观点的直接灌输，而忽视熏陶感染和潜移默化的教育，从而削弱了教学效果。情感是教育的基础，情感在教学过程中发挥着不可替代的功用。教育心理学指出，教学的任何途径都要作用于学生的情感。学生只有对学习有积极的情感，才能保持学习的动力。心理学家 Leapper 也指出，"情感本身就是动机"。倘若学生在教学活动中能以愉快的情感体验进行学习，就能发挥情感功能的积极作用，提高学习效率。教学过程是师生情感双向交流的过程，教学活动是否充满热烈的情感，决定着能否产生良好的课堂气氛。学生只有主动学习，才能取得理想的教学效果，教学质量才能提高，而要实现这一目标，情感的激发是一个重要方面。

### 方法一：情理融合，陶冶心灵

心理学认为，学生情感的发展是从被动的、自发的外部情绪表现逐步转化为主动的、自觉的内部情感体验的，而促使这一转化的关键是"明理"。在教学过程中，教师不能强制学生去死记硬背理论的东西，而只有通过事理的分析说明，使学生明白事理、接受事理，这一接受过程自然会使情感升华。教师抓住时机，诱导他们进行抽象和概括，从而把情感引入理性思考，这一过程则是学生情感的强化过程。在学生的情感得到一定程度的激发时，教师要顺势将他们引入文本深层次的学习，将知识内化为学生自主思维的动力，提高学生感悟、体验的能力。此时，教学的重点应放在学生对文本思想的理解和超越文本思想的层面上。教师必须抓住情感与情理的联系，引导学生多角度思考问题，丰富学生在学习中的情感体验，进而激发他们积极的审美愿望，激发其创造性思维，培养其审美能力。

## 寓情于理[①]

通过四川汶川大地震后全国人民万众一心抗震救灾的可歌可泣的现实素材，教师引领学生在情感深处感悟党和政府关爱生命，尊重人权的动人旋律，感悟抗震英模勇救他人的高尚情怀，感悟普通民众团结互助的公民道德之光，感悟灾区同胞不屈不挠、勤劳勇敢的感人乐章，感悟中华民族自强不息、艰苦奋斗的民族精神。通过北京奥运圣火传递以及残疾运动员金晶等海内外华人保护奥运火炬的素材，教师引领学生感悟中华民族爱好和平的品质和爱国主义精神，感悟礼仪之邦中国人民的精神文明风采和高度社会责任感，感悟我国国际地位和综合国力日益提高的自豪与荣耀……学生从这些情感资源获取感悟的过程中，不仅巩固深化了对相关知识的回顾与理解，而且逐步养成活学活用政治的良好意识。

教学是一种特殊的情知相伴的双向互动过程。情感是以认识为前提的，个体只有感知某一事物，才能对这一事物产生一定的情感。列宁说："没有人的情感，就从来没有也不可能有人对于真理的追求。"教师要善于运用各种有效的方法，激发学生的情感，深化学生的认识，达到情理融合的境界。

## 一、促进"感性"与"理性"的有机融合

人们看待世界的基本态度有两种：感性和理性。学习也有感性和理性之分。学习的过程也是把自己的人生感受融入探求新知，深入体验知识内蕴的生命情感，以此获得理性启悟的过程。我们的教学也应该海纳百川，兼收并蓄，博采众长。在高举感性大旗的同时，我们也应该呼唤理性的回归，给学生一个理性思索的空间和环境，并将这种思考层层引向深入。当然，教学过于理性会显得刻板，过于感性则会显得散乱。教师不可在二者之间摇摆不定，而应该努力寻找一个最佳的平衡点，让二者能够相得益彰。情理融合的教学，

---

[①] 斯郦锋. 浅议初中政治课堂教学情理结合的思考[J]. 中学课程辅导（江苏教师），2013，(7)：83.

就是因为找到了这个"点"。它既注重感性的情感、情境、情趣，更不放弃理性的道理、文理、学理，既有情的陶冶，也有理的觉悟，让我们既看到学生个性化的感悟，也看到学生深层次的思索，不仅让学生构建了一个丰富的情感世界，还创造了一个深沉的理性世界。[①]

## 二、促进"情趣"与"理趣"的自然渗透

情理融合的教学应该有两种趣味：情趣和理趣。情趣是指情调和趣味，理趣是指说理与明理的乐趣。有情趣而无理趣的课堂会失之以浅薄，有理趣而无情趣的课堂会失之以枯燥。教学中教师在尊重学生多元感悟的同时，对一些错误的观点应果断地予以纠正；教师在追求感性、形象、想象的生动有趣的同时，也要欣赏理性、抽象、思维的逻辑魅力；教师在营造诗意盎然、情节跌宕课堂环节的同时，也应该关注课堂的布局合理、结构严密……有情趣，就有真情的感动；有理趣，就有深切的感悟。有感动，又有感悟，学生的素养才会全面提升。既重视情趣，又关注理趣，才能达到情理共生、自然和谐的教学佳境。[②]

### 方法二：满足需要，激发潜能

由于社会环境、家庭环境以及智力发展程度的不同，每个学生作为个体都存在着差异，这种差异体现在能力、性格、兴趣、智力程度等多方面，并且直接影响他们的感知、思维以及接受能力。但是无论差异有多大，每个学生接受教育的机会应是平等的；而作为有情感的人，每个学生在课堂上都有被关注的需要，人人都需要被爱、被关心、被依赖、被注意、被尊重、被信任、被同情，人人都需要满足感、成就感、充实感、重要感、荣誉感、亲近感、合作感。教师要充分意识到这种情感需要，在教学中要时时创造机会，

---

[①] 李伟忠. 情理，语文教学的迫切追求 [J]. 教育情报参考，2009，(5) 42—43.
[②] 李伟忠. 情理，语文教学的迫切追求 [J]. 教育情报参考，2009，(5) 42—43.

满足学生的情感需要，让每个学生都学有所得，有所发展。

**在情趣盎然中学英语**[①]

在朗读词汇时，一遍又一遍地朗读，学生容易觉得枯燥乏味，教师可以开展"挖地雷"的游戏，先设置一个单词为地雷，让学生一起齐读单词，当碰到这个单词时则要保持沉默，否则地雷就会爆炸。再比如当教到有关颜色的单词时，教师从每一组中选一个同学参加游戏，然后定一个颜色并发布命令，如说"touch red"，选出的学生就得赶快去找教室里红色的东西，找到了就立即 touch，晚一步没 touch 到的人就当下一个发命令的人，以此类推玩下去。Reading 教学时，教师可以在黑板上写出一些重点短语，让学生在限定的时间内编故事，看谁的故事更精彩。也可以把一些较难的句子写在纸条上玩"传话接龙"的游戏，看哪一组传得又快又准确。这些有趣的课堂活动寓教于乐，既活跃了课堂气氛，又满足了学生的情感需要，激发了学生学习英语的兴趣，有利于学生掌握英语知识，优化课堂教学效果。

教师善于根据不同的教学内容进行精心设计，寓教于乐，便能给学生带来不同的情趣体验，充分满足学生的情感需要，激发学生强烈的学习动力，使学生兴致勃勃地投入学习状态之中，从而也完成了对他们的情感教育，教学也因此而获得事半功倍的效果。

## 一、满足学生的求知需要

学生的成长过程也是求知的过程，通过求知最终成为社会所需人才。在求知过程中，学生直接接触的就是教学内容。美国教育心理学家布鲁纳在《教育过程》一书中明确指出"学习的最好刺激乃是对所学材料的兴趣"，赞科夫也指出"要以知识本身吸引学生学习"。在教学中对学生发生影响的最重要的东西，莫过于教学内容本身。因此，教学内容是否能满足学生的求知需

---

[①] 邵彩霞. 满足学生情感需要，缩小英语两极分化[J]. 中学课程辅导（江苏教师），2013，(13)：20—27.

要，是否让学生产生快乐情绪，便是情感体验教学首先要重视的问题。因此，情感体验交流式教学强调教学内容与学生求知需要尽可能完善地匹配，要求教师从学生求知需要角度上审视教学内容，进行适当的处理。

## 二、满足学生的创造需要

创造是人类高级、复杂的综合性的智慧活动。我国心理学研究发现，个体在小学四、五年级（10、11岁）就已具有某种程度的创造能力。有心理学家指出，虽然儿童的创造性活动在质量、数量上都无法与科学家相比，但在本质上是相似的。在教学中处处注意满足学生的这种创造需要的情感体验，既能引发学生的快乐情绪，又能培养学生创造才能。如何满足学生的创造需要？首先，教师要发扬教学民主，鼓励学生探究、质疑，充分进行发散思维。其次，教师要善于实施启发性教学的策略，给学生发挥创造潜能以必要的外部刺激，使学生的创造需要得到满足。这好比"投石激水"，创造性思维的一潭清水被激活了，满足创造需要的快乐情绪也就会油然而生。

### 方法三：敬业爱生，潜移默化

"亲其师，信其道。"情感是人们内心感情和态度的表露，是人类智慧的基础，是学生智慧发展的起点，也是教师与学生交往的最佳切入点。教学不仅是教与学的关系，同时也是师生双方思想和感情交流的过程。教师应重视师生交往中的情感因素，以自己对学生的良好情感去引发学生积极的情感反应，促进师生情感交融，发展和谐的师生关系。因此，教师要以人为本，敬业爱生，树立"生本观"。教师的一言一行对学生良好品格的形成，起着潜移默化的作用。为人师表，不但要有丰富的知识素养、精湛的业务能力，更必须具备严谨的治学态度、认真细致的品格和献身教育事业的无私精神。这些不仅能增强学生对所学课程的信心，还能促进学生良好情感态度和价值观的形成，同时使学生把对教师的尊敬和热爱转化为对其所教学科的喜爱，提高学习效率。

**师生共享音乐的乐趣**[①]

在教学欣赏作品《在钟表店里》一课时,我坐在学生中间与他们随着音乐的不同变化同乐共舞。课上,我不时以蹲着的姿态与学生交流沟通,师生在平等的氛围中学习。我尊重学生人格,采纳学生意见并融入他们之中,与他们一起唱、一起跳、一起游戏,其乐无穷。我们要经常"蹲"下来,用与学生相同的眼光审视、反省教学是否是学生所爱的,是否是学生所梦想的。师生平等相处,一定最受学生欢迎。这能让学生在与教师共同的学习中体会到轻松、快乐的情感,让学生在愉悦的氛围中享受成功的喜悦。学生其实很排斥京剧学习,我就想尽办法激发学生兴趣。开始安排的是《走圆场》的学习。我先给学生观看了视频,接下来亲自示范了几个简单有趣的京剧动作,在一片叫好中激起了学生的学习兴趣。一个个小小京剧表演艺术家出现了,一堂课上得丰富有趣,学生学得积极活跃。

音乐课堂的美妙,在于教师能够以平等的姿态去对待学生,与学生共享音乐的乐趣,共同进入情感体验的独特境界。的确,教师应该是最富有感情和理智的,不仅要运用多种教学方法,更重要的是用心教学,用心沟通。这样才能通过教学手段,教学环节的设计和课堂布局上的精雕细刻,让学生获得真切的体验,心灵受到震撼。

## 一、神情专注,全心投入教学

教师作为社会中的人,在日常生活中不可避免有酸甜苦辣、喜怒哀乐的情绪;而教师的职业要求其在进入课堂时,必须把这一切都留在教室之外,保持旺盛的精力和乐观豁达的情绪。此时,教师不仅仅属于自己,还属于自己的学生,属于教育事业。教师必须神情专注,全心投入教学,给学生一种

---

[①] 骆艳芳. 发挥感情正能量,提升音乐情感体验[J]. 考试周刊,2014,(11):167.

专心致志的感觉。只有有了专注感，教师内心的真情实感才会自然流露，才会容易引起学生情感上的共鸣，并借以赢得学生对教师的无比信赖。如果没有专注感，教学漫不经心，随心所欲，语不达意，前后矛盾，学生自然不会相信教师所讲的知识内容，甚至反其道而为之。

二、以心交心，保持和谐关系

　　和谐的师生关系是师生进行情感交流的基础，是克服各种教学障碍、保证教学成功的关键。师生情感交融的关键是教师要施爱于学生。教师要通过教学活动将爱浸入学生的心田，以心交心，将积极的情感带入课堂，触动学生的情感，引起师生间情感的共振，形成相互感应的"情感场"。教与学的本质是一种沟通与合作，是教师与学生围绕着教材进行对话的过程。因此，教师要注重加强自身的情感修养，把握住自己的情感，在日常的教学和工作中用自己的真情实感去感化学生，奠定融洽的情感基础，使师生始终保持和谐的关系，促进教学顺利开展。

## 第三节　情感交流式体验教学的经典课例

　　新课改背景下，课堂教学的价值在于使学生在课堂上真正实现有效学习。因此，教师要带动学生主动参与学习，使师生之间、生生之间保持有效互动，使学生的学习内容得到充分合理的安排和落实。情感交流式体验教学正好符合这一要求，它能让课堂变得鲜活，焕发出教育的生命活力，让学生在课程中体验，在体验中学习；在课程中感悟，在感悟中成长，从而获得积极的情感体验。

## 一、经典课例

### 个性化的情感解读[1]

师：咱们在这篇文章的情感中走一趟，看我们能否在文章中发现自己、检查自己、提升自己。请同学们读读这篇文章，看哪些地方最能打动你。

（生阅读汇报交流）

师：三个同学读的三句话都带有"但"字，确实这三句话打动了我们大家。一起看这三句话。第一句，谁来读？

生₁："但，茫茫人海就有一个人不怕死，而且真的愿意替别人坐牢，他就是皮斯阿司的朋友——达蒙。"

生₂："但，茫茫人海——"

师：再细读这句话，结合上下文谈谈你的感受。

生₃：我想皮斯阿司的朋友可能很多，但没有人像达蒙这样愿意为皮斯阿司坐牢，是他的真朋友。其实达蒙完全可以不这样，生命诚可贵，但他为了朋友的这种信仰才为皮斯阿司坐牢。

师："生命诚可贵"这句话用得好！听了你的叙述，我们体会出你此时此刻的心情。请你带着你的感受再读这句话。

生₃："但，茫茫人海——"

师：你为什么这样读？

生₃：这句与前一句形成一个反差。前一句描写情况危急，用一个"但"字，转折非常大。这两个句子结合起来："有谁肯冒着被杀头的危险替别人坐牢，这岂不是自寻死路吗？"一方面体现当时情况危急，另一方面突出达蒙高尚的品质，为朋友两肋插刀。冒着生命危险为朋友坐牢。读的时候这个反问句要强调出来。最后一句用了一个破折号，语气停顿，深沉一些，强调了这

---

[1] 程海霞. 个性朗读，体验情感 [J]. 新课程研究（教师教育），2007，(2)：49.

个朋友就是"达蒙"。

师：刚才几位同学读的语气，有的强调"真的"，有的强调"愿意"，有的强调"但"，情感体验不同，非常好。

在《朋友》一课的教学片段中，著名特级教师窦桂梅引导学生结合上下文理解，反复诵读，品味语言，心入其境，获得自己的情感体验，做到以读带情，读中悟情，感悟人物形象的美好，体会朋友友谊的真挚。一堂成功的课，需要教师对学生良好情感的激发和培育，使学生的身心得以健康成长。

## 二、 实施策略

（一）用心对话，引发心灵共鸣

教学是学生、教师、文本之间对话的过程。交往双方只有通过逐步深入的交流乃至引发心灵的共鸣，双方的对话才是最有效的。对话能使人互相走进彼此的心灵，能使人有真正意义上的倾听、接纳。因此，教学中教师要在把握文本蕴含的情感基调的基础上，爱作者之所爱，憎作者之所憎，设法带学生进入文本特定的情境中，亲身体验稳重的"情"，在心理上产生感受，感情上产生共鸣。在情感交流式体验教学过程中，学生学习不仅要用自己的脑子想，而且要用自己的眼睛看，用自己的耳朵听，用自己的嘴说话，用自己的手操作，用自己的心灵去感悟。情感交流式体验教学解决的不仅仅是对知识的理解，而且使学生在亲身经历中真正实现了对知识的内化和认同。

（二）寓教于情，激发乐学情绪

寓教于情，就是教师要以自身强烈而真实的情感，赢得学生的理解和支持，增强教学的生动性和吸引力，使学生的情感与教学的内容产生共鸣。从教师自身来看，寓教于情是以一定的情感素质为基础的。教师自身应具备高尚的人品，使人"如沐春风"。在教学过程中，教师饱满的工作热情，合理的情感导入，恰当的语言表达，循循善诱的教学方式等，都会使学生保持信息接收系统的开放状态，对教学内容保持一种亲和的、积极的、兴奋的情绪，在接受情感感染的同时乐于学习。

### （三）言传身教，调动情感体验

在教育过程中，师生间互相信任、互相尊重更为重要。学生对教师的喜爱会迁移到所学的课程，他们会更多地投入情感，学习就会充满魅力。在教学中，学生通常会因为喜欢一位教师，而对教师所教的课产生浓厚的兴趣。教师可以通过一个微笑、一个眼神、一个手势带给学生莫大的喜悦与鼓舞，也会因为评价的冷冰冰使学生无动于衷。而师生间的认同，源于教师真诚的情感和内心深处满腔的爱，使学生产生积极的情感体验，让情感放大学生行为的内驱力，增强自信，使学生学习情绪高涨。

## 三、实施方法

### （一）强调学生情感"本身"的培育

情感是体验之灵魂。教学活动既要重视情感因素的参与，又要强调学生情感"本身"的培育。为学生整体的生命成长服务，教师就要创造一种教学内容与主体心灵产生情感联系的条件，如利用多种教学方法和手段使教学内容变得更生动、更形象，激发学生以自己的情趣和品味与之交流，达到情感的激动、情趣的激活和品味的提升。学生情感的健康、丰富与否，从根本上决定着他的人生体验。要实现对学生的精神建构、灵魂塑造和人格养成，教学过程就不能不关注学生的情感活动。教师应加强对学生情感"本身"的培育，让学生在情感孕育中体验，在体验中丰富情感。

### （二）给予学生必要的自由空间

没有自由，学生就不可能有真正深刻的体验，真正属于自己的意义生成。

"对个体内在生命世界的关注,决不意味着对内在生命情怀的简单甚或粗暴的干预,而是一种陶冶,一种自由之境中的涵化。没有自由,就没有个体的真正属于自己的生命情感的化育与生成。"① 在教学过程中,教师应积极引导学生联系自己生活经验去自由地感受、领悟、想象、欣赏,要尊重他们的真实情感。过多的规范、训诫、干预,不可能有活泼的、深刻的体验。教师应在教学中给予学生自由舒展的空间,为学生提供感受、体味、领悟、创造的机会,以把学生个体生命引向高处。

(三)让学生摸索出合适的学习方法

情感体验教学,开发了学生所有的感知器官,使学生获得了更加全面、牢固的认知和理解,更重要的是让学生摸索出适合自己的学习方法,使学生获得了学习知识的造血功能。这样学习起来往往事半功倍。随着知识和方法的积累,学生在学习的过程中,悟出了更多做人的道理,锻炼出坚韧的性格和克服困难的毅力,从而在学习的过程中自觉克服困难和自身的弱点,最大程度地实现了学习效益。情感交流式体验教学符合学生天真活泼的天性,因而容易被学生接受和喜欢,学生更加主动地学习并依据自身的个性而进行创新,让情感体验的学习方法更加丰富。这种已经与学生学习融为一体的情感体验模式伴随着学生的成长,为学生持续学习和发展提供了有力的支撑。

## 第四节 情感交流式体验教学的总结反思

在具体的教学实践中,由于教师对情感交流式体验教学的认识和把握不恰当,因而出现了一些误区,致使学生的情感得不到很好的激发和培养,影响了教育的效果。因此,教师有必要审视情感交流式体验教学的内涵和功能,

---

① 刘铁芳. 生命情感与教学关怀[J]. 高等师范教育研究,2000,(6):26—30.

努力走出误区。

## 一、误解情感体验功能导致情感体验教学形式化

在应试教育的背景下，情感体验功能在现实教学中仍难有一席之地，并未得到广大教师足够的重视。把"情感体验"写进教案，也只是少数教师彰显"入流"的手段而已，事实上多数教师对于情感体验教学的功能有误解。传统的教学观认为，学习必是一项劳其筋骨、苦其心志的长期活动，强调轻松愉快的情感体验教学似乎无法奏效。也就是说，情感体验教学与学生的意志努力是相互冲突的。这是对情感体验教学功能的最为普遍存在的一种误解。[①] 事实上，在承认学习的长期性与艰辛性的基础上，教师完全可以通过引导学生积极的情感体验而激发学生的学习动机，使学生有效地提高认知水平，进而全面地提高综合素养。在情感体验环节，不少教师为了达到情感教育这一教学目标，完成教学任务，往往以走过场的形式浮光掠影、蜻蜓点水般地简析教学内容的情感因素，并没有真正走入学生的心灵世界，顾及学生的情感需要。这种形式化的情感体验教学是不足取的，理应矫正。

情感交流式体验教学的最大特色在于"知情并进"，即使学生高效率地获取知识的同时，作为健康心理的重要构成部分之一的情感本身的品质，也能得到优化和提高。教学中的情感因素是其最好的载体。情感交流式体验教学的研究与实践不仅应将知识和认知策略的掌握归入目标，而且应注重情感体验，使学生在道德感、美感、理智感等情感领域内得到发展与提高，这和素质教育的总的原则是统一的，这也是情感交流式体验教学强大生命力之所在。[②]

---

[①②] 陈洁，吴文胜. 中小学英语情感教学的误区及对策 [J]. 当代教育论坛（下半月），2009，(6)：115—117.

## 二、过于注重情感目标导致牵强附会

随着新课改的推进，我们走向了一个极端，那就是任何教学设计都必须有"知识与能力""过程与方法""情感、态度与价值观"这"三维"目标，如果缺少其中一个目标，就被认为是不完整的教学。因此，教师们想尽办法、牵强附会地"搜罗"所谓的情感教学内容对学生进行硬性的"牵扯"，这种生搬硬套式的做法严重地曲解了情感教育的内涵。其实，并非任何文本知识都具有情感教育的价值和意义，有的文本知识根本没有可引发情感提升和变动的价值因素，学生学习的目的就是单纯地掌握这些知识或提高能力，如果非要和情感教育扯在一起的话，结果将适得其反，容易使学生陷入形式主义的泥潭，混淆认知与情感的本义区别，降低情感教育的真实价值和地位，严重地违背情感教育的初衷。因此，教师在进行教学设计时，万不可"一刀切"，不是任何一节课都要有"情感目标"，而是要根据学生思想情感的现有实际水平和教学知识内容的特点，善于选择那些有利于学生情感熏陶和培育的素材，进行恰当、有效的教学。只有这样，才能使情感教育真正地落到实处，发挥应有的效能。

在实际教学中，由于个别教师盲目追求形式多样，使得教学成了一口大锅烩。殊不知情感教学是一种教学模式，一种教学改革的方向，是一种文化课堂教学效果的方法和手段，却不是包治百病的良药。情感教学的实施，也绝不意味着每节课的每时每刻都要使学生处在强烈的情感氛围之中。

## 三、教师的强势地位导致学生"被情感体验"

目前，教学中的"情感体验"多数是点缀式的，很难让学生形成稳定的情感态度与价值观。虽然新课标强调要确保学生的主体地位，尊重学生的独特见解、独特体验，但很多教师在具体的教学实践过程中，往往还是以自己的好恶来评判学生的情感体验。教师将学生仅仅当作了一个受教育者，看作一张白纸,将自己喜好的情感色彩描画上去。什么是好,什么是坏;什么是美,什么是丑;什么是善,什么是恶,学生都要唯教师的评判标准是从。虽然教师有时也考虑到了让学生发表自己对某些问题的个性见解,但一涉及情感方面,还是会否定学生所谓的"离经叛道"的主张,总是以自己的情感态度为旗帜。教师对教与学的安排似乎变得理所当然。当教师为行云流水般的教学表现而自鸣得意时,谁会想到学生"被情感体验"了?因此,课堂教学中教师过于强势的表现,正凸现了"情感体验"的一个明显的误区。

在课堂上,教师很重视知识与技能目标,提出有价值的问题,让学生探讨解决之道,巩固知识,训练技能。表面上,学生参与了整个教学活动,也算得上节奏快,效率高。但是,从学生的角度来分析,为什么要研究这样的问题?学生自己有什么样的思考?有没有产生疲倦感?学生学习的兴趣何在?其"情感、态度、价值观"能发生多大的变化?教学内容上,教师完全是"强权统治"。在这种安排下,学生只能感受到知识的冰冷,而没有体验到知识的趣味。实际上,学生是"被情感体验"了。教师要走出这样的误区,就要转变自己的强势角色,以学生为主体,尊重学生的独特见解,鼓励学生个性化的情感体验。

现代教育是以人为本的教育。随着素质教育的不断深入,随着新课程的全面实施,我们一定要树立科学的教育发展观,遵循学生身心发展的规律,在教学中充分发掘学生的智力因素和非智力因素,关注和满足学生多元化的情感需要,培养学生健康积极的情感态度与价值观,促进学生情、知、行和谐发展。要达到这样的教学要求,情感交流式体验教学模式无疑是一个理想的选择。如果教师有效地掌握了多种情感交流式体验教学的策略和方法,并能够自如地运用到教学实践中,那么,将起到事半功倍的体验教学效果。当然,教师对情感教育的目标要有恰当的认识和定位,要善于反思和总结,避免走进情感交流式体验教学的误区。

# 第七章　丰富心灵：想象拓展式体验教学

想象是一种特殊的思维形式，是人在头脑里对已储存的表象进行加工改造形成新形象的心理过程。它能突破时间和空间的束缚，达到"思接千载""神通万里"的境域。想象能起到对机体的调节作用，还能起到预见未来的作用。爱因斯坦认为，"想象力比知识更重要，因为知识是有限的，而想象力概括世界上的一切，推动着进步，而且是知识进化的源泉"。心理学研究证明，中小学生的心理发展正处于想象力培养的黄金时期，如果教师在这个时候采用适当的手段进行经常性的想象训练，就会收到事半功倍的教学效果。在教学实践中，教师应充分利用课堂主阵地，因势利导，努力培养学生的想象力。想象也是培养学生人文素养和创造性思维能力的重要手段。在体验教学过程中，教师可以利用一切可以想象的空间，鼓励学生求异创新，大胆想象，生成自己的体验。想象拓展式体验教学的实施，能让学生在想象中体验，丰富心灵，拓展思维，深化情感，更好地提高学习效率，课堂也因此而焕发瑰丽的光彩。

## 第一节　想象拓展式体验教学的实施策略

想象是以感知过的事物形象为基础，以记忆表象（储存在脑中的已有的表象）为原材料进行加工改造而形成的。想象成就了李白心中"飞如银河"的瀑布，成就了俞伯牙、钟子期弦上的"高山流水"。可见，想象有着特殊的作用。孩子的想象力十分丰富，在成人眼中看来是一些很平常的东西，在他们看来却都有童话般的色彩。只要教师积极引导和充分发挥学生的想象力，大力开拓学生的想象空间，就能有效地激发学生的思想，让课堂充满魅力。在想象拓展式体验教学中，教师要根据学生想象力丰富的这一特点，充分挖掘教材的有效支点，善于引导学生展开想象的翅膀，让学生在想象中体验生活的精彩和知识的生成，从而提高综合素养。

### 策略一：积累表象，促进想象

表象是以前感知过的事物在头脑中留下的形象。表象是从感知而来的，客观事物只有通过感知才能在人们的头脑中形成表象，但表象比感觉、知觉更进一步，具有直观形象性和初步概括性双重特点。人们的知识经验主要是通过词和表象两种形式保留在头脑中的。有了表象，就有了记忆，就可能发生思维、想象等智力活动。表象不断丰富，对促进学生记忆力、思维力和想象力的发展具有很大的帮助。想象需要丰富的表象做基础，而丰富的表象又是在大量接触并观察事物过程中才能形成的。因此，教师在教学中应培养学生做生活的有心人，认真观察和体验生活，使学生不断吸收大量的信息，获得丰富的表象储备。这样，学生在参与学习活动时才能自由地放飞想象的翅膀，深化认知，增强体验，提高能力。

**表象的获得**[①]

教学"圆的周长和概念"时，为了帮助学生形成"圆周"和"圆面"的表象，教师可以找一个圆的实物模型，在圆的周围镶有红线，把圆的周长明显地显露出来让学生观察。再让学生用手指沿着圆周边缘摸一圈，用触觉感受"周界"，使学生感知圆的周长是一条封闭的曲线，与长方形、正方形成折线状的周长不同。接着让学生伸开手掌摸一摸圆的表面，获得"平面"的感觉，使学生感知到圆的面积是指封闭曲线内部平面的大小。然后再引导学生在自己的圆的实物上用彩色笔绘出圆的周长，用阴影部分表示出圆的面积。最后再让学生比较圆周长、圆面积，加深印象。这样，通过观察、摸一摸、画一画、比一比等活动，使学生在充分感知的基础上获得具体的圆的周长和面积概念表象，那么，在以后计算圆的周长和面积时，学生头脑中就会浮现出"圆周"和"圆面"相应的表象，不至于混淆二者，同时，也有助于学生建立起圆的周长和面积的空间观念。

表象是具体感知的形象在头脑中的保持，表象的量越丰富，质越具体，创造出来的新形象就越独特越生动。教师要尽可能让学生参与实践活动，以积累各种各样的表象。当积累了越来越多的表象以后，学生就能在想象体验中得心应手，提高学习效率。

## 一、指导观察，积累表象

观察是信息输入的通道，是思维探索的大门。"一粒沙里有一个世界，一朵花里有一个天堂"。想象的内容总是来源于客观现实，是随着经验的积累而产生出来的。如果没有对现实生活的细心观察，想象力的激活只能是无源之水、无本之木。生活就是学生天然的教材。学生对于世界认识的加深，在很大程度上取决于表象积累的广度和深度。通过观察让学生去认识和了解生活

---

① 顾丽杰. 浅议表象积累与培养学生的思维能力 [J]. 小学教学参考（综合版），2009，(36)：68.

中的事物，在那最鲜活的绚丽多彩的场景中去感受，去思考，去想象。通过这样的观察积累丰富的表象，是智慧的启迪，是语言的实践，是愉悦的体验。因此，教师在平时要指导学生细心观察生活，增加学生的表象储备，促进学生想象力的提高。

## 二、充分感知，积累表象

表象以感知为基础，没有感知，表象就不可能形成。教育心理学指出，学生的感知越丰富，建立的表象越具有概括性，就越能发现规律性知识。但是，丰富学生的感知不能靠大量的、单一的材料简单重复，而要多方位、多种形式、多种感官参与感知，如运用实物、模型、图片、操作等途径，才能在学生头脑中建立正确而丰富的表象。这就要求我们在教学中加强直观教学，为学生提供丰富的感性材料。一方面通过观察，引导学生有目的、有顺序地进行感知；另一方面通过演示、操作，像量一量、剪一剪、拼一拼、折一折等操作活动，让学生多种感官充分感知，获得丰富的表象。[①]

### 策略二：展开联想，提升效率

联想是指人们根据事物之间的某种联系由一事物想到另一事物的一种思维方式，是将眼前事物与以往曾接触过的相似、相反或相关的事物发生联系的纽带和桥梁。联想教学法，就是在教学中就某一知识、某一现象或某一问题引导学生展开相关联想，达到激发学生思维、活跃课堂氛围、提高教学效率的目的。这种教学法能更好地结合学生的特点，通过纵向联系及横向联系调动学生学习的积极性和主动性，促使学生温故知新，巩固知识，联系生活，增进理解。它可以很好地训练学生的发散思维能力、系统把握知识能力和有效解决问题的能力，使学生学以致用；可以促使学生在学习中加强学科渗透，

---

① 顾丽杰. 浅议表象积累与培养学生的思维能力 [J]. 小学教学参考（综合版），2009，(36)：68.

落实学科知识的综合应用，全面学习各学科知识，从而促进学生的全面发展，提高综合素质。但是，运用此法时，教师应当理性把握，特别是要注意恰当选择联想范围，有针对性地引导学生在联想中体验。如果选择范围不恰当，不仅会影响教学效率的提高，还会影响教学任务的完成，甚至导致教学失控。

### 想象花开的美景[①]

师：请大家闭上眼睛，听我朗读这两句诗，边听边想黄四娘家花园百花争艳、万紫千红的美景。

（师读"黄四娘家花满蹊，千朵万朵压枝低"。）

师：想好了吗？说说你们的感受。

生：我的眼前出现了红色的、粉色的、紫色的、蓝色的花朵，真是五彩缤纷，漂亮极了。

生：我的眼前仿佛出现了一簇簇稠密的花朵，花枝都被压弯了。

生：我的眼前仿佛出现了一条开满各色花朵的小路，像一条蜿蜒起伏的彩色绸带通向黄四娘家。

生：微风轻拂，花儿随风起舞，花香四处溢散，我都闻到花香了。

师：同学们的想象力真丰富，不仅看到了美丽的花朵，还闻到了花香，你们能根据花的色彩、数量、味道用一个四字成语来形容黄四娘家花园的情景吗？

……

在教师富有情感的朗读引导下，学生由诗句引发了丰富的联想，心灵有了充分的体验，他们对诗句的理解更加深刻，学习也更加轻松。在教学中，教师要善于根据教学内容，以点拨为主，引导学生联系已学知识和生活经验，展开联想，深入体验，从而发挥学生学习的主动性和积极性，让学生在知识和生活的海洋里尽情畅游。

---

[①] 张春阳. 语文想象阅读教学研究 [D]. 山东师范大学，2011 (4).

一、温故知新，展开联想

在想象拓展式体验教学中，教师积极引导学生运用已学过的知识展开联想进行体验，能达到预期的教学效果。也就是说，教师要引导学生温故知新，使学生在联想旧知识的基础上迅速理解和掌握新知识。学生只有将新知识与原先积累的旧知识形成非人为的本质联系，才能更好地让新知识印进自己的头脑。运用此法进行教学，可以充分利用学生的想象力，补充教师讲述的不足，便于更好地完成教学任务；还可以吸引学生的注意力，激发学生的学习兴趣，提高思考分析的能力，培养学生的探索精神。要运用好此法，首先，教师课前要充分准备，了解哪些知识可以引导学生展开联想，达到教学目的，以免教学陷入被动局面；其次，教师平时要与学生多些沟通，了解学生的学习情况，把握学生的心态。

二、联系生活，展开联想

生活中处处是联想：由"春风"就会想到"百花齐放"，由"秋风"就会想到"枯槁衰败"，由"春蚕"就会想到"奉献牺牲"，由"教室"就会想到"老师和学生"……联想无处不在。联想能开艺术之花，想象就能结艺术之果。生活经验往往蕴含着丰富的信息、科学的道理。在教学中，教师要善于联系生活，创设生活情境，让学生把所学知识置于生活现象中并作联想性投射，通过体验由此及彼，解释现象，获得新知。丰富的生活积累是想象力的基础。缺乏生活积累，想象力必然流于一般，或是胡思乱想，或是千篇一律。如果学生平时对生活冷淡，对周围事物漠不关心，只是机械地学习，那么就难以展开丰富多彩的联想。教师鼓励学生体验生活、感受生活，是想象力培养的必要环节。

策略三：动态想象，拓展思维

动态即事情发展变化的情况或活动中的状态、状况。"动态想象"是根据言语的或图样的示意，在人脑中形成相应的新形象的过程，它也是在感知的基础上，改造旧表象、创造新形象的心理过程。在体验教学中，大胆放手让学生进行动态想象，将是丰富学生空间概念、培养学生空间想象能力、拓展学生创造性思维的一种行之有效的教学策略。引导学生发挥动态想象，对于"动态生成"课堂的实现，也有着不可低估的促进作用。有时，动态想象策略的科学实施，比动手操作活动的展开显得更为重要。只有让学生在学习中真正有时间进行动态想象，有方法进行动态想象，才能使学生的动手操作活动更有效果。有些涉及空间概念的学习内容，仅仅依赖于动手操作来帮助学生建立"空间观念"和培养学生的空间想象能力，可能会事倍功半。要让动态想象策略的价值最大化，教师就要科学合理地实施，积极主动地把握。

**在动态想象中丰富感知**[①]

师（出示5幅小鸭卡通画）：有什么不一样？

生：前面3幅都是头朝左，第4幅是头朝上，第5幅是头朝右。

师：怎样能使它们一样呢？

生：把头向上的向左转一下，把头向右的先向下再向右转一下。

师（演示卡通画旋转的过程）：这样的运动方式是什么，谁知道？

生：是旋转。

（学生学习过平移的概念后）

师：如果你看不到图，只给出一些文字，你能判断下面这些运动中哪些是旋转，哪些是平移吗？

（师出示以下表格）

| 钥匙开锁 | 汽车方向盘转动 | 汽车行驶 |
|---|---|---|
| 滑雪运动 | 电梯上下 | 大风车转动 |

师（重点追问）：汽车行驶是什么运动方式？

---

① 王兆正. 动态想象应先于动手操作 [J]. 江西教育，2011，(35)：42—43.

生：我觉得是平移。

师：整个车子在平移。你说呢？

生：我觉得还可以是旋转。

师：哪里可以呢？

生：车轮一直在旋转。

师：滑雪运动是什么运动方式？

生：是平移。

师：想一想，全是平移吗？

生（受到启发）：有的时候是旋转。

师：什么时候？

生：在空中翻跟头的时候。

（师播放滑雪的录像片段，让学生分辨什么时候是平移，什么时候是旋转）

动态想象可以激活学生已有的知识和生活经验，并有效地提取运用。教师采用动态想象策略，在课始提出"画片摆得不一样，如何摆放好"这一问题与课中看文字判断运动方式，都有意地后置了"操作演示"的过程，就是要学生先提取自己的生活经验回忆物体是怎样运动的，然后再思考回答。这样与自身知识、经验紧密联系主动获取的知识，有利于学生知识结构的重建和内化。

## 一、正视思维起点能力，有效实施动态想象

奥苏贝尔在其著作《教育心理学》的扉页上写了这样的话："假如要我把全部教育心理学还原为一条原理的话，我只会说影响学习唯一的、最重要的因素是学习者已经知道了什么。"教师在教学前只有十分清楚学生目前已经知道了什么，已经具有哪些学习经验，尚未获得哪些学习经验，才能开始新知识的传授；只有清楚了解每一个学生的"锚桩"，即起点在哪里，关注学生的

起点思维，才能更有效地实施动态想象策略，使满载新知识的航船安全靠岸。倘若教师不了解学生已有的知识水平和生活经验，不正视学生的起点思维，就难以激活学生的动态想象，达到预期的教学效果。

二、把握动手操作时机，有效实施动态想象

新课程十分强调学生的动手操作，但是如果教师在教学过程中未能充分研究学生的学习特点和学习规律，只是一味过早地让学生进入"动手操作"环节；未能在学生动手操作前进行必要的动态想象，那么，就会使教学失去了一种培养学生空间想象能力的大好机会。殊不知，这样的"动手操作"后的动态想象，其实是不具有多少真正的想象成分的，更多的是一种"动手操作"后对已有表象的再现和表述。因此，教师是否把握好动手操作的时机，对动态想象策略的有效实施尤为重要。在教学中，要让学生在动手操作前先进行仔细观察，合理猜想，再在动态想象的基础上动手操作。这样做，有利于学生在操作过程中进行深入的思考，对想象活动进行必要的内化，有利于学生空间观念的有效发展。当然，实施先动态想象再动手操作的策略，还要关注学生学习思维的最近发展区，处理好动手操作和动态想象的辩证关系，避免学生操作活动的随意性和虚假性。

## 第二节 想象拓展式体验教学的运用方法

想象是创造之源。人类历史的进步固然是人类经验的不断积累，但无不与想象紧密相连，否则不会有今天的电器化、信息化，不会有人类月球之行，更不用说对太空的开发和利用。古今中外，许多伟大的科学家、发明家、思想家、艺术家的科学理论和发明创造都萌芽于想象。狄德罗指出："想象，这是一种特质。没有它，一个人既不能成为诗人，也不能成为哲学家。"没有想象，也就无从理解知识中的精髓，难以体验创造中的乐趣，学生自然就不是一个机智的人、理性的生物,也就不成其为人。想象作为教学的主旋律,有着举足轻重的地位。事实上,我们并不缺乏培养学生想象力的载体,关键是我们是否认识到培养学生想象力的重要性,并采取切实有效的方法去培养学生的想象力。因此,教师有必要用热情和智慧,培养学生丰富的想象力,让学生尽情体验想象之美,充分体验学习之趣。

### 方法一:巧设问题,启发想象

中小学生接受能力强,思维活跃,想象力丰富,蕴含着极大的创造潜力。这为培养创造性思维和丰富的想象力提供了有利条件。孔子曰:"疑,思之始,学之端。"问题作为被思考的客体或对象,在创造性思维活动过程中,具有独特的思维功能和重要作用。教师应遵循学生的认知发展规律、思维发展规律和心理发展规律,从学生的实际情况出发,根据教学的重点、难点,巧妙设置一些有价值的问题,创设点燃学生热情的"疑"点,启发学生展开想象,拓展学生的思维空间与宽度,让学生充分体验思维之趣、探究之乐,感受创造想象的魅力。这样不仅有利于学生深入理解和掌握知识的要点,提升学习效率,而且有利于培养学生的创造性思维和想象力,最终促进学生创新意识和能力的提高。

#### 激起想象之疑[①]

在欣赏《数鸭蛋》这首歌的教学中,由于录音是用江苏高邮的土话唱的,学生听了一遍后不是很明白意思,所以张老师向他们讲解了歌词的内容。可"呱!呱!‖:衣责责来:‖呱!呱!"这一小节音乐表现的是什么内容,学生不容易想到。张老师故意不直说,而是设问:"这时候人们好像在干什么?"教室一时陷入了安静之中。见状,张老师因势利导又要求学生带着问题听一遍音乐。听完后,学生纷纷举起手,抢着要发表自己的想法。有的说:"好像

---

① 张雅君. 浅谈小学音乐欣赏教学中想象力的培养 [J]. 成功(教育),2011,(12):166—167.

是养鸭人脸带笑容在数着大鸭蛋。"有的说:"在喂鸭子。"有的说:"在赶鸭子下水。"还有一位小朋友说:"这时候好像两家在争着说自己家鸭蛋最大。"学生们的想法只要符合当时的音乐情境,张老师都表示赞同。随后,张老师叫他们在"呱!呱!‖:衣责责来:‖呱!呱!"这一小节,跟着音乐唱起来,并把自己的想法用动作表现出来。这时的教室,简直成了一个忙碌的养鸭场,学生的动作是那么逼真,心情是那么欢畅,真是"学起于思,思源于疑"啊!

"疑"能使学生产生认知冲突,进而拨动思维之弦,激发创造潜能。要使学生生"疑",教师就要不失时机地激"疑",激"疑"的理想办法就是设"疑",也就是巧设问题。在教学中,教师有针对性地巧设问题,启发学生大胆想象、积极思维,将会获得良好的教学效果,增进学生探究求知的愉悦体验。

## 一、巧设问题情境,激发想象热情

问题情境是指教师在教学中创设的、围绕提出问题、解决问题而形成的一种氛围。具体地说,就是要使学生在课堂上能够不时地遇到一个又一个迫切需要解决的问题,以此引发好奇心,积极开动脑筋,勇于探究新知。而学生的创新意识往往来自于充满疑问的情境。巧设问题情境,就是在教学内容与学生求知心理之间巧妙地制造一种"不协调",把学生引入一种与问题有关的情境中。通过问题情境的有效创设,能够使学生明确探究目标,给思维以方向,同时启发学生展开自由的想象,给思维以动力,让创造潜能得到发展。[1] 因此,教师要巧设问题情境,激发学生的想象热情,让教学丰富多彩起来。

---

[1] 陈树春. 巧设问题情境,培养创新意识 [J]. 学生之友(小学版),2011,(7):70.

## 二、 巧设悬念问题，拓宽想象空间

"悬念"作为一种心理活动，本指欣赏戏剧、电影或其他文艺作品时，对故事发展和人物命运的关切心情，是由于对所解决问题未完成因而不满足而产生的。一个具有强烈悬念的问题，更能诱发学生的求知欲，激发创造性思维和想象力。教师要善于挖掘教材因素，巧妙地设置一些有"悬念"的问题，为学生的想象提供广阔的天地，激发学生的学习动机。当然，教师所设置的悬念问题，应是经努力又能解决的问题，难度要适中，符合学生的实际情况，既能吸引学生的注意力，又能唤起其好奇心和想象力。如果问题较难，学生打不开思路，无从想象；如果问题较易，学生轻松解决，也不能发挥想象的作用。

### 方法二：妙借空白，激活想象

接受美学认为，作品的美学价值是作者在创作过程和读者在接受过程中共同创造的。这创造的基础便是作品的空白。它能给读者留下想象空间，激发读者的想象力。在书法、绘画、建筑的构图中，均有"留白"的讲究，即整个画面不被景物填满，而留有一定的空白，呈现出一种"无画处皆成妙境"的艺术境界，给人留下无限的遐想和思维的空间。文学作品亦如此。刘熙载在《艺概》中说"文有不言者"，可见，文章除了直接用文字表达外，还可用"不言"传情达意。"不言"，就是指作者有意或无意留下的、没有写明的、召唤读者想象的"空白"。这种"不着一字，而形神俱备"的留白是一种智慧，也是一种境界，正好可以成为教学资源，给学生一个个性化理解、想象和再创造的空间。教师若能引导学生深入挖掘教材中耐人寻味的空白，妙借空白，激活学生的想象，让学生去思索、去回味，那么，学生的体验将是新颖的、特别的，而教学将是美不胜收、和谐宽松的。

## 利用"留白",延展精彩[1]

苏教版第八册语文教材的《第一朵杏花》中有这样一段话:"时间像飞箭,转眼又是一年。春风吹绿了柳梢,吹青了小草,吹皱了河水,吹鼓了杏树的花苞。"这是一段景色描写,一般我们只把它当做一个过渡段,只把它作为景物描写来讲解,但是仔细品读,会发现这段话大有文章可做。在这段话的前面是竺爷爷对小孩子说的一句话"我有用处,明年你可要留心点",而在这段话之后就是小孩子告诉竺爷爷杏花开了,而且是第一朵。文章只写出了时间的变化,却没有写出小孩子是如何留心观察杏花的。因此,有位教师设计了这样一个想象练习来引导学生关注这段话:

春风吹绿了柳梢时,小孩子_____

春风吹青了小草时,小孩子_____

春风吹皱了河水时,小孩子_____

春风吹鼓了杏树的花苞时,小孩子_____

学生的答案精彩纷呈,通过他们的语言描述,我们看到了一个个仔细观察、坚持不懈、热爱科学的孩子。利用这样一种训练形式也使教师的目光不仅停留在美好的春光上,而且看到了小孩子是通过仔细观察才有了后面的发现。这个小孩子有这样的恒心,能坚持到底的原因就在于他受到了竺爷爷的潜移默化的影响。教师抓住了这些"留白"的细节,就有助于学生更深入地体会竺可桢爷爷的可贵精神。

教师巧借文本留下的空白,引导学生进行想象拓展式体验训练,因而丰富了学生的心灵体验,培养了学生的创造思维能力。可见,教师应在教材中寻找适应学生训练的"空白点",激活学生的想象,加深学生的体验,使学生拥有多姿多彩的学习生活。

---

[1] 周月佳. 放飞想象,唤起共鸣补空白 [J]. 考试周刊,2012,(65):36—37.

一、依托文本，挖掘空白

在教学实践中，文本是一个培养学生想象能力的很好载体。好的文章像书法，有时密不透风，有时又疏可走马。作者常有意不把意思挑明说透，刻意留下空白，让读者揣摩；或因表达的需要，省略了一些内容，留下空白。教师要善于引导学生依托文本，挖掘空白，让空白成为学生想象体验的材料。古人云："言有尽而意无穷。"阅读文本，既要看到纸页上的字句，更要借助想象，从无字句处读书，挖掘文本的内涵，甚至赋予文本新的意蕴。教师应该利用好这些"疏可走马"处，巧妙地创设教学情境，激发学生展开大胆的想象，为这些空白增添亮丽的色彩，从而实现对学生想象能力的培养。

二、择要补白，加深体验

文本中的空白，有的是言外存意，让读者猜想；有的是言此意彼，让学生琢磨；有的是迂回的反衬；有的是委婉的曲笔，它们都是召唤读者想象的未定性的意蕴空间。把这些空白处，择要地让学生凭借语境展开想像进行填补，既能丰富文本的内容，又能激活学生的思维，加深学生的体验。正如伊瑟尔的"空白"理论："文本给读者留下的不确定的'空白'，等待读者用想象去补充。补充的过程就是发觉意义的过程，就是以自己的经验去再创造的过程。"这种"空白"为学生提供了想象、思考的空间。教师要借助教材中的内容，适时地引导学生推测、构思，以再造想象的形式把空白填补出来。

方法三：活用插图，拓展想象

插图，作为一种直观的视觉信息和教学媒体，是教材内容的有机组成部分。它传递着与教材内容相关的丰富信息，并提供了相关的背景。现行新教材中都配有大量精美的插图，具有形象、生动、可观的特点。有时，一幅立意角度与视觉效果俱佳的插图留给学生的印象甚至可以超过教材内容本身。

因此，有人形象地把插图称作是教材的"第二语言"。著名教育家叶圣陶先生说："图画不单是文字的说明，且可拓展儿童的想象。"在教学中巧妙地运用插图，让学生展开丰富的想象翅膀，在思维领域翱翔，也是教学的主要目的之一。教师在教学中善用插图，能使理性问题感性化、抽象问题具体化、深奥问题通俗化。然而，教材中的插图都是静态的，其内涵具有一定的内隐性。同时，不少教师对插图重视不够，有的甚至从来不用。这无疑是对课程资源的一大浪费。因此，在教学中挖掘插图的内涵，巧加利用，拓展想象，将插图的内隐性变为外显性，让其进入课堂，往往能收到意想不到的效果。

**放飞想象的翅膀**[①]

在教学《牛郎织女》一文时，教师就可以从插图入手，唤起学生学习的期待。因为孩子对民间故事特别感兴趣，尤其对牛郎织女这样的故事更是耳熟能详，有的学生甚至能够完整地讲述故事情节。叶成珠老师在教学这篇课文时，首先让学生观察文中牛郎织女相见的插图，让学生展开丰富的想象，用自己的语言描述插图的情景，给插图配一个自己编的故事。学生们兴趣十足，都争先恐后地介绍着自己给插图编的故事。接着，叶老师问："我们的课本中又是如何介绍牛郎织女的故事的呢？"这样不仅顺势导入了该课，而且调动了学生学习的积极性。

教材中的插图，精美传神，直观形象，对学生颇有吸引力。插图就像是教学中的调味剂，倘若教师善于运用这样的调味剂，就会拓展学生的想象，丰富学生的体验，使单调的课堂变得精彩起来，使枯燥的学习变得有趣起来，从而获得理想的教学效果。

## 一、妙用插图，预测内容

插图具有直观性和建构性，能够充分调动学生的视觉记忆、联想能力、

---

[①] 叶成珠."放生"文本插图，放飞想象翅膀[J]. 中小学教学研究. 2012,(2): 10.

思维能力。教师可以引导学生运用图文对照的方法来了解插图所揭示的内容信息，再进入学习。这是常规的教学方法，并未能真正发掘出插图的教学价值。基于此，教师不妨适时地指导学生观察插图，巧用插图提供的直观线索，让学生结合自身的知识和生活经验，对插图内容进行大胆推测或预测，然后再与文本内容相比较，看是否推测或预测准确、合理。这样妙用插图，不仅可以培养学生的观察能力、想象能力、推断能力和探究能力，还可以激发学生的求知欲。当然，并不是所有插图都适合学生去推测或预测，教师应根据教学的实际需要加以利用，如果不加选择地滥用而影响了教学效率，那么就没有必要了。

### 二、借助插图，拓展创造

插图蕴含着丰富的智力因素，但插图是静态的，是瞬间的定格，显示的只是一个场景。如何抓住智力因素并结合场景，引导学生展开合理的想象，成为培养学生创造性思维和创新能力的理想尝试。因此，教师在指导学生观察插图时，应要求学生透过插图内容想象隐藏在插图背后的东西，使画面中的人物、事物鲜活丰满起来。当学生熟练掌握重点内容后，教师可以让学生再一次观察插图，联系生活实际，展开由此及彼、由表及里的想象，对插图内容进行拓展创造，或编写故事，或扩展情节，或练习提升，从中获得快乐的体验，也让课堂活力十足、多姿多彩。

## 第三节 想象拓展式体验教学的经典课例

一个没有想象力的人是很难有所作为的。孩子是富有想象力的，世界在孩子的想象中，充满着奇异的色彩。孩子的想象，是创造活动的萌芽。课堂，理应成为孩子们可以恣意放飞想象的地方。一个精彩的课堂，不仅能让孩子体验到求知的乐趣，还能让孩子体验到想象的乐趣，而教师也能从中领略到幸福感和成就感。

## 一、经典课例

**启发想象，深化体验**[①]

　　课文《桥》塑造了一位普通的老共产党员的光辉形象，面对狂泻的山洪，他果断指挥，把生的希望留给别人，把死的可能留给自己。在教学老汉和小伙子对话的片段时，彭老师引导学生仔细品读描写人物动作、对话的词语和句子，启发学生想象，加深体验。

　　师：我们来读一读描写老汉和小伙子的动作和对话的部分。老汉突然冲上前，从队伍里一把揪出一个小伙子，吼道："你还算是一个党员吗？排到后面去！"老汉凶得像只豹子。读到这里，你有什么疑惑吗？

　　生1：我不明白，村支书对群众无私奉献，而对这个小伙子怎么会是这样的态度呢？

　　生2：这个小伙子与老汉是什么关系？

　　师：一个"冲"，一个"揪"，再加上一个"吼"，既表现了情势的危急，又表明老汉对小伙子的强烈不满，我们再仔细读一读这段话。

　　（学生先自由读，再齐读）

　　师：如果只读到这里，不读后面部分，你们觉得小伙子和老汉可能是什么关系呢？猜想一下。

　　生：从对话的语气上看，他俩的关系不一般，可能是父子关系。

　　师：假如他们是父子关系，你会怎样想？

　　生3：老汉对儿子要求非常严格。

　　生4：老汉希望儿子能像他一样把生的希望留给群众。

　　师：老汉就不希望儿子活下去吗？

---

　　① 彭丽（执教），王东梅（评析）. 启发想象，加深体验——《桥》教学片段及评析 [J]. 云南教育（小学教师），2010，(3)：37.

生₅：不是的！课文后面提到，当只剩下他俩的时候，老汉推小伙子先走，并且冲着他吼"少废话，快走！"。从这儿可以知道，老汉是希望自己的儿子能够活下来的！

师：小伙子"瞪"了老汉一眼，站到了后面。你觉得儿子恨父亲吗？

生₆：儿子也许会有怨气，但是他不恨父亲。

生₇：儿子只是感到父亲的口气是命令的，态度有点生硬，但他不恨父亲。文中写到，最后只剩他俩时，儿子让父亲先走。看得出，他理解父亲，爱父亲。

师：读得真仔细！是的，在危险面前，老汉要求儿子先救群众；在最后危急的时刻，老汉想把生的机会留给儿子。但是，无情的洪水冲走了这个机会——突然，那木桥轰的一声塌了，小伙子被洪水吞没了。老汉似乎要喊什么，猛然间，一个浪头也吞没了他。同学们，老汉要喊什么，老汉会喊什么呢？

生₁：儿子！我的儿子！

生₂：儿子，不要怨爸爸！

师：儿子会怨爸爸吗？如果你有这样的爸爸，你要对他说什么？

生₁：爸爸，你是我的骄傲！

生₂：爸爸，我会像你一样，做个舍己为人的人！大公无私的人！

师：可惜，爸爸没有喊出来。儿子既没有听到爸爸喊什么，也对爸爸说不了什么。老师为你们有这样的想法骄傲！当我们读到后面，知道了他们的关系后，觉得一切都在情理之中。让我们再一次有感情地朗读一遍课文，把父亲对儿子的严和爱读出来。

……

## 二、实施策略

教师引导学生抓住人物动作和语言的描写，想象事件情境，让学生入境入情，体验、感悟，受到情感熏陶和思想感染。在想象拓展式体验教学中，教师不能代替学生的想象和体验，教师能做的是引导学生根据教学的关键内容展开想象，深化体验，获得深刻的感悟和理解。

（一）创设情境，让学生乐于想象

教学情境如何，对学生的心理状态、学习效果至关重要。在积极愉快的气氛中，学生的大脑皮层处于兴奋状态，此时学生的思路开阔，思维敏捷，想象丰富，而教师的教学艺术也能得到最大限度的发挥。在动人的想象情境中，学生更能发挥丰富的想象力，获得快乐的想象体验，提高学习效率。因此，教师在教学中要善于把握时机，充分挖掘和利用教材，尽量为学生搭建想象的平台，创设想象的情境，并给学生以恰当的引导，这样就可以充分挖掘他们的思维潜质，让学生乐于想象。

（二）点拨有方，让学生善于想象

教学活动是知识信息的传导过程。教师不仅要引导学生贮存信息，更要点拨他们对信息进行筛选、加工。每个学生都是一个活生生的具有差异的个体，即使同一教学内容，他们的理解也不尽相同。教师要抓住能撞击学生智慧火花的环节，使学生获得某种创新的启示，鼓励学生把要解决的问题和学过的知识有机地结合起来，充分挖掘其潜能，充分展示各自的长处，最后"殊途同归"，从多方面解决问题。教学的提问设计、问题点拨，应具有培养再造想象的功能，应充分显示创新思维开放性之优势。教师要适时点拨学生分析问题，启发想象，让学生把隐藏的认知过程充分显示出来。这样，学生的创造思维才会得到培养。[1]

---

[1] 徐志梅. 创设情境，启发想象，培养学生创造能力 [J]. 镇江高专学报，2010，(1)：119-120.

### （三）提供机会，让学生敢于想象

黑格尔在他的《美学》中指出："最杰出的艺术本领就是想象。"想象是创造的先导，是从模仿到创造的阶梯，丰富的想象可让学生兴趣盎然地思考。学生的想象力是惊人的、丰富的；但是如果没有机会去发挥想象力，那么就是一种浪费，想象体验就无从谈起，教学也就难言有效。因此，教师应充分利用一切可供想象的空间，挖掘培养想象力的因素，给学生提供自由想象、实践学习的机会，帮助学生冲破知识经验的局限，有意识地对学生进行敢于想象、敢于创新的训练，引导学生由单一思维向多向思维拓展，并在探究学习过程中实现认知能力的飞跃。

## 三、实施方法

### （一）尊重学生，鼓励大胆想象

少年儿童时期是培养想象力的最佳时段，学生们奇异丰富的想象往往孕育奇妙的创新。可以说，任何创新都萌芽于看似幼稚的异想天开中。作为教师，当面对学生神奇的想象时，应该鼓励和呵护。即使学生提出的是一些幼稚可笑的想法，教师也要谨慎对待，首先给予尊重，然后引导他们进行合情合理的分析。如果教师严厉斥责，全盘否定学生的想法，那么，势必打击学生的自尊心，他们以后就不敢大胆地展开想象了。如此一来，学生的探索精神和创造性思维就会受到压制。可见，教师在教学中应尊重学生的奇思妙想，鼓励他们大胆想象。

### （二）赏识学生，促使主动想象

学习心理学指出，想象的主动性是指想象的积极性与目的程度如何。想象主动性良好的学生，在一切学习活动中都能以积极的态度对自身已有的表象进行加工改造、重新组合，能紧紧围绕所确定的主题和目的有计划有步骤地展开自己的想象，并保持一定的方向，因而能比较顺利地取得学习成果。如何激发学生想象的主动性呢？关键在于教师要赏识学生，相信每个学生都具有想象的潜力和创造的禀赋。教师要多透过语言和动作、眼神和表情，给学生以欣赏和赞许。这些"赏识"信息对学生来说，是非常强烈和重要的。他们天马行空的想象力因此而激活，并得以保持下去。

（三）帮助学生，引导学会想象

学生是学习的主体，拥有想象的主动权。但是，学生有时不懂得如何发挥想象力，这就需要教师给予帮助和引导，避免一些不必要的想象误区。"孩子的大脑不是需要被填充的机器，而是一把需要被点燃的火把"。这话不无道理。教师要以促进学生主动发展为立足点，挖掘学生的思维潜能，培养学生的创新意识和实践能力，真正让学生学会思考、学会学习。在帮助学生学会想象上，教师应重在为学生提供方法指导，使学生掌握一些实用的想象方法，能够合理地、有效地展开想象，解决问题，提高能力。

## 第四节　想象拓展式体验教学的总结反思

在新课程理念下，想象教学日益受到广大教师的重视，并常以新颖的形式付诸于课堂实践，达到了良好的教学效果。而想象拓展式体验教学的提出，则站在更高的层次审视想象教学，有所开拓创新，突出学生想象的体验性，注重学生心灵的丰富和精神的愉悦。因此，实施想象拓展式体验教学，在掌握其实施策略与运用方法之后，有必要了解有关理论和操作层面上的问题，让其发挥最优的教学效果。

一、要营造有利于学生想象的学习氛围

为学生营造有利于想象的学习氛围是其展开想象的前提。一潭死水般的学习氛围只会扼杀学生的想象力，使学生不能想象、不会想象、不敢想象，学生的思维受到压制，智慧火花熄灭，学习热情消退。可见，激发学生的想象力，培养学生的想象力，让学生在想象中快乐体验，获得新知，首先应从营造学习氛围入手。民主融洽、宽松和谐的学习氛围是学生大胆想象的情感空间，是消除师生间的隔阂，缩短师生的心理距离的良方，也是鼓励学生发表意见、激励学生开启思绪、培养学生创新能力的条件。在这种民主、平等、和谐、愉快的学习氛围中，学生学习情绪高昂，智力活动达到最佳状态，内心获得满足感与成就感，主体性作用得到了有效发挥。因此，教师要积极营造民主融洽、宽松和谐的学习氛围，尽量避免学习氛围出现消极、沉闷的局面。

在新课改背景下，教师要摒弃"师道尊严"的旧观念，以服务者的角色设身处地为学生创造轻松良好的学习氛围，建立一个接纳性、宽容性的课堂气氛，形成一个互教互学的"学习共同体"，尊重学生的学习体验，鼓励学生大胆质疑、发表见解、与教师争论。只有处于这样民主宽松的教学环境，学生才会以愉快的心情钻研问题、启动思维、驰骋想象。营造良好学习氛围的方法有很多，这需要教师在教学中不断去发现和总结。

## 二、要避免学生无序而又低效的想象

想象拓展式体验教学倡导学生自由想象，并且通过想象拓展，获得快乐的学习体验，激活思维，丰富情感，提升能力。这就要求教师在引导学生展开想象时，注重想象的有序性、有效性，科学指导，适当评价，保证想象的"效率"，不流于一般化。但是，在现实的教学中，我们往往会发现这样一种现象：教师从以前的教学"统治者"一下子成为"旁观者"，任凭学生无序而又低层次地想象而不顾，甚至还会不合时宜地给予肯定，学生的想象失去了应有的方向，自然也就达不到预定的教学目标。这些教师认为要"尊重学生""让学生的个性得到发展"，就一味地提倡"让学生自由地想象，个性化地思考问题"。我们认为这种对个性发展的诠释有失偏颇，因为这样很可能使学生停留在原来的思维水平上，难以实现真正的发展。

在教学中，教师启发学生想象，引导学生思维，既要有适度的开放性和灵活性，又要关注培养学生思维的有序性。教学实践告诉我们，只让学生各抒己见，而没有教师精当的讲授和适时的点拨，是不可能将学生的思维引向深入的。只是让学生自由体验，而没有教师的组织和引导，也很难培养出具有创新品格的人才。

## 三、要通过延伸课外丰富学生的想象力

理学家朱熹有诗云："问渠那得清如许，为有源头活水来。"要丰富学生的想象，提高学生的学习能力，如果仅局限于课堂、课本，那就太狭窄了。想象力是一种特殊的思维能力，它不受时间与空间的限制，可谓"无时不有，无处不在"。教师要引导学生走向社会、深入生活、观察生活，通过开展丰富的课外活动，如参观、访问、游览、野炊、调查等，带领他们接触大千世界，去思考，去学习，去受影响，并有的放矢，随时点拨，方可收到预期效果。刘勰云："夫神思方运，万涂竞萌，规矩虚位，刻镂无形，登山则情满于山，观海则意溢于海，我才之多少，将与风云而并驱矣。"情感是想象力的动力。学生如果知之不多、知之不真、知之不广、知之不深、知之不新，想象力就会失去源头活水，难以插翅飞翔。想象力必须以情感为底蕴、为依托，才能充满活力，腾飞到更高的水平，达到如刘勰所说的神驰境界。[①]

教师要培养学生的想象力，就必须最大限度地将课堂延伸到课外，激发学生学习的积极性，活跃学生的思维，让学生在广阔的思维空间之中，调动已有的生活知识和阅历，去观察、去体验。"百闻不如一见"。阅历丰富的人，知识储备才丰富。知识储备丰富，才有利于通过粘合、夸张和联想等方式创

---

[①] 袁运城. 语文教学中如何培养学生的想象力[EB/OL]. [2014—10—10]：为您服务教育网，http://www.wsbedu.com/kejian/zkgk-9-kety.html.

造出更多的想象。而课堂之外的天地是极其广阔的，教师要引导学生利用各种机会走进大自然，去观察山川河流，去观察草木鱼虫；引导他们接触社会，去体验人间冷暖、去感受世态炎凉；引导他们在生活中捕捉形象、积累知识，让学生为自己插上想象的翅膀。

没有想象的思维是枯萎的枝柯。正是有了想象，人类才能够超越常规思维的约束，冲破现有知识经验的局限，以大胆、奇特的方式对所要解决的问题进行创造性的探索，找出解决问题的途径。想象构成了创新的基础，是一种极其可贵的思维品质。在教学中，对学生想象力的培养是十分重要的。学生有了丰富的想象力，思维纵横驰骋，情绪轻松愉悦，学习才会更加高效。新课程改革要求教师在教学中摆脱传统观念和模式的束缚，进行大胆革新，采用多种教学策略和方法，培养学生的想象力。想象拓展式体验教学的实施，将更有效地培养学生的想象力，并促进学生在想象中深入体验，获得更丰硕的学习成果。

# 第八章 陶冶情操：审美追求式体验教学

何谓审美？《教育大辞典》是这样解释的："审美是一种积极主动的价值取向活动或者说价值实现活动，其内涵是领会事物或艺术品的美。它既不是感性认识，也不是理性认识。它是人类（主体）对世界（客体）的一种特殊体验，是主体与客体的沟通，是一种有意识的一体化。"人的审美是一种精神的需要，是对美的事物和现象的期望与追求。由此可见，审美是对美的事物和现象的观察、感知、联系、想象，乃至理解、判断等一系列思维活动。如果一个人没有追求美的欲望，也就无所谓感受美、欣赏美、理解美和评价美了。一个人成长的过程中，绝不能离开审美素质的培养。审美追求式体验教学，是指将所有的教学因素转化为审美对象，使整个教学过程转化成为美的欣赏、美的表现和美的创造活动，使整个教学成为静态和动态和谐统一、内在逻辑美和外在形式美高度和谐统一的整体，从而大幅度提高教学质量，减轻学习负担，使师生都充分获得愉悦体验的一种教学理念、操作模式和方法。审美追求式体验教学是学校实施素质教育的主要内容，也是学校深化新课程改革的重要渠道。它不仅有助于学生吸取丰富的审美文化，而且能提高学生高尚的审美情操，培养审美能力，使教学达到"寓教于乐"的审美境界。

## 第一节 审美追求式体验教学的实施策略

《基础教育课程改革纲要》提出要培养学生健康的审美情趣,把它列为新课程的培养目标之一。这是基础教育的美育任务在新课程培养目标上的体现。审美教育的目的在于培养人、发展人,使人成为身心健康的完美的人。只有将审美教育融合到各种教育活动中,以美辅德、以美益智、以美促劳、以美育人,才能更好地促进学生素质的全面发展。审美追求式体验教学的课堂是审美教育中最主要的也是最理想的阵地。在审美追求式体验教学中,教师应注重审美教育,采用有效策略,加强审美渗透,达到激发学生的审美情趣、提高学生的审美能力和培养学生完美人格的目的。也就是说,在审美体验活动中,教师要引导学生发现美,感受美,获得美感,并且能超越美感,实现人的性格和情趣的反照。这就要求教师必须重视审美追求式体验教学,以培养学生人本主义价值观和正确的审美追求为己任,并在教学中践行这一使命。

### 策略一:感受"物境",引发直觉

所谓"物境",通俗地说,就是指对于审美对象的表象的直觉。著名美学家朱光潜说:"美感起于形象直觉,美的基本特征是形象性。"这就告诉我们审美体验首先是来自对表象直观的、形象的感觉。教学中的审美体验,同样起始于对审美表象的直觉,我们称之为"物境"的阶段。在体验教学中,感受"物境",就是完成审美体验的初始境界。[①] 美感总是通过人的视觉、听觉、触觉具体感受的。没有感知的兴奋,就谈不上美的感受。近代学者王国维先生提出"能观"作为他的"境界说"中的重要因素,是颇有见地的。因为"真正之知识唯存于直观","一切真理唯存于具体的物中",既是具体的,必

---

① 金会女. 审美体验教学中的三重境界例谈 [J]. 中学教学参考(下旬),2009,(10):4—5.

是能看到的，也是应该看到的；只有看到了，感受才是真切的。在审美追求式体验教学中，教师应重视学生的审美直觉体验，通过让学生感受"物境"，引发学生直觉，使学生在直接获得美感的过程中陶冶情操。

**欣赏建筑艺术之美**①

要让学生欣赏历史最悠久，分布地域最广，风格鲜明的传统规范的中国建筑艺术，教师以《美术欣赏——中国建筑艺术》为题材，并在课前收集大量的建筑图片音像资料，借助多媒体声像并举，采取直觉感知与理性分析结合的方法，使学生置身其中，在屏幕中去感受形体、空间所造成的情绪氛围，领会深刻的精神内涵，以激发学生的审美感。通过直观媒体教学，学生亲身感受并掌握了构成建筑的三要素是"实用、坚固、美观"，即使没有去过北京的学生也享受了仿佛亲历故宫观览一番的美感。直观的多媒体教学通过活生生的实景展示，效果明显，学生无不产生浓厚的兴趣，取得了由感性认识转变为理性认识质的飞跃的教学效果。

教师为了让学生充分欣赏到中国建筑艺术之美，选择了包括故宫在内的大量建筑图片音像资料，借助多媒体手段引导学生感受"物境"，唤醒了学生的审美直觉体验，激发了学生对美术的兴趣，提高了学生的理性认识。在审美追求式体验教学中，教师要善于引导学生感受"物境"，进行审美直觉体验，培养学生的审美情趣。

## 一、选取有价值的审美对象

在审美体验中，学生是主体，而审美对象是客体。审美教育始终都是通过具体可感的形象来感染学生，使学生对活生生的审美对象进行直接观照、直接感受、直接领悟，让理性认识始终渗透于感性体验之中，通过对鲜明、生动、具体的客观对象的直觉感知，产生情感激动，受到感染，层层深入地

---

① 陈汉喜. 感知·鉴赏·体验——美术欣赏教学中审美情趣的培养 [J]. 湖北教育，2003，(11)：60—61.

实现客观对象与主体心灵的对话，不知不觉地受到触动、感染、影响，获得感悟。因此，在进行审美体验活动时，教师要选择具有针对性和高度审美价值的审美对象，抓住客体具体感性形象，坚持诉诸具体形象，让具体形象感染、打动学生。此外，教师要引导学生进行形象直觉活动，依靠自身的自觉，主动投入，积极感受，直接体验，身心融入。这既要避免系统逻辑讲授、抽象说教，又要避免越俎代庖、主体失落。①

## 二、借助多媒体手段的唤醒

现时期，课堂教学由于借助了多媒体教学手段，融入了大量直观的审美素材。各式各样美的"物境"直接呈现在学生的眼前，视觉、听觉的冲击，极大地诱发了学生的审美直觉。中小学生的思想与心理处于一个不稳定阶段，他们的审美往往更注重形象化，对文字的审美体验比较肤浅，也容易游离。因此，在教学过程中，借助多媒体手段先给学生直觉的铺垫，审美体验才能深入。但是，多媒体手段的运用并不一定适合所有的教学内容，在情感浓郁的教学内容中，审美对象的直观呈现，有时反而会破坏教学内容的意蕴和情境。而相对更侧重知识性的教学内容而言，多媒体手段的运用，让学生在学习前有更多的直觉的审美体验的积累，却能真正调动学生的审美热情。②

### 策略二：感受"情境"，唤起共鸣

在审美追求式体验教学中，感受"情境"的实质就是审美共鸣，即审美的共性化。审美过程是一个始终伴随着情感体验与交流的过程。在"物境"阶段之后，教师应以自己的人文修养、智慧与情感去发掘文本的美，进而引领学生达到与文本在情感上的共鸣，引领学生进入审美体验的"情境"阶段。

---

① 黄良. 审美直觉能力培养四题 [J]. 成都大学学报（社科版），1999，(2)：60—70.
② 金会女. 审美体验教学中的三重境界例谈 [J]. 中学教学参考（下旬），2009，(10)：4—5.

教师要激发学生的审美需求，就要创设一种良好的教学情境。因为，美要以情感为媒介，教学更需要以情感为纽带。在审美教学中，教师更应该将这条情感纽带抛向学生，把教师、学生和文本三者的情感世界连通起来，创设出一种既和谐又生动的富有感染力的教学情境，这样才能更高效地唤起学生的审美共鸣。

### 角色体验　引发共鸣[①]

《最后一次讲演》文中，讲演者为了表达强烈的感情，在讲演中不断进行人称变化，以表达自己的愤怒或赞颂之情。对于这一点，教师如果简单设问"作者是如何进行人称的变化的，这样写有什么作用"，就很难激起学生思考的欲望，学生很难理解讲演者这样变化人称是出于一股强烈感情的驱使。要明白这一点，教师就要引导学生在生活圈子中体验。比如可以进行角色的置换：你在生活中对一个坏人的行为怒不可遏，你面对着他，会怎么说？用第几人称？你明白了他行为的动机，极其蔑视他低劣的人品，你要向别人揭露他，使大家都看清他的本来面目，你会怎么说？用第几人称？你能从你所使用的人称中，品读出自己的感情吗？这样引导学生从亲历的生活里寻找理解文本的答案，学生就能较容易走进文本，从而体验文本美的意韵和内涵，并融自我于文中，读出自我，读出共鸣，读到收获。

学生要感受到文本中蕴含的情感美，就需要披文入情，通过角色置换进行深入体验，或者设身处地地感受"情境"的美，从而获得审美共鸣，达到预期的审美体验教学效果。由"物境"到"情境"，是审美追求的升华。教师的灵活把握，能使审美追求式体验教学取得新突破。

## 一、披文入情，进行角色体验

刘勰在《文心雕龙·知音》中指出："夫缀文者情动而辞发，观文者披文

---

[①] 金会女. 审美体验教学中的三重境界例谈 [J]. 中学教学参考（下旬），2009，(10)：4—5.

以入情。"在审美追求式体验教学中,教师引导学生披文入情,全身心地感受"情境",进行角色体验,更容易进入审美世界,获得审美共鸣,感受审美情趣。体验教学中所说的"角色"泛指文本中集丰富的情感和意义于一身的各种人物,不管是外显的作品主人公,还是内隐的文本作者,他们的情感潮流,他们对世界、人生的认识,都是我们体验的对象。文本之美,往往闪烁着动人的光芒。所以,教师要引导学生走进文本,学会"知人论世";走进彼情彼境,与作者同喜同悲、共乐共怒、产生火花、产生向往;并把作者寄予的情感,经过渗透沉淀而形成自己高雅的情趣和丰富的情感,进而去追求人格的完善。

## 二、设身处地,进行共鸣体验

在审美追求式体验教学中,教师要注重学生与文本之间的双向情感交流和对话活动,注重学生对文本意义的丰富和补充。也就是说,教师要引导学生设身处地地从自己的审美体验出发,主体投入地感性领悟,以自己之心与作者之心、作品人物之心相会、交流、撞击,体会他们的境遇、真实的欢乐与痛苦,最终形成共鸣。教师可以通过多种方式创设情境来再现美、渲染美,让学生感受到美,引导学生"入景",引导学生在领会景美的基础上,进一步领悟景美中的情美和理美,理解美的本质,从而真正领悟到"一切景语皆情语"的真谛。在这个基础上,学生便能产生愉悦的共鸣体验,陶冶情操,净化心灵。

### 策略三:感受"意境",实现再造

审美追求式体验教学如果只局限在"情境"阶段,即审美共鸣层面,显然是不够的,正所谓"一千个读者就有一千个哈姆雷特",教师应该引导学生从审美共鸣中进入更深层次的个性化审美,达成自己独特的创造性的审美体验,这就是审美体验的终极境界——"意境"阶段。所谓"意境",是指作者强烈的思想感情和生动的客观事物的有机结合,虽不同于生活,却是真实可感、情景交融的艺术境界。"意境"美是艺术美的最高境界。中国传统美学把"意"看作是艺术美的精髓。"意境"最主要的特点是个性化和创造性,审美心理学上将之称为"审美再造"。感受"意境"的体验教学能使学生深刻理解文本,产生联想,丰富想象,产生强烈的创造欲望,收到最佳的教学效果。

怡人的意境美[①]

在欣赏古曲《渔舟唱晚》之前,教师先让学生欣赏国画大师林风眠的国画作品《归航》,从视觉上感受夕阳西下,天地浑然一色,湖面上渔人荡舟而归的情景,之后响起古琴弹奏的画中意境,伴有木鱼唱和,格外生动。此时,渔翁栩栩如生的形象和娓娓动听的渔歌仿佛呼之欲出、如临耳畔。在欣赏童话故事音乐《龟兔赛跑》时,为了强化学生的主体意识和审美体验,教师不仅设计了森林公园场景,还设计了角色让学生充分活动,并用节奏和动作创造表现出不同的故事结局,让学生充分感受音乐故事情节和人物主题音乐的形象性。

在整个教学过程中,教师是引导而不是强加给学生,在和谐氛围中展现一个个连续的情境,一点点加深审美体验,使学生在想象拓展中提高对音乐的感悟能力与创造水平。对于审美追求式体验教学而言,引导学生感受"意境",激发学生的想象力和创造力,能让学生得到审美愉悦,增进学习情趣。

## 一、 启发想象,感受美的意境

达到"意境"审美的主要手段是"想象"。没有想象便没有艺术,没有想象便没有审美。想象是一种创造性思维活动,是审美活动的重要心理功能。审美追求式体验教学中的想象力尤为重要,可以说想象是教学活动中审美主体进入审美世界的有力翅膀。教师要指导学生通过想象活动,把自己的情感

---

[①] 娄春侠. 谈"以审美为核心的小学音乐课堂意境教学"[J]. 儿童文学,2006,(8):51—53.

倾注到对象中去加深对客观事物的感受、认识和理解，运用各种知识、经验和理论来补充和丰富作品中的艺术想象，拓展审美体验。审美形象并不直接作用于人的感官，而是通过语言文字调动学生的生活经验，并依赖于学生的艺术修养，让学生在想象中感受美。教师要善于运用各种方法，启发学生想象，拓展再现画面，寻找艺术空白，感受美的意境。

## 二、品析意象，把握美的意境

古人讲"立象以尽意"，借助客观外物来表达主观情感；又讲情景交融，物我两忘，天人合一。意象便是沟通艺术家主观世界和外部世界的桥梁，它是人类主体思考和概括宇宙人生的普遍规律的具体显现。[①] 换言之，意象就是情意（思想感情）和物象（物体的形象）的组合。当一个意象被赋予了这样或那样的情感内涵时，它往往寄托着一种或多种寓意和独特情感。教师引导学生深入感悟种种审美意象，是一种深层次的心灵沟通，更是一次生命的原始感悟。所以，在审美追求式体验教学中，教师应结合意象原物的特点及各种客观因素，通过品析审美意象去把握美的意境，从而获得深切的审美体验。

## 第二节　审美追求式体验教学的运用方法

我们的教学对象是一群天生爱美的少年儿童，我们的教材更是从不同侧面显示着、蕴含着自然之美、社会之美或艺术之美，我们的教育目标又是促进全体少年儿童素质的全面发展。因此，教学理应充分地体现美、利用美。美无时无处不影响着学生的情感、智慧和身心的发展。幼小的心灵需要美的滋润，学生的智慧活动需要美的激活，教学的高效益需要美的推动。一句话，学生的发展不能没有美。在素质教育日益深入的今天，我们直觉地感到，从

---

[①] 全秀. 把握意象，走进意境——解读诗歌情感[J]. 新课程（教育学术版），2007，(10)：89—91.

美着手，体现教学的美感，让学生从小受到美感的熏陶，必将有利于完美人格的培养，由此可走出一条实施素质教育的路来。其实，只要我们重视审美追求式体验教学，善于采用各种方法引导学生去感知美、鉴赏美、创造美，就一定能提高学生的审美能力，激发学生对生活、对自然的热爱之情，最终使学生拥有积极向上、健康高尚的情操，成为祖国未来有智慧的感情丰富的一代新人。

### 方法一：讲究艺术，深化体验

在传统教学中，教师的教学缺乏艺术性，枯燥无味，致使学生失去了学习的兴趣，影响了学生德、智、体、美、劳诸方面的和谐发展。因此，教师有必要深化教学改革，重视审美追求式体验教学，并付诸实践。教师应讲究教学的艺术性，把教学活动作为一种创造性的、能给人带来美感的艺术活动来对待，激发学生的学习兴趣和热情，让学生受到美的熏陶和感染，在促进学生智力发展的过程中，培养学生正确的审美意识、高尚的审美情操和文明的行为习惯。[1] 教师讲究教学艺术，一方面要善于运用表达艺术，另一方面要灵活运用调控艺术，使教学情趣盎然，充满活力，深化学生的审美体验。

**审美化的表达艺术**[2]

在"挫折面前也从容"一课中，有位教师在课尾时采用了这样的结束语：人的一生是奋斗的一生，是勇于追求、探索的一生，它好比滚滚东去的大江，但人生中不可能没有挫折和失意，一个有志气的人，绝不会中途停止，更不会犹豫、彷徨。失意、挫折就好比几朵倒卷西行的浪花，永远也阻止不住长江奔涌向前，更不会使长江逆流。就是栽跟头，也只当是触礁的浪，那飞溅

---

[1] 刘煌，陈宏祖. 审美化教学初探. 湖南师范大学教育科学学报 [J]. 2007，(1)：69—71.

[2] 俞立红，林诸. 对思品课审美化课堂教学的反思 [J]. 教学月刊（中学版），2006，(4)：38—39.

的浪花不正是对江面的点缀吗？而这恰使那长江更显壮美非凡！生活中偶遇的一点挫折，不仅避免了生活的平淡无奇，反而增添了生活的节奏感。战胜挫折，迎接挑战，风景这边独好……这样的描述，对充满哲理的人生挫折运用审美化的语言，让学生在美的享受中对人生挫折进行严肃的哲学思考，激发他们战胜挫折的勇气。教师在教学中如能通过科学、精辟、优美的语言去打动学生的心灵，就会让学生从中获得真切的美感体验，不自觉地由"知学"进入"乐学"的欲罢不能之境，教学效果将由此而倍增。

教师的教学手段和言谈举止都能对学生产生潜移默化的作用。这更要求教师要恰当地运用教学艺术，注意教学方法和手段的创新，营造和谐的教学氛围，使学生在美的境界中掌握知识，开发智力，提高素质修养。

## 一、善于运用表达艺术

语言是一条最生动、最丰富、最牢固的纽带，它把古往今来世世代代的人连结成一个伟大的、活生生的整体。在教学中，教师的语言并非简单的交流思想的工具，它还有着传授知识、开启心智、培育人格、调控课堂的特殊功能，它是保持学生注意力的重要因素，也是一节课的成败关键之一。审美追求式体验教学的效果，在很大程度上取决于教师的语言表达能力。因此，一个合格的教师也应该是一位语言艺术大师，要善于运用各种表达艺术，尽量使枯燥的条文生动化，抽象的概念形象化，简单的结论充实化，静止的画面动态化；要注意运用形象的修辞、巧妙的语言去点燃学生的心灵之火，拨动学生青春的心弦，激发他们求知的欲望。

## 二、灵活运用调控艺术

教学内容是课前既定的，教师按照审美的规律也往往会事先精心设计好教学活动。但是，教学活动是教师、学生、教材、教具、教学手段和方法和谐融合的复杂动态过程，如果教师只按照课前设计的步骤进行教学，忽视学生的学情，那么，审美追求式体验教学就会无的放矢，很难有好的效果。所以，教师需要具有灵活自如的课堂调控能力，随时了解学生的学习情况及课堂上出现的"偶发事件"。在出现"偶发事件"时，教师要充分发挥自己的教育机智，及时调整教学内容，改变教学思路，主动控制情势，以扭转被动局面。审美追求式体验教学是一个复杂的动态过程，它是多种因素协调运行的过程。在这个过程中，学生是活动的主体，教师是活动的主导。教学的效率和效果，主要取决于教师如何充分利用教学条件去把握和调节学生的学习，使学生的学习处于最佳状态。只有灵活地运用课堂调控艺术，才能更好地引导学生进行审美体验，有效地完成教学任务。

### 方法二：挖掘教材，培养情操

在传统教学中，教师过分注重教材中知识的挖掘，不能从审美的视角对教材中的美育因素加以充分利用，致使学生在掌握知识的同时忽略了自身审美素质的提升。如此状况理应引起教师的反思。教师应充分挖掘教材中美的因素，以美启真，提高学生的思想道德素质。随着新课程改革的实施，许多教材包含着丰富的审美因素，如数学中比例、几何图形的和谐优美，能让学生感受到科学美的魅力；英语教材编排美观新颖，配有与话题相关的插图，给学生一种美的想象；语文教材中的格言，语言优美、精辟，思想深邃，发人深思；地理教材的自然景色美妙绝伦、异域文化风情丰富多彩，让学生感到一种美的享受。教师应充分挖掘教材中所蕴涵的这些审美因素，增强学生的审美意识，提高学生的审美能力，最终实现通过审美追求式体验教学来提高教学质量、培养学生高尚的审美情操的目的。[①]

---

[①] 刘煌，陈宏祖. 审美化教学初探，湖南师范大学教育科学学报 [J]. 2007，(1)：69—71.

## 感受教材中的美[①]

茅盾的著名散文《白杨礼赞》中美的因素随手可触：文章的首句"白杨树，实在是不平凡的，我赞美白杨树！"开门见山，赞美白杨树的不平凡，直接抒发对白杨树的赞美和崇敬之情，同时又是一条连缀全文的感情线索。文章紧接着的第二句"汽车在望不到边际的高原上奔驰，扑入你的视野的，是黄绿错综的一条大毯子"，有形有色，贴切逼真，富于美感。又如，文章中间"它没有婆娑的姿态，没有屈曲盘旋的虬枝……但是它伟岸，正直，朴质，严肃……它是树中的伟丈夫"，赞美白杨树是"树中的伟丈夫"，揭示白杨树的象征意义。再如，文章的结尾"我要高声赞美白杨树！"再一次抒发了对白杨树的赞美和崇敬之情，又呼应了课文开头，还使作者的感情进一步升华。通过这些阅读鉴赏，学生感到文章的字里行间无一不洋溢着作者对白杨的崇敬和赞颂之情。因此，学生不仅被优美的词汇、生动形象的语言、严谨的结构、托意于物的象征手法等所陶醉，而且还被强烈的情感所震撼，激发起坚强、力求向上的精神，在感受美的同时能够鉴赏美，提高文化修养，养成高尚情操。

教材蕴涵着丰富的审美因素，其所选的不少内容兼有知识性、思想性和艺术性。教师除了要让学生不断感受、体验这些以教材内容为本的审美内容及形式外，还要遵循学生审美的规律，由浅入深，由表及里，由体验到评判，挖掘教材蕴涵的美感特征，培养学生的审美能力。

## 一、挖掘教材的语言美

语言美就是由语言文字的形式和内容的统一而产生的美的感知，它可以影响并塑造美的灵魂。语言美应该是文学之美的首要体现，是审美教育的重要方面之一。在新教材中有许多精言妙语，这些语言含意隽永，修辞精当，

---

[①] 姜法荣. 挖掘教材美的因素，陶冶学生高尚情操 [J]. 文理导航，2013，(10)：8.

富有节奏韵律感，它们本身就具有强烈的美感，扣人心弦，回味无穷。教师要通过安排语言的审美体验活动，让学生享受遣词造句的流畅美，汲取语言的精华，从而使学生的心灵得到净化，并使学生的日常用语规范得体。教材的知识内容所传递给读者的美的感受，都离不开美的语言，离不开由美的语言创造的美的结构，离不开由美的语言构成的美的意境，教材中那凝练生动的优美词句，构思独特的文章结构，强烈感人的抒情色彩等，都应成为教师陶冶学生高尚情操的抓手。

## 二、挖掘教材的思想美

在审美追求式体验教学中，教师应注重挖掘教材的思想美，培养学生良好的思想文化素养。思想文化素养主要包括高尚的道德品质、积极的人生态度、正确的价值观、健康的审美情趣等。教材的不少内容蕴涵着丰富的人生哲理，凝结着作者的思想感情、审美观点以及对人生和世界的看法，是对学生进行思想和道德教育，使学生形成正确的价值观和人生观的最好素材。领悟教材的思想美，必须靠"悟"，就是在理解的基础上进行联想和想象，将教材内容与自己的生活经验、人生体验等相互融合，并加以比较、分析、归纳、概括，使认识和思想达到一个全新的境界。[①]

### 方法三：审美观照，实践操作

教学的美感诱发，既要在审美观照中进行，又要在实践操作中实现。学生审美感受力、审美鉴赏力和审美创造力的训练与培养离不开审美观照与实践操作的相辅相成、共同运用。审美观照亦即审美把握，指无为而为的审美方式。审美观照与实践操作是相互渗透、相互促进的。一个实践操作行为，需要在审美观照中产生美感体验，而这种审美体验作为一种反馈信息又对实

---

① 邱小兵. 挖掘美的因素，培养美的素质 [J]. 现代语文（理论研究版），2004，(9)：31.

践操作行为发生影响；审美观照也需要实践操作行为而求得深化。审美观照旨在培养审美意识，而实践操作又由审美意识加以指导和促进。这其中，审美情感作为它们之间的一种信息通道，能把二者有机地、紧密地联系起来。教学中的审美观照和实践操作，是诱发科学美感、训练创造思维、培养开拓型新人的有效途径。因此，在审美追求式体验教学中，教师在引导好学生审美观照的同时，也要引导好学生多些实践操作。①

### 实践中体验美②

在讲授《立体的视觉形象——圆雕》一课时，学生都已知道有关知识，但只是停留在感性认识上。为此，我组织学生到黄陂泥塑之乡泡桐泥塑厂去参观泥塑艺人的作品，并请老艺人带领学生一起，尝试搭泥巴，捏小草稿，浇石膏模型，直至翻制成石膏成品。学生们看到自己亲手捏成的千姿百态的小动物和人物头像，一个个分享着自我陶醉的喜悦。他们不仅对圆雕和浮雕这一造型艺术有了深刻的印象，而且对其制作材料泥、木、石、青铜及陶瓷等不同的种类，也有了更深的认识。过后，学生将自制的作品带回课堂上展出，既能增强他们的学习兴趣，又能强化他们对作品内涵的理解。课后，他们对"架上雕塑""纪念性雕塑""城市雕塑""园林小品装饰雕塑"等不仅分得清、叫得出，而且对其制作方法基本上也能掌握。

审美经验主要来自审美实践。美术作品与其他文艺作品相比，能充分显示美术家的品格和情怀。欣赏的过程就是探求美术作品灵魂的过程。教师应探求学生生活经验与美术欣赏二者之间的契合点，恰到好处地拨动学生情感的心弦，引导学生体验作品的情境。在审美追求式体验教学中，教师应积极引导学生在审美观照后进行实践操作，使学生对美的体验更深切。

---

① 张永昊，赵慧平. 课堂教学中的审美观照与实践操作 [J]. 鞍山师范学院学报，1995，(2)：68—70.

② 陈汉喜. 感知·鉴赏·体验——美术欣赏教学中审美情趣的培养 [J]. 湖北教育，2003，(11)：60—61.

## 一、注重学生的审美观照

审美观照在教学中的实施,需要教师着力培养学生的审美态度和审美心境,把学生引入"物我两忘""澄思渺虑"的审美境界中。这是因为,对人有价值的任何一种事物都具有多元性。一朵鲜花,对于一个卖花人来说,它是一件商品;若用植物学家的眼光来看,它是植物自身的繁殖器官;但当它出现在审美观照者面前时,它便成为审美的对象。审美观照者更多地专注于鲜花的形态、色彩及其组合中蕴含的意味和在感知中的整体映象,并在内心深处引起深刻的审美情感。这其中审美的态度和心境是至为重要的。利用有关的审美媒介,精心创设审美情景,是教学中实施审美观照的有效方法。因为教学中的审美情境,已超越了传统的经验描述的层次。它并非纯自然情境的利用,而是从学生的审美需要出发由教师自觉设计的。它所具有的各种审美因素,可以通过多种渠道对学生施以综合的、整体的审美影响,使学生情感激荡、心驰神往,借助情绪体验的移情作用,在本来不感兴趣的东西中体验到盎然的兴味。[①]

## 二、注重学生的实践操作

教学仅仅停留在审美观照的层次是不够的,应该把实践操作活动同审美观照结合起来。富有美感意味的实践操作活动,对于丰富表象储存、训练思维能力、开拓想象空间、构成崭新意象、激发审美情感、培养手脑并用的创造才能,都具有其他手段无法替代的作用。培养学生发现美、创造美的能力,是教学中实践操作的主要指向和归宿。因此,教师在教学中应形成富有创造和个性特色的思维方式和教学方法。而"授之以法",实现知识"迁移",则是这种思维方式和教学方法的普通范式。德国教育家第斯多惠说:"一个劣等

---

① 张永昊,赵慧平. 课堂教学中的审美观照与实践操作 [J]. 鞍山师范学院学报,1995,(2):68—70.

教师给人奉送真理，一个优等教师则教人发现真理。"只有让学生掌握打开知识宝库的金钥匙，才能使学生触类旁通、举一反三。这种教学中的实践操作方法较好地体现了"教是为了不教"的创新观念，它本身就是"探讨美""启示美""创造美"。对于学生来说，当他们运用教师所授之法去独立实践并求得真知时，就会获得强烈创造的"内动力"和巨大的审美愉悦。[1]

## 第三节　审美追求式体验教学的经典课例

新课程标准要求教师重视提高学生的品德修养和审美情趣，培养学生良好的个性和健全的人格，促进德、智、体、美、劳的和谐发展。在审美追求式体验教学中，教师按照美的规律组织和开展教学，并将审美教育与学生的思想品德教育有机结合起来，有助于学生智力的开发、个性的张扬、道德人格的完善。善于实施审美追求式体验教学，会让课堂充满美感，活力十足。

### 一、经典课例

#### 体验桥之美[2]

教学课文《桥之美》时，教师先请学生关注一个语言描述的画面："早春天气，江南乡间石桥头细柳飘丝，那纤细的游丝拂着桥身坚硬的石块，即使碰不见晓风残月，也令画家销魂！"

接着，教师提问："在画家眼中，细柳飘丝的'柔'与桥身石块的'刚'构成鲜明对照，有一种对比美。假如你是建筑学家、历史学家、考古学家、哲学家、诗人……面对这个画面，你认为它美在哪儿？请你任选一种身份，

---

[1] 张永昊，赵慧平. 课堂教学中的审美观照与实践操作 [J]. 鞍山师范学院学报，1995，(2)：68—70.

[2] 金会女. 审美体验教学中的三重境界例谈 [J]. 中学教学参考（下旬），2009，(10)：4—5.

通过想象说说他们眼中的桥之美。"

学生进行审美体验：

"假如我是一个诗人，看到这个画面，我会感到一种浪漫之美。浪漫的江南，浪漫的细柳飘丝，最好来点细雨，那就更浪漫了。"

"假如我是一个诗人，细柳和石桥会让我想起江南——我的故乡，我会感到一丝淡淡的乡愁，一缕淡淡的哀伤，一种情感凄婉之美。"

"假如我是一个诗人，早春乡间的细柳刚刚展开新嫩的幼芽，生命的蓬勃在微风中飘荡，我感到了生命之美。"

"假如我是一个诗人，我想起了古诗'不知细叶谁裁出，二月春风似剪刀'，感到一种诗意的美。"

"假如我是一个诗人，坚硬的石块和桥身屹立在历史的风雨中，我感到一种坚强之美。"

"假如我是一个诗人，看到这个画面，我会想起'小桥流水人家'，体会到江南水乡的清静和悠远，一种意境之美。"

"假如我是一个历史学家，看到古老的小石桥，想起'沧海桑田'，会有一种历史的沧桑之美。"

"假如我是一个历史学家，我想，一座石桥就是一段久远的历史，一段动人的故事，一种古朴、典雅之美。"

"假如我是一个建筑学家，一座古老的石桥，我会注意它的坚固所呈现的结构之美。"

"假如我是一个建筑学家，江南一座小石桥，千百年来承载着多少人们的来来往往，那是一种实用之美。"

"假如我是一个哲学家，面对仍沐浴着风雨的江南的小石桥，会有一种桥如人生的感慨，那是一种人生的至美。"

……

教学中教师在肯定了画家的审美以后，并没有局限在课文给予的审美共识中，而是让学生变化角色，以诗人、建筑学家、历史学家、哲学家的身份，对画家笔下的画面进一步进行创造性的审美体验。通过想象，学生的审美是如此丰富多彩，如此富有个性和创造性。由于不同情境的置换给了学生更广阔的审美空间，而学生通过想象也丰富了自己的审美体验，完成了审美体验的终极境界："意境"阶段。

## 二、实施策略

（一）感情朗读，激发美的情感

朗读是教学活动中感知美、获得美感的主要途径之一，可以陶冶美好情操，培养高尚品德，使学生领悟到做人的道理。朗读对提高学生的语言修养也有着其他手段不能替代的作用。教师有感情地朗读能较好地表达作品的情感意蕴，把学生带入艺术境界。叶圣陶先生曾创造性地提出了"美读法"，他强调通过声音节奏之美，设身处地，深入文本深层意蕴，与作者心灵相感通，达到神相通、气相通、心相印、情相通的欣赏境界。教师要指导学生抑扬顿挫地、有感情地朗读课文，使学生在极富声调变化的朗读中，感受文章的情感美、意境美和形式美，并诱导学生产生同步联想，使学生由字得言，由言得意，由意得情，由情得味，心驰神往。这是激发学生审美情感，从感性直观上升到理性领悟的切实有效的方法。

（二）分析形象，培养美的情趣

生活美、自然美、社会美、艺术美、人生美见诸语言文字之中，也存在于课文之中。课文多是古今中外名篇，无不是作者情动于衷不吐不快的力作。这些文质兼美的课文为我们提供了良好的美育材料，作品中具有丰富的美学内涵，不仅表现和讴歌了生活中的美，而且还凝聚作者的审美理想。阅读这些作品就像徜徉在美的艺术世界。把美育渗透到教学中去，就会激发学生浓厚的学习兴趣，激起强烈的求知欲望，陶冶他们的道德情操，激发他们高尚的审美情趣。文学作品虽是语言艺术，但和其他艺术一样，具有形象的可感性。教师教学要抓住形象进行分析，进行感情熏陶；运用生动优美的语言，展开作品描绘的形象，在作品与学生思维之间架起一座桥梁，让学生感知美、热爱美，从而培养其审美情趣。

（三）妙用导语，感受美的愉悦

好的开端是成功的一半。富有经验的教师很重视导语的设计，他们善于抓住学生的兴趣点，"投石激浪"，往往瞬间就可激发学生的热情，引人入胜。精妙的导语能够调节学生的心理，引导学生进入五彩缤纷的课堂。导语主要根据不同的内容、不同的文体来设计，它可以是一段风趣生动的语言，可以是一幅优美宜人的画面，可以是一段轻松明快的音乐，可以是一个蕴含哲理的问题，也可以是一次小小的活动。导语巧设悬念，为学生进一步体验审美起到一个铺垫作用，它强烈地吸引学生积极主动地参与审美活动。心理学研究表明，愉悦的情绪对学习有着明显的优越性，它能引起和保持学习的兴趣，给大脑带来明晰的状态。因此，适当得体的导语不仅能消除学生的疲劳，集中学生的精力，激发学生的兴趣，而且能给学生一种和谐愉悦的心理体验，感受美的愉悦。

## 三、实施方法

（一）恰当引导，培养学生正确的审美观

审美观是世界观的组成部分，是人们评价美丑、善恶的基本出发点，审美观反映人们的思想情操。在教学中进行审美教育，能使学生辨别真假、善恶、美丑，能使学生对审美对象作出正确的理解和客观评价，从而培养学生正确的审美观。中小学生既容易接受正确的审美观念，也容易被错误观念所侵蚀误导。教学中教师要通过审美教育帮助学生培养正确的审美观，提高他们理解美、欣赏美的能力。学生要正确地理解美、欣赏美，就必须要有准确把握美的能力。这就要求学生必须正确认识事物，注意剖析事物内在本质。教师要想成为审美的导师，做学生养成正确审美观的引路人，就要注重自身美学知识的充实，积累丰富的鉴赏经验。如此，教师才能在保证"传道授业解惑"的前提下，更好对学生进行审美教育。

### （二）情境感染，诱发学生强烈的审美动机

在传统的教学中，教师不注重创设审美教学情境，使教学失去了对学生的吸引力，影响了学生对知识的掌握、技能的培养、智力的开发、思想品德的提高。教师要善于创设审美体验教学情境，通过情境感染增强教学对学生的吸引力，充分调动学生学习的主动性、积极性和创造性，诱发学生强烈的审美动机。首先，从自身做起，做到仪表端正，举止大方，教态自然，对学生具有亲和力，特别是教师的教学言语要既亲切又富有激情，同时要有幽默感；其次，要优化学生的学习环境，让学生在美的环境中学习，以达到以景育人的目的；再次，循循善诱，有目的地引导学生共同营造和谐的学习气氛，鼓励学生尊重他人，恪守诚信，相互合作，充分展示当代学生良好的精神风貌。

### （三）尊重差异，促进学生健康的个性成长

审美追求式体验教学注重富有个性化教育的自由形式。在美的事物中所体现出来的审美理想、审美趣味以及各种心理素质都具有个性的特点，美的创造活动有着鲜明的个性特征，在美的事物中人们都厌弃雷同，而喜爱独特。不同的审美心理，决定着不同的个性，不同个性的组合又创造出了丰富多彩的生活。教师不能忽视学生审美的差异性，要让学生自由说出他们的审美见解，表达自己的审美感受。教师还要敢于指出和纠正个别学生的不良倾向，

促进学生的个性健康成长，塑造学生健全完美的人格。在新时期的教学改革中，以审美追求式体验教学为突破口，倡导个性化教育、培养具有创新精神和实践能力的高素质人才就显得尤为重要。

## 第四节　审美追求式体验教学的总结反思

在倡导素质教育的当今，审美教学日益受到广大教师的重视，并更多地付诸实践之中，而审美追求式体验教学作为一种新的教学理念和模式，则期待着广大教师以更积极主动的精神去探索和研究。在实施审美追求式体验教学的过程中，准确定位教学目标和方向，掌握有效的策略与方法，尽量避免一些认识和操作上的误区，对于教师而言是大有裨益的。

### 一、教师应树立正确的审美教育理念

教学需要美，但是现实中我们的教学常常忘却了美，远离了美。美，是教育的磁石。这块磁石就在我们教师备课笔记的旁边闪烁着光亮，是拿起还是放下，教学的效果就大不一样。多少年来，我们的教学忽略了美的功能、美的力度，而以单纯"告诉"的方式，推进教学过程。教师与学生的分工是"教师把知识告诉学生"，"学生则把教师讲的知识听好记住"。这样的教学恰恰是丢弃了那块宝贵的磁石——美。缺乏美感的教学，便成了没有色彩、没有生气、没有情趣的单纯的符号活动，这必然是枯燥无味的。孩子生来具有的审美需求没有得到满足，从何产生愉悦的情绪，产生主动地投入教学过程的"力"呢？没有主动投入教学的"力"，教学的主体性又如何体现呢？

教学缺少美，其根本原因在于长期以来应试教育的影响。在传统教学中，教师存在着重知识、轻人文的倾向，没有树立正确的、合理的审美教育理念，教学完全忽略了学生的情感因素，没有很好地渗透美育，从而难以满足社会对全面发展型人才的要求。教师要树立正确的、合理的审美教育理念，以美

育人，提高学生的思想道德素质。教师要按照美的规律组织和开展教学活动，让学生在审美教育中感受知识的美，产生追求知识的愉悦感。这不仅能提高学生掌握知识的能力，而且有助于提升学生的精神境界，从而达到使教学适应素质教育、培养全面而和谐发展人才的需要。①

## 二、 教师应重视审美追求式体验教学的教育作用

审美追求式体验教学在一定意义上说是一种美感教育，能够寓教于乐，起到潜移默化的教育作用，让学生在不知不觉中学会认知、学会思维、学会创造、学会审美。用康德的话说，美是沟通道德和知识的桥梁。审美追求式体验教学是以感性的心理活动为基础，伴随着强烈的情感体验，使学生完全处于自觉的状态，既不受外部客体世界的束缚，也不受内部理性世界的限制，而是在对美的形象认可的同时，主动地接受美、感知美，并内化为理性的认识，从而具有丰富而充实的灵魂，形成一种自觉的理性力量，这是其他教育无法做到的。②

"要使感性的人成为理性的人，除了首先使他们成为审美的人，没有其他途径。"席勒把美育作为培养道德的一种手段，认为美育能够使感性和精神力量尽可能地和谐，使人的精神能够获得解放。显然，美育对德育有促进作用。审美是以美的感染力培养学生崇高的思想、高尚的情操和行为，以美启真、以美储善、以美怡情。审美追求式体验教学要求学生在美的精神与价值观念的提升中提炼人生更高的乐趣与美的意义，启发他们为改变自己的命运而创造，在不断的创造中实现自己的人生价值。所以，对于学生正确的世界观、人生观和价值观的形成，审美追求式体验教学具有很大的促进作用。

---

①② 刘煌，陈宏祖. 审美化教学初探，湖南师范大学教育科学学报 [J]. 2007, (1): 69—71.

## 三、 教师应具备较高的审美修养

苏联教育家赞可夫认为,"教师首先要具备这种品质——能够体会和体验生活中的美,才能在学生身上培养出这种品质。"学生审美能力的培养和提高主要依赖于教师具有丰富的知识和较高的美学修养。教师的审美修养程度在教学中非常重要。教师如果缺乏审美修养,在思想意识中缺乏美感的体验,学生也就难以学会审美,难以产生美感体验。一些教师认为很多教学内容空洞抽象,很难引起学生的兴趣,更谈不上审美效果。这种认识是错误的,说到底,是教师自身缺乏审美修养和能力。

其实,各门学科都含有美的因素,只要努力去挖掘,就可以发现并充分利用学科自身所具有的美的资源,获得审美体验。罗丹说:"美是到处都有的。对于我们的眼睛,不是缺少美,而是缺少发现。"美到处都有,无处不在。五彩缤纷的大千世界都是教学资源,囊括着言之不尽的美。① 如果教师能激发学生的审美情感,对科学知识进行必要的鉴赏,揭示其内在科学美,那么索然无味的公式定理和概念符号,就会在学生眼中变得令人神往,从而引起无穷的乐趣。

要成功地实施审美追求式体验教学,教师就必须努力提高自身的审美修养和能力,能够根据自己的特点、学生的特点和教材的特点,着力启发、诱导学生的审美情趣和审美意念,在美感体验中,对形象、感染、愉悦、和谐、新奇、震惊、倾慕、景仰、欣慰和荣誉等进行审美处理,使教学大放异彩。

审美追求式体验教学,就是把认知规律和美学规律结合起来,以丰富多彩的教学形态和美感的焕发,调动学生的智力因素和审美需求,使整个教学过程转化为欣赏美、表现美和创造美的过程,是让学生愉悦地接受知识、明白道理的一种教学模式。它符合基础教育课程改革的目标——改变课程过于

---

① 俞立红,林诸. 对思品课审美化课堂教学的反思 [J]. (中学版),2006,(4):38—39.

注重知识传授的影响,强调学生形成积极主动的学习态度,使学生获得基础知识与基本技能的过程同时,学会学习和形成正确价值观。因此,审美追求式体验教学,就是培养学生正确的审美观,提高学生的审美情趣和审美能力,让学生在学习知识的同时,不断提高思想修养,并在此基础上得到感情的升华,促进德、智、体、美、劳的全面发展,创造一个完善的自我。

# 第九章 张扬活力：体验教学的恰当定位

什么是"体验"？体验，即以身"体"之，以心"验"之。从教育学层面理解，体验是主体内在的知情意行的亲历、体认与验证，它既是一种主体性活动，又指活动的结果。有教育专家认为，体验是以亲身经历、实践活动为基础，又是对经历、实践和感受、认知和经验的升华，这种升华是对感受的再感受，对认知的再认知，对经验的再经验。这个过程体现出体验的亲历性、自主性和情感性。新时期，体验教学作为一种被赋予新的内涵的教学理念和教学模式，由于切合了素质教育的要求，顺应了新课程改革的趋势，受到了越来越多一线教师的欢迎，被广泛地应用于教改实践中，并取得理想的教学效果。然而，关于体验教学的定位，目前仍是一个具有争议的研究课题。所以，需要深入探讨，凝聚共识，使其能够获得恰当定位，在教学实践中发挥应有的价值和作用。本文基于理念、目标和角色三个层面，去探讨体验教学的恰当定位，以图抛砖引玉。

## 第一节　理念：教育就是生活体验

在人的成长过程中，到底什么是最重要的因素？人们往往容易注意到物质投入的多少与教育水平的高低，比如，是否舍得为孩子花钱，送孩子去什么样的学校读书等。实际上，对人影响最为深刻的是每天的日常生活。孩子是在日常生活的体验中长大的。因此，忽视学生生活体验的教育，就不是真正的教育。体验教学打开了生活的全新视角，彰显了"教育就是生活体验"的理念，是最适合孩子成长需求的教学。

### 一、体验教学呼唤教育回归生活

美国现代教育家杜威从自己的实用主义哲学出发，就教育本质问题提出了他的观点，"教育即生活"和"教育即社会"。在杜威看来，教育是儿童现在生活的过程，而不仅是将来生活的预备，最好的教育是"从生活中学习""从经验中学习"。中国现代教育家陶行知则提出这样的观点："生活即教育"。这是陶行知生活教育理论的核心。陶行知认为，真正的生活教育是"以生活为中心的教育"，是"供给人生需要的教育"，是生活所原有的、生活所必需的教育。教育与生活是同一过程，教育含于生活之中，教育必须和生活相结合才能发生作用。教育以生活为前提，不与实际生活相结合的教育不是真正的教育。陶行知坚决反对没有"以生活为中心"的死教育、死学校、死书本。从中外两位教育家的教育思想来看，教育就是生活，生活就是教育，两者密切联系，彼此依存，和谐统一。体验教学提出"教育就是生活体验"的理念，正是基于这样的教育思想渊源。

然而，关于教育与生活的关系，传统教学是脱节的。长期以来，传统教学把学生固定在"书本世界"或"科学世界"里，把教育与人的生活世界分离，难以体现教育全部的生活意义和生命价值，教育在生活世界里艰难前行，不能为学生建立起有价值的生活秩序和生活方式。应试教育把孩子的生活分裂成两个互不接触的世界,在一个世界里,孩子像一个脱离现实的傀儡一样机械地学习;而在另一个世界里,孩子通过违背某种教育的活动方式来获取自我满足。①

体验教学认为,教育不是孤立于生活世界外的抽象存在,而是生活世界的有机构成;教育不是把学生与生活割裂开来的屏障,而是使学生与生活有机融合起来的基本途径。我们的教育要体现人文性、生活性、社会性。体验教学呼唤教育回归生活,教育应跟生活整合,体现生活性。学生在玩、交谈、观察、操作、体验,都是在接受教育。生活充满了艺术、充满了道德、充满了科学。学生要善于在社会当中学习,在生活中学习。教师在课堂上、在校内外、在生活当中都要给予学生相应的引导,使之在生活中学到更多的在课本上、课堂上学不到的东西。

### 颇有生活气息的练习设计②

在教学人教版六年级数学下册"圆柱体积"时,为了使新知识尽量和学生的实际生活相联系,突出"数学既来源于生活又应用于生活"这一新课程理念,有效培养学生的生活基本技能,我精心设计了以下练习:

1. 一个圆柱形水桶,从里面量它的底面直径 56 厘米,高 87 厘米,求这个水桶可以装多少水?

2. 一个圆柱形杯子,从里面量它的底面直径 8 厘米,高 10 厘米,现在有一袋 498 毫升的牛奶,问这个杯子能不能装下这袋奶?

3. 学校建了两个同样大小的圆柱形花坛,花坛的底面内直径为 3 米,高为 0.8 米。如果填土的高度是 0.5 米,求两个花坛共需要填土多少方?

通过以上练习,学生灵活地掌握了知识,并将知识运用于日常生活实践

---

① 余文森. 新课程的三大课堂教学理念[EB/OL]. [22014-10-10]. 学讯网, http://www.xuexun.com/A_1242935_1.shtml.

② 许涛. 动手实践能力与数学教学 [J]. 考试周刊, 2013, (57): 82—83.

中，有效提高了生活技能。

教育要回归生活也是新课程所倡导的基本理论之一，其最核心的理念是为了学生的发展。教育要回归生活，艺术要回归生活。生活包括过去的生活、现在的生活、想象中的未来生活。教育的最终归属就是让我们过上美好的生活。学校是学生生活、学习的快乐园地，而社会是他们生活、学习的广阔天地。体验教学，是新课改的生动演绎。

## 二、体验教学关注学生的生活世界

从某种意义上讲，教学是一种基于学生的现实生活，以提升学生的生活质量和生命价值为旨归的特殊的生活实践过程，是学生生存状态的积极展现、不断充盈和丰富的过程，是教师引导学生不断超越、提升现有生存状态以及追求更有意义、更有价值、更为美好和更符合人性的可能生活的过程。加强对学生的人文关怀，打通教学与学生现实生活世界之间的界限，建构他们完满、丰富的精神生活和精神世界，是促进学生生动活泼、主动发展以及实现教学重建的重要内容。因此，教学应关注学生的生活世界，密切联系他们的生活经验，赋予课堂教学以生活意义和生命价值，促进学生在生活质量、生活品位、生活格调上的提升，不仅使他们学会学习，更要学会过美好的生活。[1] 这种教学思想，正是新课程理念的一种体现。

然而，一直以来，在传统教学观念的影响下，教师的教学逐渐远离学生生活，导致教学的教条化、模式化和静止化，并将人异化为一种工具。[2] 可以说，传统教学缺少对学生生活世界的关注，已难以适应新课改的发展需要。关注学生的日常生活经验，这是适应新课改的发展需要。体验教学恰恰要关注学生的生活世界。体验教学激发学生生气勃勃的精神，不断充盈和丰富他

---

[1] 张天宝. 关注学生的生活世界：当代课堂教学改革的重要特征 [J]. 中国教育学刊，2007，(3)：56—59.

[2] 刘秋生. 小学数学实践活动教学初探. 湖南教育，2004，(6)：33.

们的现实生活，使他们成为自己生活的主人，"诗意地生长在大地上"。在此基础上，体验教学还充分发挥对于学生现实生活世界的价值引导作用，帮助学生不断地超越现实生活世界，不断提升他们的生活质量和生命价值。

**知识在体验中生成**[①]

在教学《角的初步认识》一课时，虽然角是一个抽象的几何概念，但它却有着十分广阔的现实生活背景，无处不有角的存在。为了激发学生对这一抽象知识的学习兴趣，黄老师有序地组织了三次找角的活动：（1）课前收集生活中的角。在课前，学生找出生活中常见的三角板、衣服、剪刀、足球门架、窗户、门、黑板、书架等几十种有角的物体，充分感知数学确实存在于我们的现实生活中。新知的形成，与学生乐滋滋的生活体验完美地结合，使数学成为学生看得见、摸得着、听得到的现实。这样，学生对新知就易于理解、易于接受、易于掌握。（2）课中准确找出物体的角。黄老师利用课件展示情境图：一位学生跳远的动作和学校操场一角的图片。学生通过认真观察，找出了呈现在各种图形中的角，体会到角是从物体表现抽象出来的几何图形，是一种简单美丽的图形。这时，"角"这个比较抽象的概念已深深地印在学生的心中，同时也为探索新知做好了准备。（3）课后说一说生活中的角。学生们回家后，让爸爸妈妈找出"家中的一些角"，看他们找得对不对。通过三次找角的活动，学生对"角"这个图形的认识由模糊到清晰，由抽象到具体，同时深深体验到数学知识与生活的完美结合。

学生的生活世界蕴藏着巨大甚至是无穷无尽的教育资源，生活中有语文，生活中有数学，生活中有物理和化学，生活处处有学问。学生的生活世界是课堂教学的根基。学生生活着走进课堂，又在课堂中开始一种新的特殊的生活。课堂教学作为一种以提升学生的生活质量和生命价值与意义为目的的特殊的生活实践过程，必须首先着眼于学生的生活世界，改善学生当下的生存

---

[①] 黄雁鸿. 让学生体验并感悟数学知识的形成过程 [J]. 宁夏教育，2014（2）：47.

状态和生活质量。课堂教学中教师是否把学生的快乐、幸福、自尊、纯真和活泼作为人之生活权利的一部分而加以尊重，并且以此作为课堂教学的基本出发点，这是涉及课堂教学是否"人道"、是否具有人文关怀的根本性问题。[1]

### 三、体验教学重视学生的亲历实践

成功的教学活动必须基于学生的直接经验，密切联系学生自身生活和社会生活。学生的学习收获不仅仅是将前人成功的经验或科学知识简单地"拿来"，学习过程不是一个简单化的、被动的、接受式的"拿来"过程，而是一个基于学生身心体验的，师生共同作用，学生主动参与、积极探究、在做中学、在学中做，从而获得应有的科学知识和社会经验以及终身可持续发展所必需的生存能力和技巧的过程。[2]

以往长期的灌输式学习使学生变得内向、被动、思想懒惰、缺少自信、恭顺，课堂自然变得死气沉沉，教师不愿教、学生不愿学，其最终结果是窒息压抑了人的发展和社会发展所最需要的东西——创造性。因此，教学实践活动，从内容到形式都必须密切学生与生活、与社会的联系，推进学生对自我、社会、自然的整体认识与体验，培养和发展学生的继承能力、创新能力、社会适应和生存能力，养成学生良好的个性品质。而要达到此目的，就必须使教学活动注重学生的亲历实践体验。

体验教学倡导学生更多地走出课堂，到社会实践中去切身体验和感悟生活，这样的感受会来得更加深刻。亲历实践体验的形式多种多样，如查阅资料、调查、访谈、实验、设计、制作、社区服务、场景模拟、观摩、比赛、家庭劳动、成果展示等。这些体验形式无疑为学生更好地了解自我、感悟自

---

[1] 张天宝.关注学生的生活世界：当代课堂教学改革的重要特征[J].中国教育学刊，2007，(3)：56—59.

[2] 王文明.品德课应注重学生的实践体验[EB/OL].[2014-10-10]；搜狐教育，http://learning.sohu.com/20060214/n241824770.shtml.

我、感悟生命的意义和价值，了解自然、关爱生命，了解社会、关注社会等提供了广泛的机会和平台。但任何一种体验活动的有质量地完成，都需要一定的时间和空间。教师不能图省事、怕麻烦，也不能以教学时间紧、教学任务重或本地本校教学资源缺乏为借口而剥夺学生的体验机会。教师要提供给学生实践体验的机会，让学生在各种亲历实践和生命体验中健康成长。[1]

"参观"垃圾场[2]

在教学科学课《保护人类的家园》时，一位教师带领学生走进垃圾填埋场。在距离垃圾场很远的地方，一股臭气扑面而来，学生纷纷捂住了鼻子。这样的教育是多么直接，有哪个学生愿意生活在这样的环境之中呢？在学生有了深刻体验的基础上，教师便说："如果我们再不好好保护自己的家园，那我们就将生活在这样的地方。"这是多么生动的社会课堂教育！

学生来自于社会并最终服务于社会。因此，教学要面向社会生活实践，引导学生积极参与社会实践活动，学习一些有实用价值的知识，并培养他们的实践能力和创新能力。体验教学重视学生的亲历实践，让教育变得富有活力、富有意义。如果教育忽视了"学生的实践"这一根本性环节，学生将永远达不到"知与行"的统一。这样的话，最终只能造成教育与培养现代社会创新和创造人才需要的要求相背离。让学生亲历实践，就要解放学生的身心，放手让学生去行动。有了心灵的自由，思维的骏马才能驰骋；有了行动的自由，思维的风筝才能放飞。让学生大胆地想、勇敢地试，成功就会向他们招手。

---

[1] 王文明. 品德课应注重学生的实践体验[EB/OL]. [2014—10—10]：搜狐教育，http://learning.sohu.com/20060214/n241824770.shtml.

[2] 诸旸. 教育就是生活 [J]. 小学科学（教师），2011，(2)：16.

## 第二节 目标：发展就是身心成长

体验教学对"体验"的重视，实质上是对教学中人的重视，关注体验就是更深切地关注人，关注人的生命的完整性、丰富性、自主性和独特性，关注人精神的成长与人格的健全。对人的关注，是体验教学思想的核心所在。[1] 体验教学以"发展就是身心成长"为目标，改变传统教学忽视人及人的生命特性，开始关注学生生命需要和成长感悟。这不仅仅体现为教师教学方式的转变，也有利于学生学习方式的改变及学生知情意行的健全发展。

### 一、体验教学让学生的心智得到发展

课堂教学无论如何改革，都不应脱离教学要促成教育个体的发展这一旨意，教育个体的个人价值及社会价值的最终实现都建立在这种发展的基础之上。美国儿童发展心理学家科尔伯格因此提出"发展即教育之目的"。对课堂教学而言，这里的"发展"必然包括学生必要的心智发展，因为促进心智发展不仅是课堂教学给予学生发展的应有价值，还是学生某些特定发展的前提和基础。

著名学者周国平提出："人的智力生活其实包括了智力生活和心灵生活，相对地区分开，前者面向世界，后者面向人生，两者可以合称为心智生活。一个人能否真正拥有心智生活，学生时期的确是关键。特别是青年时代，不但是心智活跃的时期，而且也是心智定向的时期。人如果能够在这个时期通过学习、阅读而过一种心智生活，就会对世界和人生的思索处在活泼的状态。"[2] 若要突破课堂教学改革的质变的临界点，则首先应该以学生的智力或智慧的发展作为课堂教学的直接目的，然后在此基础上提升学生的心灵品质。

---

[1] 辛继湘. 体验教学研究 [D]. 成都：西南师范大学，2003：12.
[2] 夏欣. 周国平访谈录：教育引导人类的心智生活 [J]. 中国教师，2003，(1)：34—36.

终极目标在于通过心智的不断发展最大程度地实现人之存在的最高目标——心智自由。

目前的课堂教学关注的是教师传递知识的过程和方法，以及学生能否理想地接受这种传递方式和内容。至于是否唤起并保持了学生的好奇心、学生的思维是否启动并得到训练、智慧有否得到提升等，则仍未得到充分重视。这对学生的心智发展是相当不利的，而体验教学则能让学生的心智得到充分发展。知识的传授只是智力发展的必要基础，是一种媒介或载体。教育的主要目的不止于知识传授，而是要在知识的传授过程中充分开启人的大脑机能，发展其智力，丰富其心灵。对学生发展而言，真正有效的学习是一种心智活动，而不是单纯的记忆或理解。体验正是一种心智活动，或者说是一切心智活动的前提。在体验教学中，学生正是利用全部的心智去感受、欣赏和体会有关事物、人物、事实、思想等，从而使心智得到发展。

**珍爱生命**[①]

在读书看报课上，教师给学生朗读《假如给我三天光明》这篇文章。文章写了美国盲聋女作家、教育家海伦·凯勒失去光明后在黑暗中听到的、看到的最美丽的声音、最美丽的风景。宽容豁达的她，只要求有三天能用自己的双眼去观察社会体验生命便已知足了，可是残酷的命运给她的还是绵绵的黑暗，但她从不气馁，作品中散发着她对生命的强烈的珍爱。在阅读中，教师边读边议，让学生学习并体会海伦·凯勒热爱生活、珍爱生命的人生态度，从而也更加珍视自己的健康，珍爱自己的生命。这样的课，不仅有助于学生文学修养的提升，而且有助于学生心智的发展。

在体验教学中，学习应是一项充满体验和情趣的活动。教师要做学生传道解惑的心灵"点灯人"，为学生提供一个温馨和谐的人文环境，倾注更多的人文关怀，诱发学生情感的渴望，点燃学生心灵的火花，开启学生智慧的大

---

[①] 王翠华. 珍爱生命，开启心智——谈在初中语文教学中渗透生命教育[J]. 青少年日记（教育教学研究），2013，(4)：13.

门，使他们在学习中领略人类文化知识的神奇和奥妙，享受无穷乐趣。教师要让课堂成为学生思想碰撞的场所，使学生的思想得到真善美的熏陶；让课堂成为学生激情燃烧的地方，使学生的激情迸发出智慧的火花；让课堂成为学生梦想开始的地方，让学生的梦想激发其创新的欲望。这样，学生的心智就会得以健康地发展，为以后的成长打下良好的基础。

## 二、 体验教学让学生的潜能得到发挥

美国著名学者、人类潜能理论研究专家奥托指出："现在的人类只发挥了大脑功能的极小部分，若能发挥一半功能，将会轻而易举地学会几十种语言，背诵整本的百科全书，至少拿十二个学位。"我国著名教育家魏书生认为："一名教师，必须永远相信自己的学生，不管多么笨的学生，脑子里其实都蕴藏着无穷无尽的潜力，事实上，不是学生脑子里缺少资源，而是我们自己缺少勘探和开发这些资源的能力。"人类的潜能是巨大的，处于成长变化中的少年儿童身上更是蕴藏着巨大的潜能。教育的真正目的，就在于发现、开发学生的巨大潜能，就在于启发和引导学生去自我发现、自我开发存在于自身的巨大潜能，去唤醒心中昏睡的巨人。

传统的教育思想，重直觉领悟，轻逻辑推理；重目标结果，轻过程方法。在这种教育思想影响下，教师过于重视知识的传授，而忽视对学生能力的培养，特别是创新能力的培养。这样就严重压制了学生潜能的发挥，影响了学生的全面发展，远不能适应未来社会对创新人才的需求。体验教学正好能让学生的潜能得到充分发挥，帮助学生增强自我价值与追求成功的信念。

教育的最终目的是要把人的创造力量激发出来，将生命感、价值感"唤醒"，让学生的潜能得到最大的发挥，促进其全面发展。因此，教师的责任首先在于发现并扶正学生心灵土壤中的每一株幼苗，让它不断成长。在体验教学中，教师应视学生的潜能为教学的宝贵资源，要善于通过各种活动帮助学生体验成功的快乐，挖掘学生内在潜力，激发他们各方面的才能，给他们提

供展现自我的舞台，使他们在主动参与中展现自己的个性与能力，并使他们的想象力与创造性思维得以充分地发展。

## 令人温暖的鼓励[①]

郑国档老师在教学完分数应用题后，设计了这样一道题让学生解答：水果店运进一批苹果，第一天卖出 $\frac{5}{11}$，第二天比第一天多卖出 4 千克，两天正好卖完，问水果店运进苹果多少千克？

因为学生已初步掌握了分数应用题的解题思路，所以大部分学生列式为：$4\div\left(1-\frac{5}{11}-\frac{5}{11}\right)=44$（千克）。但也有个别学生这样列式 $4\div\left(1-\frac{5}{11}\right)$。这道题到底应该怎样列式？郑老师让学生展开讨论，并通过辨析交流，大家达成了一致的看法：对于稍复杂的分数应用题，需要先确定单位"1"，找出具体数量与分率对应的关系，即用具体数量÷它对应的分率＝单位"1"的量。所以，第一种算法是正确的。

正当郑老师准备结束这道题的教学时，突然，一位平时基础不太好的男同学却站起来说："老师，我还有一种很简单的算法。结果也是 44 千克，但我不敢肯定一定对。"当时郑老师有点纳闷，心想"还有什么好方法"，为了弄明白他的算法，郑老师用鼓励的目光看着他，笑着说："你是怎样做的？能把你的算法写在黑板上吗？"也许是受到郑老师的鼓励，学生快步走上讲台，在黑板上写下：4×11＝44（千克）。他刚写好，下边就有人在喊："错了，错了！怎么能这样算呢？条件 $\frac{5}{11}$ 都没有用上，4×11 是什么意思？"当时学生脸色通红，低下头去。"真的错了吗？"郑老师仔细一看，发现他算法中有可贵的闪光点，于是问他："你能说说你这样解答的理由吗？"他回答："因为运来的这批水果一共有 11 份，第一天卖出 5 份，第二天卖出 5 份多 4 千克，第二

---

[①] 郑国档. 挖掘学生潜能，提高课堂质量[J]. 数学大世界（教学导向），2012，(1)：17.

天比第一天多卖出 11-5-5=1 份，即一份是 4 千克，求水果店一共运进苹果多少千克，所以我就列式为 4×11= 44（千克）。"他边说还边在黑板上画起线段图来。多简洁的解法啊！郑老师带头为他的精彩回答而鼓掌，其他同学也跟着鼓起掌来，并纷纷向他投以敬佩的目光。

　　为了鼓励他，郑老师表扬他"解法简单，有新意，脑筋聪明。这样会很快赶上来的，并且还会成为数学能手"。他脸上洋溢着骄傲和自豪，一种成功的喜悦感，在他身上尽显无疑，或许对于他来说是平生第一次吧！从此他便爱上了数学。通过一个学期的努力，他在期末考试中取得了 98 分的好成绩。可见，积极、中肯的评价，可以使学生从评价中受到鼓舞，得到力量，从而更加积极主动地学习。

　　其实，学生的潜力是无穷的。只要教师勤于挖掘学生潜能，使其发挥得淋漓尽致，那么课堂便会是高效课堂。在挖掘学生潜能、建设高效课堂时，教师应时刻关注学生的身心成长，做到"三学会"：一要学会放手，打造出生态的课堂，让教学回归本源，使学生自由成长；二要学会放心，打造出人文的课堂，让教学充满民主和谐，使学生情感得到升华；三要学会放开，打造出开放的课堂，让教学充满创新创造，使学生智慧得到提升。

## 三、体验教学让学生的情感得到陶冶

　　关于体验教学的陶冶功能，早在春秋时期的孔子就把它总结为"无言以教""里仁为美"。南朝学者颜之推进一步指明了它在培养、教育青少年方面的重要意义，"人在少年，精神未定，所与款狎，熏渍陶染，言笑举动，无心于学，潜移暗化，自然似之"，即古人所说的"陶情冶性"。体验教学的陶冶功能就像一个过滤器，使人的情感得到净化和升华。它剔除情感中的消极因素，保留积极成分。这种净化后的情感体验具有更有效的调节性、动力性、感染性、强化性、定向性、适应性、信号性等方面的辅助认知功能。

　　心理学研究表明，情感是人对客观事物态度的体验，即人对客观事物是否符合自己的需要而产生的一种内心感受，是人们对客观事物与其需要之间关系的反映。人的认识过程总伴随着一定的情感反映或体验，认知过程与情感过程的产生和发展始终是相互影响、相互制约的。在教学过程中的情感陶冶，就是利用各种情境中的教育因素，对学生进行感染和熏陶，潜移默化地培养学生积极健康的思想情感，从而培养学生的高尚情操，提高学生的思想觉悟和品德水平。情感陶冶把教育意向和教育内容寓于生动形象、趣味盎然的环境和活动之中，易于激发和培养学生的学习动机、想象和理解能力等。

体验教学能让学生的情感得到更好的陶冶，促进学生身心健康地、和谐地成长，树立正确的人生观、价值观。因此，在体验教学中，教师要善于挖掘和发挥教学各个环节中有利于培养学生美好情感的因素，积极创设生动的教学情境，促进学生的情感体验和情感表达，引导学生体验真善美，识别假丑恶，去感悟生命的意义和真谛，自觉丰满人格力量，深化审美情趣，增强道德修养。

## 感悟人格的美[1]

《陋室铭》是苏教版语文第四册第二单元的一篇教读课文。该单元主题是"道德修养"，意在对学生进行道德品质的教育。这篇文章是我国古代散文中的精品，全文采用托物言志的写法，借"陋室"抒发作者的情怀，以"惟吾德馨"的立意贯穿全篇，极力抒写"陋室"不陋，表达了一种高洁傲岸的节操和安贫乐道的情趣。全文寥寥81字，短小精美，给人以隽永畅达、丰姿绰约的气韵。该文构思的巧妙、句式的工整、文辞的精美和陋室主人高尚的节操，都是学生学习的典范。因此，郑老师决定以"陋室到底陋不陋"为切入点，引导学生把握课文的内涵，让学生感悟陋室主人人格的美，给学生以整体"美"的熏陶，使学生身临其境，走进陋室，把握作者的情怀。郑老师在阅读教学中，既充分调动学生的情感，又注意理性引导，使情感与理性互相

---

[1] 郑尧兵. 体验情感，激发共鸣[J]. 学习方法报·语数教研周刊，2012，(47).

促进，在情与理的融合中使语文的思想教育获得最佳效果。

体验教学就是要在教学过程中对学生进行"润物细无声"的情感陶冶，引发学生积极的、健康的情感体验和审美体验，直接提高学生的学习积极性，使学习活动成为学生主动进行的、快乐的事情。在体验教学中，教师要让学生的情感得到陶冶，还要懂得以情育情，即教师以自己的高尚品德、人格，对学生真挚的、无私的爱和深切的希望来触动、感化学生。这是情感陶冶取得成效的基础，是达到教师和学生心理交融的结合点，是教师感染学生性情的媒介。没有教师对学生的这种爱和对学生的尊重、关怀、信任和理解，教学中的情感陶冶是很难取得成效的。教师的威望越高，对学生的关怀和爱越真挚，对学生人格感化的力量就越大。

## 第三节　角色：学生就是学习主人

体验教学备受现代教育理念的青睐，原因在于它所坚持的理论原则与新时期倡导的教育思想原则不谋而合。体验教学给学习者这样定位，即学习者是学习的主人，这与新课程所提出的"学生是学习的主体""学生是学习和发展的主人"的理念是相切合的。"学生就是学习主人"的角色定位，给体验教学注入无限的活力，使教育的价值和意义回到本原。

### 一、体验教学培养学生的主体意识

新课程倡导教学的着眼点是学生的发展。这就要求教师确保学生的主体地位，激发和培养学生的主体意识，让其真正成为学习的主人。体验教学能够为学生提供自主学习、自我表现的平台，使学生成为学习的主体变成可能。在传统教学中，教师是主体，是教材内容的体验者；而学生是客体，处于被支配地位。在这样的教学模式下，学生的主体意识淡薄，没有感受到自己就是学习的主人，因而缺少学习的主动性和积极性。与此不同的是，体验教学注重培养学生的主体意识，帮助学生化被动为主动，让学生成为学习的主人。

在体验教学中，培养学生的主体意识，让学生成为学习的主人，就是让每个学生都充分展示自己，使学生不仅学到知识，提高能力，更重要的是满足学生强烈的表现欲。根据马斯洛的动机激励理论，人的需要分为五个层级，最基本的层级就是满足物质的需求，等物质需求得到满足之后，人会自觉地追求更高层级的需求，其中最高层级的需求就是自我价值的实现。表现欲的满足，对学生阶段来说就是自我价值实现的重要内容。[①] 因此，教师在课堂教学中要以学生为中心，把更多的时间、机会让给学生，让学生主动地参与学习，主动地表现自我，获得学习的愉悦感和成就感。

教师要重视学生主体意识的培养，就要大胆放手让学生去学习、去尝试、去体验、去质疑、去探索、去实践，要建立一种真诚平等、相互信任、合作交往的师生关系，为学生主动求知提供一种宽松的学习环境和心理氛围。教师要为学生的学习适当安排学习材料和活动情境，帮助学生明确自己的学习行为，明确自己想要学什么、做什么、怎样学、怎样做；要适当给学生提供帮助，鼓励他们主要依靠自己的努力渡过难关、越过障碍、发现和解决新问题。

### 让学生有机会探究[②]

在学习"We can clean our classroom after school"这个句子时，教师引导学生将这句话改为被动语态"Our classroom can be cleaned by us after school"和"Our classroom can be cleaned after school by us"。在这个改写过程中，学生通常不能分清改写状况。因此，教师在这里不能对学生进行直接解释，要逐步降低学生的依赖性，对学生进行正确、有效的引导，让学生抓住这两个句子的侧重点。我们来看第一句，发现该句侧重于"by us"，第二句就侧重于"after school"。然后，教师引导学生对句子进行歧义上的分析。这

---

① 陈丽娟. 让学生成为学习的主人 [J]. 学周刊, 2011, (2): 137.
② 李彩云. 英语教学中如何培养学生的主体意识 [J]. 新课程, 2012, (7): 75.

类引导方式是将课堂真正还给学生，让学生有机会可以进行探究，充分将学生的主体意识激发出来，提升学习兴趣，促进英语水平的提高。

学生的主体意识是学生创造性学习的重要保证。培养学生的主体意识，是新课程理念的核心内容，突出的是一个"主"字。换言之，在教与学的过程中，教师要站在学生"学"的立场上设身处地地为学生着想，不要一味地追求"教"得精彩，而要想方设法让学生"学"得精彩，使学生真正愿意学习，为学生的自主发展创造良好的空间。体验教学贯彻了新课程理念，注重学生自主学习、自悟学习、自得学习，培养学生的主体意识，提高学生终生学习的能力，实现人的可持续发展。

## 二、体验教学尊重学生的个性体验

由于受传统教学观念的影响，一些教师的课堂教学往往忽视学生这一生命主体的存在，视他们为知识的容器，习惯于灌输和说教，在学习过程中强调学生的死记硬背，忽视学生应有的自我体验，使学生始终处于被动的学习状态之中。实际上，学生既不是待灌的瓶，也不是一个无血无肉的物，而是一个活生生的、有思想的、有主见的人。21世纪市场经济的发展和科技的竞争已给教育提出了新的挑战，教育不再仅仅是为了追求一张文凭，而是为了使人的潜能得到充分的发挥，使人的个性得到自由和谐的发展。当代教育应致力于发展包括知识、智力在内的整个个性及整个素质的提高。因此，在教学中，教师要树立"没有最好，只有更好"的教学观念，充分尊重学生的个性体验。

学生在学习的过程中，由于认识的深浅、思考的角度、生活阅历和个性差异等因素，必然表现出理解差异。我们认为，这种差异只要不是原则问题，不但应该允许，而且应该提倡。就像世界上找不到两片完全相同的树叶，每个孩子也都是独特的个体，都有着属于自己的内心天地。我们要像对待荷叶上的露珠一样，小心翼翼地呵护孩子们稚嫩的心灵。我们要尊重每一个学生自由而多样的思考方式,让不同的学生获得不同的体验。教师若能允许学生富有个人情感地表达体验结果,就有可能出现"一千个读者就有一千个哈姆雷特"的效果,就有可能超越文本,产生新的创意。

在教学过程中,教师要给予学生足够的时间去讨论、实践和体验,鼓励学生敢于并善于表达自己的真情实感,对学生的回答作适当评价。而且教师对学生的体验结果要作出适当的肯定性评价。这将成为激发学生体验生活、体验文本的动力。在鼓励学生创造性地发表见解的同时,也要发挥教师的组织和引导作用,既要肯定其答案中的合理性,又要重点引导学生如何将问题思考得全面些,培养学生思维的严谨性、深刻性。只有这样,学生在学习过程中,才能及时地认识自己、纠正自己、超越自己。只有这样,才能做到尊重学生的个体差异,灵活地利用各种方法展开体验教学,让学生在体验的快乐中去学习,使学生意识到学习是他们生活中必需的一部分。

**各有各的体验**[①]

在教学苏教版三年级上册《三袋麦子》一课时,教师围绕课文内容设计了一个问题:小猪、小牛、小猴对一袋麦子的处理方法不同,结果也就不同。你最欣赏谁的做法?为什么?

生$_1$:我最欣赏小牛的做法,因为小牛很节俭,很会过日子,生活有打算。

师:勤俭节约是美德。

生$_2$:我最欣赏小猪的做法,贪吃是小猪的天性,它很会享受生活。

生$_3$:我最欣赏小猴的做法,因为小猴聪明能干,把自己种的麦子送给土地爷爷,它具有感恩心。

师:老师赞同你的观点,受人滴水之恩,当以涌泉相报,我们每个人都应该拥有这样的美德。

---

① 谭珍英. 注重体验,张扬个性[EB/OL]. [2014-10-10]: 丹阳教育网, http://www.dyedu.cn/dytzy/index_19580.html.

生₄：我也最欣赏小猴的做法，不过，如果我是小猴，我会把半袋麦子种下，留下半袋自己吃，这样就两全其美了。

在课堂教学中，面对学生各不相同的感悟、理解，教师不必强求统一，要欣赏学生的告白，相信每个学生的学习能力，让创新在整个教学过程中焕发出个性的光彩。学生在学习中并不是消极地接受、索取意义，而是积极主动地发现，建构意义，甚至创造意义。教师要充分尊重学生的个性体验，让学生以自己对知识内容的领悟取代教师的讲解分析，让学生自己的独立思考取代统一答案，让学生自己的感性体验取代整齐划一的指导。整个教学过程，教师要为张扬学生个性，激发学生灵性而服务。

### 三、体验教学强调教师的角色转换

在传统教学中，教师采用的教学模式往往是"一言堂""满堂灌""说教式"等，学生很少能自由地学习，常常是被动地接受知识。这种僵化、刻板的学习氛围，无疑成了学生学习的枷锁，学生的思维受到扼制，个性受到压抑，从而产生厌学情绪。教师这样的角色定位，显然已经不能适应新课改的要求，必须转换。与传统教学相反，体验教学则是充分尊重学生的主体地位，让学生唱主角，让学生自己主宰课堂。

教师要转换自己的角色，就要把课堂还给学生，从知识的传授者转变为促进者、引导者；由"信息源"向"信息交换平台"转变；从"挑战者"向"应战者"转变，即教师不再局限于向学生问问题，而是引导学生提问题；从"统治者"向"平等中的首席"转变，从传统的"神坛上"走下来与学生融为一体，与学生在同一平台上互动研究、共同体验，在平等的交流中作"裁判"，在激烈的争论中做"首席"；从"舞台剧的主角"转变为"导演"；从"独奏者"变为"伴奏者"。在教师的角色转换下，学生最终将成为课堂的主体，成为知识的发现者、创造者。

但是，体验教学强调教师的角色转换，并不是让教师当"放手先生"，而是当好组织者、引导者和促进者的角色,帮助学生快乐地、顺利地、高效地学习。学生毕竟是学生,其认识、行为上的不成熟和由于年龄、阅历造成的自然缺陷以及其他方面的原因,决定了学生在学习过程中必然会遇到一些仅靠自己难以解决的问题和障碍。这就需要教师及时地发挥教师的引导、矫正、激励、鼓舞等作用,让学生的学习变得科学、有序。

### 精彩的"对话"[①]

在一次名师展示课上,一位名师执教《五月端阳》,在教学"赛龙舟"这段文字时,教师说:"下面老师放一段赛龙舟的录像给同学们看看,可惜音响坏了,没有声音,大家就凑合着看吧!"虽然录像中只有画面,没有声音,但全班学生还是被赛龙舟激烈的场面吸引住了,个个情绪高涨。放完这段录像后,教师问:"这段录像令大家失望了吧?""没有!"教师随即补问:"可是没有声音呀?"学生说:"其实,我们从刚才激烈的场面中似乎听到了声音。"教师追问:"你似乎听到了什么声音?能模拟一下吗?"这下,教室里沸腾了,孩子们个个争相发言。"我似乎听到敲鼓的声音,咚、咚、咚、咚。"教师鼓励说:"你的想象真丰富!"此时举起的小手如林:"我听到了岸上观众喊加油的声音,加油、加油、加油""我听到了船桨划水的声音,哗、哗、哗""我听到了赛手划船时的号子声:嗨哟、嗨哟、嗨哟"……

课堂的生命力,在于教师尊重学生的人格,由居高临下的权威转向"平等中的首席",把"话语权"还给学生,与学生平等对话。在新课程中,传统意义上教师的教和学生的学,将不断让位于师生互教互学,彼此形成一个真正的"学习共同体",教学过程不只是忠实地执行课程计划(方案)的过程,而是师生共同开发课程、丰富课程、拓展与实践课程的过程。教师要组织好这一教学过程,最重要的是教师本身的角色转变。新课程为教师的角色转换提供了良好的契机,体验教学为教师的角色转换创造了理想的条件。教师要

---

① 衡锋.用新课程理性的光辉照亮课堂——例谈小学语文教师角色的转变[J].小学教学参考,2009,(3):35.

更新教学观念，不断完善自我，提升自身素养，主动研究设计全新的教学思路，构建平等、民主、和谐的师生关系，努力营造轻松、快乐、宽容的课堂氛围，帮助学生真正成为学习的主人，融入学生的体验活动，与学生共学共长，促进课堂走向新境界。

在新课改背景下，如何给体验教学进行恰当定位，是关系到体验教学能否取得实效的重要问题。如果体验教学不能恰当定位，那么体验教学的策略与方法的实施也就可能偏离正确的方向，并有可能使体验教学的作用与功能大打折扣。因此，要让体验教学走向成功，就必须重视体验教学的恰当定位。我们从理念、目标和角色三个层面对体验教学进行审视和探究，期待达到给体验教学进行恰当定位的目的。基于教育与生活的密切联系，我们把体验教学的理念定位为"教育就是生活体验"；基于促进学生的和谐发展，我们把体验教学的目标定位为"发展就是身心成长"；基于学生的主体地位极其重要，我们把体验教学的角色定位为"学生就是学习主人"。有了恰当定位的体验教学，将让课堂异彩纷呈，让教师挥洒自如，让学生学有所成。

# 参考文献

1. 贺义廉. 论语文体验教学的建构 [J]. 教育与教学研究，2009，(23)：113－116.

2. 李宪勇，徐学福. 体验教学及其实施中需要注意的问题 [J]. 中国民族教育，2009，(6)：33－35.

3. 马波，邹婉玲. 论体验式学习的教学策略 [J]. 教育与职业，2007，(17)：144－145.

4. 全德. 论二战前的国外教学研究 [J]. 湛江师范学院学报，2004，(4)：60.

5. 肖微. 体验式教学在初中体育与健康课的应用研究 [D]. 长春：东北师范大学，2006.

6. 乐晓蓉. 高校体验式生涯规划教学设计研究 [D]. 上海：华东师范大学硕士学位论文，2008.

7. 郝利红. 体验教学的探索与研究 [J]. 才智，2008，(6)：240.

8. 黄雁鸿. 让学生体验并感悟数学知识的形成过程 [J]. 宁夏教育，2014 (2)：47.

9. 屈海英. 语文教学中要重视体验教学 [J]. 文学教育，2007，(3)：149.

10. 朱小蔓. 教育的问题与挑战 [M]. 南京: 南京师范大学出版社, 2000.

11. 辛继湘. 试论体验性教学模式的建构 [J]. 高等教育研究, 2005, (3): 64—68.

12. 徐敏. 在体验中奏响生命的乐章 [J]. 沂蒙教育, 2011, (3): 31.

13. 王荐. 生物学教学中的情感性教学策略 [J]. 中学生物学, 2008, (11): 36—38.

14. 刘秋生. 小学数学实践活动教学初探 [J]. 湖南教育, 2004, (6): 33.

15. 黄泽忠. 认识体验性数学学习 [J]. 湖南教育, 2006, (33): 18.

16. 陈炳飞, 鲍文艳. 地理教学中运用学生经验的误区与改进 [J]. 地理教学, 2011, (1): 14—16.

17. 王井泉. 浅议"体验式教学"对学生能力的培养 [J]. 中学物理, 2013, (10): 75.

18. 博迪. 基于学生实践能力培养的体验式教学模式的应用与研究 [J]. 内蒙古农业大学学报 (社会科学版), 2012, (4): 127—128.

19. 李海林. 小学语文体验式教学方法探析 [J]. 快乐阅读, 2013, (6): 1.

20. 付裕昌, 李玉娇. 创设有效情境, 生成情感体验 [J]. 吉林教育, 2008, (6): 27.

21. 张远. 浅谈如何在音乐教育中培养学生的创新能力 [J]. 音乐天地, 2008, (7): 9—10.

22. 由恒光. 语文教学经验谈片 [J]. 文学教育 (下), 2009, (7): 149.

23. 李天阳. 情感体验教学的探讨与实践 [J]. 教育教学论坛, 2014, (3): 180.

24. 贺冬松. 思想品德课如何抓好情感体验 [J]. 青年与社会（中外教育研究），2008，(12)：110−111.

25. 蔡红建. 浅论体验式教学之于生命教育 [J]. 中国校外教育，2011，(7)：21.

26. 陈佑清. 体验及其生成 [J]. 教育研究与实验，2002，(2)：11−16.

27. 程海霞. 个性朗读，体验情感——阅读教学片断赏析 [J]. 新课程研究·教师教育，2007，(2).

28. 赖学显. 体验教学与新课程改革研究 [J]. 当代教育论坛，2005，(4)：82−84.

29. 曾鹜婷. 中学历史教学中生命化课堂的构建 [J]. 教育界，2012，(23)：2.

30. 辛继湘. 论注重生命体验的教学 [J]. 教育评论，2002，(5)：66−68.

31. 张齐华. 用情境营造情趣盎然的教学磁场 [N]. 中国教育报，2007-07-06 (6).

32. 申轶娟. 音乐艺术，渲染情景 [J]. 新课程学习，2010，11(28)：186.

33. 曹巧娣. 创设情境，有效教学 [J]. 小学时代，2012，(2)：46.

34. 王兰. 用生活创设情境，用情境再现生活 [J]. 新课程，2011，(6)：9.

35. 王克娟. 繁花落尽见真淳 情境有效才生效 [J]. 甘肃教育，2010，(14)：34.

36. 陈建先. 《乡戏》课堂实录. 见：陈建先经典课堂与创新设计 [M]. 山西：山西教育出版社，2005.

37. 刘晓军. 小学低年级口语交际训练实录. 见：李晓红，任庆世. 小学语文课堂教学的55个经典案例［M］. 成都：四川教育出版社，2006.

38. 彭小明. 活动教学法初探［J］. 当代教育论坛，2006，（7）：51—54.

39. 曹永鸣. 构建生态课堂，实现生命对话——三教《田忌赛马》的启示［J］. 人民教育，2003，（21）26.

40. 王有鹏. 精心组织课堂竞赛活动［J］. 中学政治教学参考，2008，(9)：23—24.

41. 左会林. 数学实践活动在数学教学中的作用［J］. 数学大世界（教师适用），2011，(5)：34.

42. 刘峰. 高中地理活动教学模式的建构［J］. 南阳师范学院学报（自然科学版），2004，(12)：122—124.

43. 梁吉伟. 论思想品德活动教学的优化策略［J］. 中学政治教学参考，2011，(11)：19—21.

44. 姜爱平. 初中英语活动教学法初探［J］. 中学英语之友（初三版），2009，(8)：19.

45. 杨春芳. 对一节初中历史活动课的总结［J］. 新课程学习（中），2012，(11)：118.

46. 李捷. 形象直观、具体，形式活泼、多样［J］. 小学教学参考，1996，(3)：15—17.

47. 陈海龙. 把握活动教学真谛，走出课堂教学误区［J］. 思想政治课教学，2013，(8)：30—31.

48. 梁吉伟. 论思想品德活动教学的优化策略［J］. 中学政治教学参考，2011，(11)：19—21.

49. 黄金星. 小学语文教学活动的四大误区［J］. 天津师范大学学报（基础教育版），2007，(2)：65—68.

50. 周益民. 在巧设问题中引"深"阅读——周益民《半截蜡烛》教学

片段赏析［J］．江西教育，2012，（22）：33－34．

51．朱孟芬．关注细节提问，打造"三易"语文课堂［J］．山西师范大学学报（自然科学版），2010，（51）：117－119．

52．周应喜．语文课堂教学中的提问艺术［J］．江西教育，2007，（24）：16．

53．陈久栋．"质疑"出精彩［J］．小学教学参考，2011，（7）：30．

54．令郑策．加强化学探究教学［J］．中国教育学刊，2011，（S1）：141－142

55．钱振良．科学课堂引导学生探究的策略［J］．广西教育，2013，（1）：27．

56．杜社菊，李永忠．如何培养学生自主学习的习惯和能力［J］．现代教育科学（教学研究），2011，（7）：135．

57．岑丽云．发挥小组合作学习的魅力——Colours 教学片段及反思［J］．小学教学设计，2005，（33）：28－29．

58．谷爱清．引导自主探究，提高探究效率［J］．中学教学参与，2014，（1）：104．

59．朱宇．探究，需要有意识的"纠缠"［J］．教育研究与评论（小学教育教学），2013，（2）：75－76．

60．曾楚清．探究式课堂教学的几个误区及其纠正策略［J］．学科教育，2004，（2）：24－27．

61．何赛君．高中物理课堂探究教学的三个误区［J］．物理教师（高中版），2005，（4）：18－19．

62．居雪青．自主学习，快乐成长［J］．中学生数理化（教与学），2012，（5）：23．

63．王大前．如何培养学生自主学习的习惯［J］．考试周刊，2011，（61）：90．

64. 施惠. 浅析自主学习 [J]. 现代教育科学·中学教师, 2012, (1): 51－56.

65. 许新林. 树立情感意识, 让教学成为学生体验和自我实现的过程 [J]. 中国校外教育, 2013 (23): 135.

66. 张祥享. 英语教学中如何使学生有效突破心理难关 [EB/OL][2010－10－10]. 233, 网校, http://www.studa.net/jiaoxue/100730/1442476.html.

67. 邢秀莲. 浅谈分层教学, 让学生超越自我 [J]. 新课程·中学, 2009, (1): 25.

68. 李忠泓. 在建构中体验, 在体验中建构——再论"过程体验, 自主建构"教学 [J]. 科教文汇, 2011, (5): 47－49.

69. 祁小飞. 自我体验式教育在生物教学中的渗透 [J]. 考试周刊, 2012, (54): 142－143.

70. 许书明. 语文学习目标的确定 [J]. 绵阳师专学报, 1997, (6): 49－54.

71. 王华, 王光荣. 目标设置理论对学生学习动机激发的启示 [J]. 沈阳教育学院学报, 2005, (1): 40－42.

72. 张文文. 榜样教学法在初中英语教学中的运用 [J]. 校园英语 (教研版), 2011, (12): 67.

73. 孙新华, 徐会池. 学习动机的激发六法 [J]. 科技创新导报, 2012, (7): 148.

74. 谢尔. 自我体验, 自我建构——记一节散发生活芬芳的数学课 [J]. 广西教育, 2002, (8): 37－38.

75. 邓继文. 情感体验教学模式在初中政治教学中的应用 [J]. 师道·教研, 2013, (4): 100.

76. 付裕昌, 李玉娇. 创设有效情境, 生成情感体验 [J], 吉林教育, 2008, (6): 27.

77. 王铁汉. 初中历史教学情感体验浅谈 [J]. 中国校外教育（中旬），2013，(11)：80.

78. 佚名. 小学数学教学中如何关注学生的学习情感[EB/OL]. [2010-07-30]：360doc 个人图书馆，http://www.360doc.com/content/10/0730/21/2472470_42600824.shtml.

79. 斯郦锋. 浅议初中政治课堂教学情理结合的思考 [J]. 中学课程辅导（江苏教师），2013，(7)：83.

80. 李伟忠，情理，语文教学的迫切追求 [J]. 教育情报参考，2009，(5)：43.

81. 邵彩霞. 满足学生情感需要，缩小英语两极分化 [J]. 中学课程辅导（江苏教师），2013，(13)：20-27.

82. 骆艳芳. 发挥感情正能量，提升音乐情感体验 [J]. 考试周刊，2014，(11)：167.

83. 程海霞. 个性朗读，体验情感 [J]. 新课程研究（教师教育），2007，(2)：49.

84. 陈洁，吴文胜. 中小学英语情感教学的误区及对策 [J]. 当代教育论坛（下半月），2009，(6)：115-117.

85. 顾丽杰. 浅议表象积累与培养学生的思维能力 [J]. 小学教学参考（综合版），2009，(36)：68.

86. 张春阳. 语文想象阅读教学研究 [D]. 山东师范大学，2011.

87. 王兆正. 动态想象应先于动手操作 [J]. 江西教育，2011，(35)：42-43.

88. 张雅君. 浅谈小学音乐欣赏教学中想象力的培养 [J]. 成功（教育），2011，(12)：166-167.

89. 陈树春. 巧设问题情境，培养创新意识 [J]. 学生之友（小学版），2011，(7)：70.

90. 周月佳. 放飞想象, 唤起共鸣补空白 [J]. 考试周刊, 2012, (65): 36-37.

91. 叶成珠. "放生"文本插图, 放飞想象翅膀 [J]. 中小学教学研究, 2012, (2): 10.

92. 彭丽 (执教), 王东梅 (评析). 启发想象, 加深体验——《桥》教学片段及评析 [J]. 云南教育 (小学教师), 2010, (3): 37.

93. 徐志梅. 创设情境, 启发想象, 培养学生创造能力 [J]. 镇江高专学报, 2010, (1): 119-120.

94. 袁运城. 语文教学中如何培养学生的想象力[EB/OL]. [2014-10-10]: 为您服务教育网, http://www.wsbedu.com/kejian/zkgk-9-kety.html.

95. 金会女. 审美体验教学中的三重境界例谈 [J]. 中学教学参考 (下旬), 2009, (10): 4-5.

96. 陈汉喜. 感知·鉴赏·体验——美术欣赏教学中审美情趣的培养 [J]. 湖北教育, 2003, (11): 60-61.

97. 黄良. 审美直觉能力培养四题 [J]. 成都大学学报 (社科版), 1999, (2): 60-70.

98. 娄春侠. 谈"以审美为核心的小学音乐课堂意境教学" [J]. 儿童文学, 2006, (8): 51-53.

99. 全秀. 把握意象, 走进意境——解读诗歌情感 [J]. 新课程 (教育学术版), 2007, (10): 89-91.

100. 刘煌, 陈宏祖. 审美化教学初探 [J]. 湖南师范大学教育科学学报 [J], 2007, (1): 69-71.

101. 俞立红, 林诸. 对思品课审美化课堂教学的反思 [J]. 教学月刊 (中学版), 2006, (4): 38-39.

102. 姜法荣. 挖掘教材美的因素, 陶冶学生高尚情操 [J]. 文理导航,

2013, (10): 8.

103. 邱小兵. 挖掘美的因素, 培养美的素质 [J]. 现代语文 (理论研究版), 2004, (9): 31.

104. 张永昊, 赵慧平. 课堂教学中的审美观照与实践操作 [J]. 鞍山师范学院学报, 1995, (2): 68—70.

105. 余文森. 新课程的三大课堂教学理念 [EB/OL]. [22014—10—10]: 学讯网, http://www.xuexun.com/A_1242935_1.shtml.

106. 许涛. 动手实践能力与数学教学 [J]. 考试周刊, 2013, (57): 82—83.

107. 张天宝. 关注学生的生活世界: 当代课堂教学改革的重要特征 [J]. 中国教育学刊, 2007, (3): 56—59.

108. 黄雁鸿. 让学生体验并感悟数学知识的形成过程 [J]. 宁夏教育, 2014 (2): 47.

109. 王文明. 品德课应注重学生的实践体验 [EB/OL]. [2014—10—10]: 搜狐教育, http://learning.sohu.com/20060214/n241824770.shtml.

110. 诸旸. 教育就是生活 [J]. 小学科学 (教师), 2011, (2): 16.

111. 辛继湘. 体验教学研究 [D]. 成都: 西南师范大学, 2003.

112. 夏欣. 周国平访谈录: 教育引导人类的心智生活 [J]. 中国教师, 2003, (1): 34—36.

113. 王翠华. 珍爱生命, 开启心智——谈在初中语文教学中渗透生命教育 [J]. 青少年日记 (教育教学研究), 2013, (4): 13.

114. 郑国档. 挖掘学生潜能, 提高课堂质量 [J]. 数学大世界 (教学导向), 2012, (1): 17.

115. 郑尧兵. 体验情感, 激发共鸣 [J]. 学习方法报·语数教研周刊, 2012, (47).

116. 陈丽娟. 让学生成为学习的主人 [J]. 学周刊, 2011, (2): 137.

117. 李彩云. 英语教学中如何培养学生的主体意识 [J]. 新课程, 2012, (7): 75.

118. 谭珍英. 注重体验, 张扬个性[EB/OL]. [2014-10-10]: 丹阳教育网, http://www.dyedu.cn/dytzy/index_19580.html.

119. 衡锋. 用新课程理性的光辉照亮课堂——例谈小学语文教师角色的转变 [J]. 小学教学参考, 2009, (3): 35.

# 后记

## 让课堂演绎精彩

随着新一轮基础教育课程改革的深入推进，各种生动彰显新课改理念的课题研究方兴未艾，并在教学实践中得以有效落实，取得一定的研究成果。新课改的体验教学研究，是一个非常重要、非常难得的大课题，体验教学的实践证明，其切合新课改的要求，使教师教得轻松，学生学得快乐，效果极佳。

何谓体验教学？国内外诸多专家学者根据教学的实际情况和自己对"体验"的独特解读，从不同的研究角度出发，提出了略异于他人的观点。我们立足于新课程背景，融合多方的研究成果，对体验教学提出了新的理念定位和内涵解读，让课堂演绎精彩。我们认为，体验教学是指教师在教学过程中根据学生的认知特点和规律，通过创设教学情境，还原或再现教学内容，使学生能够在亲身经历中理解并建构知识、发展能力、产生情感、生成意义的教学活动。体验教学所关心的不仅是学生可以经由教学而获得多少知识、认识多少事物，更在于学生的生命意义可以经由教学而获得彰显和扩展。

本书以新的理论视野对体验教学进行全面探究和研讨，并总结了教师在教学实践中常用到的具体策略与方法，使广大一线教师能在教学实践中轻松上手，取得成效。全书共计十章（含导论），主要内容有体验教学概述、体验教学内容揭秘、情境模拟式体验教学、活动实践式体验教学、探究求知式体验教学、自我提升式体验教学、情感交流式体验教学、想象拓展式体验教学、审美追求式体验教学，以及体验教学的恰当定位。本书不仅对各种体验教学的策略与方法进行了理论上的探讨，还甄选与分析了名师运用相应方法进行教学的经典案例，并提出了有效运用这种教学方法的经验与方法。同时，针对教学实践中使用各种具体体验教学策略与方法容易出现的问题进行反思总结。

本书紧扣新课改的精神和理念，详细地审视、论述和反思了体验教学的理论与实践，有助于一线教师对体验教学的策略与方法进行全面了解与实施。本书将体验教学的策略与方法提升为一个全面、系统、深入、实用的体系，特点有三：

一是系统性。本书基于实践层面，从理论的高度，对体验教学的策略与方法进行系统的研究与思考、理性的诊断、深刻的提炼。本书力求深入浅出，试图帮助教师深刻领会体验教学的新理念，并熟练自如地运用其策略与方法。惟有如此，我们的教学才能走向高效，走向精彩。

二是实用性。本书着眼于切实、可行，注重教育教学理论的实践应用，介绍的体验教学策略与方法具有可操作性，并且都经过名师们的教学实践检验，具有较强的实用性。本书还呈现了翔实的案例，给教师出了主意，提点可操作的具体应对措施和积极有效的应对方法，让教师的课堂变得更富有品质、更富有智慧。

三是新颖性。本书贵在求新，以前瞻、独到的眼光审视体验教学的策略与方法，涉及教育学、心理学理论，覆盖小学、初中和高中多学科知识，融入新课改理念，吸收了多种前沿教学成果，叙事说理，化抽象为形象，化深奥为简明，令人耳目一新。

编写本书确非易事，无论是提纲的整体策划、资料的查找搜集，还是案例分析的取舍，都花费了我们大量的精力和心血。由于受时间、资料、作者水平的限制，本书的疏漏错失在所难免，如一些案例不够翔实，或引用作者成果标注出现疏漏及其他不妥之处等，内容上还可能包含一些认知观念上的差异。如有发现，敬请广大热心读者通过电子邮件（277492265@qq.com）致信王林发，以期再版时加以勘正。我们在此表示真诚的感谢！

　　我们在编写过程中参阅了诸多专家学者的研究成果并引用了大量优秀教师的相关案例，在此对他们表示诚挚的谢意！同时，感谢福建教育出版社的精心策划！衷心希望本书能为教师在教学过程中解决实际困惑提供一些有益启示。

著者

2015 年 11 月 8 日